親鸞の往生思想

内藤知康

法藏館

親鸞の往生思想　目次

凡例

一、引用文の漢文は白文で引用し、原則として訓読を付した。ただし、すでに訓読を付して引用し、再度引用したものの中には、訓読を省いたものもある。

二、漢文訓読は『註釈版聖典』を参考にして、漢字は常用漢字を含む現行の通行体、仮名遣いは歴史的仮名遣いを用い、また必ずしも原漢文の訓点に従わなかった。なお、『註釈版聖典』の『教行信証』の訓読は、善如書写延書本に基づいている。

三、引用文の和語のものは、『註釈版聖典』を参考にして、漢字は常用漢字を含む現行の通行体を、仮名遣いは歴史的仮名遣いを用いた。また、原意を変更しない範囲で適宜仮名から漢字、漢字から仮名への変換を行った。

四、『唯信鈔文意』は、真筆本と正嘉本系統とは相違している個所があるが、引用論文における正嘉本系統の引用についても、該当箇所に正嘉本系統の収録がない『定親全』の頁数を示した。

五、廻向と回向とについて、意味の相違による使い分けは見られないと見なし、廻向に統一した。

六、略称は以下の通り用いた。

浄土真宗聖典全書……………………浄聖全
定本親鸞聖人全集……………………定親全
真宗聖教全書…………………………真聖全
大正新脩大蔵経………………………大正蔵
真宗全書………………………………真全
真宗叢書………………………………真叢

親鸞の往生思想

序論

一、問題の所在

親鸞は自ら開顕した宗教を真宗・浄土真宗・浄土宗と呼ぶが、(1) 真宗・浄土宗と浄土真宗は具略の相違であると考えることができる。また、その主著は『顕浄土真実教行証文類』と名づけられている。浄土真宗の浄土、及び『顕浄土真実教行証文類』(以下『教行信証』と略称)の浄土は、後に本論で論ずるごとく、往生浄土の略と見ることができる。その往生とは、法然が「捨此往彼蓮華化生」(2) と釈したように、娑婆世界(此)を捨てて、極楽浄土(彼)に往き、蓮華中に化生するというものが、親鸞教義のみならず、浄土教の基本的な構造であるといえよう。

しかしながら、現今、親鸞教義における往生浄土への理解は必ずしも一様ではない。伝統的には命終を契機とする往生浄土が常識であったが、現在では信一念における往生、換言すれば身体の命終を契機とせず自力心の命終を契機とする往生を主張する研究者も、必ずしも少なくない。特に現代教学と銘打たれ、現代に即応する教学を標榜する研究者グループの中に、信一念における往生を主張する学説が多く見られる。筆者の私見によれば、この主張の背景には、以下述べる三点(まとめれば二点)の思想が存在するように思われる。

その第一点は、他方世界としての極楽浄土の否定である。換言すれば、今現に私たちが生存しているこの娑婆世界とは空間的に全く別なる世界としての極楽浄土の存在を否定する思想である。現代人が学校教育を通じて培われる宇宙観は、現に私たちが生存している世界は太陽系の第三惑星である地球という惑星であり、その太陽系は無数の恒星系によって構成されている銀河系の中の一恒星系であって、銀河系の他にも同様の世界が存在する、というものである。このような宇宙観の中には、極楽浄土はその存在を容認されない。言うまでもなく、このような宇宙観は、近代科学、就中天文学の発達によってもたらされたものであり、近代科学の体系と、出離解脱を目的とする仏教の体系とは、本来別個なものである。その意味では、近代科学の宇宙観の中に、出離解脱を目的とする仏教において説かれる極楽浄土の存在を位置づけることは、本来別個のものを同じ俎上に載せようとするものであって、そのような議論が無意味なことであるのは、改めて論ずる必要もない。

それにもかかわらず、一部において、浄土教があたかも近代的知性に反する迷信のごとく受けとめられる原因の一つは、この娑婆世界と別なる世界、すなわち他方の世界である極楽浄土への往生の説示にあると見ることができる。それ故、近代的知性によって、その存在を否定される他方世界としての極楽浄土への往生を、現代の知識人に容認させるべき論理の展開が必要とされる。その最も安易な方法は、経典に他方世界として説示される極楽浄土を、私たちの内面の問題に収斂させることであろう。すなわち、信一念における往生を主張する学説は、信一念後もこの娑婆世界における生活が続けられるのである故、娑婆世界における生活が、そのまま極楽浄土における生活ということになり、必然的に娑婆世界と極楽浄土を重ねて理解することになる。このような学説は、私たちが現に生活している世界と全く別なる極楽浄土という概念を必要とせず、近代的な知性に抵触しないといえよう。

その第二点は、命終を契機とする極楽浄土への往生に対する不信感である。近代から現代にかけては、科学的実証主義を絶対とする素地が培われ、特に自然科学によって証明乃至説明しえない事象に対する不信感が蔓延している。一方では、霊的現象あるいは星座占い、コンピューター占い等の、現代人の感性に訴えやすい占卜が流行しているが、他方では、人間は死後に塵芥となるに過ぎないとの見方を持つ知識人も少なくない。言わば、生命体としての存在は現在の一回限りであって、誕生前の存在や死後の存在は、実証しえない故に、その存在を否定するという風潮がある。そのような風潮の中では、命終を契機として、この穢身を捨てて極楽浄土に往生し無上涅槃の極果を証するという教説が、容易に受け入れ難いのも、ある意味では当然であろう。また、霊の存在に対して関心を持つ人々も、その主たる関心は、種々の霊が、現在の自分自身に対していかなる影響を与えるかにあり、自己自身が死後に霊となるという点については、一部を除いて関心が薄いように思われる。

いずれにせよ、科学的実証主義の立場から死後の存在を否定する人々も、現在の自分自身に種々の影響を与える種々の霊の存在を信じている人々も、現在中心主義であるといえよう。あるいは仏教の輪廻観に基づくにせよ、あるいは民俗信仰等の冥界観に基づくにせよ、死後も続いてゆく自己自身の存在を信じていた近世までの人々に対して、その精神的風土は大きく変化しているといわざるをえない。この点においても第一点におけると同様に、信一念における往生を主張する学説は、命終を契機とする極楽浄土への往生をその往生観の中心に置かない故に、特に死後の存在を否定する知識人に容認され、賛同される学説であるといえよう。

その第三点は、特に親鸞教義の特色とされる現生正定聚に対する不満であろう。言うまでもなく仏教の究極的な目的は成仏であり、それは、苦集滅道の四聖諦が、迷いの果（苦諦）・因（集諦）、悟りの果（滅諦）・因（道諦）で示され、滅度に至るべき成仏道を説示すること、またその成仏道が八正道や六波羅蜜で示されていることからも理解できる。その意味では、現生の利益である正定聚は究竟の仏果ではなく、成仏は彼土たる極楽浄土においての証果であると説かれる伝統的な真宗教義に対して、ある種の不満感を抱く人々も存在する。もちろん、浄土教の伝統において、未来極楽浄土に往生して仏果菩提を証することを期した諸師は、いずれも血みどろの求道を経てもたらされた深い自己省察の結果として願生者となったのであり、そのような実践を経ずして、仏教を単に知的に理解して、現生において究極の仏果を証することを説かない真宗教義は不完全であるという批判を浴びせる知識人と、その立場を異にすることはいうまでもない。

しかしながら、信一念における往生を主張する学説の中には、信一念における成仏まで主張するものも皆無ではない。また、たとい信一念における成仏までは主張せずとも、信一念において、入正定聚の利益のみならず往生浄土の利益まで主張せんとする学説は、その背景に、正定聚の利益のみでは不満とする思想があると見ることができよう。

以上、信一念における往生を主張する学説の発生に関して三点を指摘したが、まとめてみると、

A、科学的実証主義と矛盾しない往生観

B、現在において、すべての問題を解決し終わらなければ満足しないという姿勢

の二点となろう。

もちろん、信一念における往生を主張する論者も、仏教の立場と科学的実証主義との相違を意識し、また公言しているが、なお科学的実証主義を基盤とする宇宙観や生命観をもって往生浄土を解釈していると言えよう。その意味では、従来、他方世界としての浄土や命終を契機とする往生が説示されてきた意味の考察、また親鸞の現生正定聚義の開顕において、果たして正定聚が成仏に対して未完成であるという意味が、その主たる意義であるのかどうかの考察が、現在必要であろう。本書は、兼ねて親鸞における正定聚の意義についても触れるのであるが、特に他方世界としての浄土や命終を契機とする往生が説示されてきた意味を考察してゆくことを、その主たる目的としたい。すなわち、単に宗教的真実と科学的真実との立場の相違を強調する守勢のみの姿勢ではなく、現代という時代(3)

において、他方世界としての浄土や命終を契機とする往生を説示することの積極的な意義の有無、換言すれば、他方世界としての浄土や命終を契機とする往生が受容されにくい現代という時代においても、なおそれを説示しなくてはならないのか否かという点が、最終的な問題点となる。

二、考察の方針

具体的な考察の方針は、以下の通りである。まず、第一部においては、往生思想の基本的性格の検討から始め、浄土三部経また親鸞に至る浄土教の流れの中から特に曇鸞・道綽・善導の三師(4)を取り上げ、親鸞に至る浄土教の伝統において往生思想がいかに説示され、いかに受容されてきたかを考察する。第二部においては、そのような浄土教の往生思想を、親鸞がいかに受容し、その深意を開顕してきたかを考察する。第三部においては、信一念における往生を主張する学説をいくつか取り上げ、その内容を検討し、親鸞が信一念時の往生を説示しているとの学説が成立しうるか否かを考察する。以上の考察を通じて、信一念における往生を主張する学説が、浄土教の往生思想の変質なのか、あるいは浄土教の往生思想の発展した形態として、現代社会に受容されるべき新しき浄土教なのか、という問題に対する一応の結論を導き出したい。以上が、本書における考察の方針である。

なお、附言すれば、浄土真宗とは何かという根本的な問いかけも、検討しなくてはならない。浄土真宗とは何かというのは、真宗学の対象は何かということでもある。試みに、真宗学の対象としての浄土真宗とは何かとの問いかけに答えてみれば、浄土真宗とは、(一)阿弥陀仏の救済の構造であり、(二)親鸞によって論理化・体系化されたものであり、(三)私の仏道であるということができよう。筆者にとっては、この三者が食い違うことなくぴったりと重なることこそが理想であるが、異なった視点を持つ先学も存在する。たとえば、大谷派の碩学である曽我量深氏は、以下のように述べている。

お聖教に対して言うならば、私の言葉などは多少お聖教のお言葉を拡大して解釈しておるものと言わなければならぬと思うのでありますけれども、しかしながら、如来の思召し、また親鸞聖人の本当の思召しと、こういうものを案ずるときになれば、今の時代には、やはり拡大して解釈するということは、これはやむをえないことではなかろうかと、こう私は思う。「お前の言うことはお聖教と違う」と、―それはあるいは違うのであろうと思いますけれども、（以下略）

（『歎異抄講座』一八六頁）

（『教行信証』について言えば、）往生、成仏という点にも多少未完成の所がありはしないかと思います。それなら蓮如さまは完成されなかったのであろうか。どうもそれもはっきり完成をなされたというわけにもいかぬであろう。そうすると、親鸞聖人のみ法というものは、今日我々が完成しなければならぬと思う。これは我々の責任であるといっても差支えないと思います。

（『往生と成仏』二六頁）

ここに表明されている曽我氏の立場は、親鸞聖人の教えは必ずしも完成されたものではなく、その未完成の部分の完成は後世の我々の責任であり、現代においては、親鸞聖人の著作に対する拡大解釈もやむを得ない、というものである。この立場は、浄土真宗とは何かという問いに答える先の三者の中で、特に（一）阿弥陀仏の救済の構造という面に重きを置いたものであり、（二）親鸞によって論理化・体系化されたものという面は必ずしも重視はされていない。すなわち、「如来の思し召し」「親鸞聖人の本当の思し召し」こそが重要なのであり、「お聖教のお言葉」からは多少逸脱してもかまわないとの姿勢が示されている。筆者において、（二）親鸞によって論理化・体系化されたものとは、『教行信証』等に言説化されたもの、すなわち聖教を意味する。親鸞によって論理化・体系化された教義構造を、聖教を逸脱したところで理解することが果たして可能であろうか。もちろん、深い宗教的感性を有する者が、表現の玄底にある宗教的真実に肉薄するというのは、ありうべきことであり、筆者もそれを否定するのではない。しかしながら、そもそも真宗教義とは、深い宗教的感性を有する者のみを対象とするものではないはずである。本願に「十方衆生」と誓われる阿弥陀仏の救済の対象は、深い宗教的感性を有する者のみというように限定されたものではありえない。

我々は、妙好人といわれる人々の言葉に感銘を受けることがある。その人たちの豊かな宗教的感性から紡ぎ出される言葉は、また我々の宗教的感性に訴え、宗教的感銘を引き起こす。しかしながら、これらの妙好人の言葉は、親鸞の著作に基づいて構築される真宗教義の枠内から出るものではない。曽我氏の方法論は、親鸞の著作に基づいて構築される真宗教義の枠外に飛び出そうとするものであり、賛意を表することはできない。

従来、真宗教義は為凡の教えといわれてきた。これは、法然の『選択本願念仏集（二門章）』（以下『選択集』と略称）に『遊心安楽道』からの引用として、

浄土宗意、本為凡夫、兼為聖人。（浄聖全一・一二五四頁、真聖全一・九三〇頁）

浄土宗の意、本凡夫のためなり、兼ねては聖人のためなり。

といわれるものや、『選択集（讃歎念仏章）』に、

為極悪最下之人所説極善最上之法。（浄聖全一・一三〇四頁、真聖全一・九七三頁）

極悪最下の人のために極善最上の法を説くところなり。

といわれるものに依っているといえよう。親鸞も『教行信証』「化身土文類」に、

言汝是凡夫心想羸劣、則是彰為悪人往生機也。（中略）言若仏滅後諸衆生等、即是未来衆生、顕為往生正機也。

「汝是凡夫心想羸劣」といへり、すなはちこれ悪人往生の機たることを彰すなり。（中略）「若仏滅後諸衆生等」といへり、すなはちこれ未来の衆生、往生の正機たることを顕すなり。

（浄聖全二・一八八頁、定親全一・二七七頁）

と述べ、悪人が往生の機であり、未来の衆生が往生の正機であると示している。未来の衆生については、『正像末和讃』を、

釈迦如来かくれましまして　二千余年になりたまふ
正像の二時はをはりにき　如来の遺弟悲泣せよ

（浄聖全二・四六九頁、定親全二・和讃篇一五九頁）

の一首から始め、

『大集経』にときたまふ　この世は第五の五百年
闘諍堅固なるゆゑに　白法隠滞したまへり
数万歳の有情も　果報やうやくおとろへて
二万歳にいたりては　五濁悪世の名をえたり

（浄聖全二・四七一頁、定親全二・和讃篇一六〇頁）

劫濁のときうつるには　有情やうやく身小なり
五濁悪邪まさるゆゑ　毒蛇・悪竜のごとくなり
無明煩悩しげくして　塵数のごとく遍満す
愛憎違順することは　高峰岳山にことならず

（浄聖全二・四七二頁、定親全二・和讃篇一六一～一六二頁）

と示されるのが未来の衆生の相であると考えられるので、悪人と未来の衆生とは同義であるといえよう。

なお、親鸞は『愚禿鈔』上において、

又就二種機、復有二種性。
二機者、
一善機、　二悪機。
二性者、
一善性、　二悪性。
又復就善機有二種。又有傍正。
一定機、　二散機。疏云一切衆生機有二種、一者定、二者散。文
又有傍正者、
一菩薩、大小　二縁覚、
三声聞辟支等、浄土之傍機也。
四天、　五人等。浄土之正機也。
又復就善性有五種。
一善性、　二正性、
三実性、　四是性、
五真性。
又復就悪機有七種。
一十悪、　二四重、
三破見、　四破戒、

五五逆、　六謗法、
七闡提。
又復就悪性有五種。
一悪性、　二邪性、
三虚性、　四非性、
五偽性。
（浄聖全二・二八八下～二八九頁下、定親全三・漢文篇六八～七〇頁）

また二種の機について、また二種の性あり。
二機とは、
一には善機、　二には悪機なり。
二性とは、
一には善性、　二には悪性なり。
また善機について二種あり。また傍正あり。
一には定機、二には散機なり。
『疏』に「一切衆生の機に二種あり、一には定、二には散なり」といへり。文
また傍正ありとは、
一には菩薩、大小　二には縁覚、
三には声聞・辟支等、浄土の傍機なり。
四には天、　五には人等なり。浄土の正機なり。

また善性について五種あり。

一には善性、　二には正性、

三には実性、　四には是性、

五には真性なり。

また悪機について七種あり。

一には十悪、　二には四重、

三には破見、　四には破戒、

五には五逆、　六には謗法、

七には闡提なり。

また悪性について五種あり。

一には悪性、　二には邪性、

三には虚性、　四には非性、

五には偽性なり。

と示し、機を善機と悪機とに分け、善機について傍正を語って、菩薩・縁覚・声聞・辟支を浄土の傍機とし、天・人等を浄土の正機としているが、悪機については傍機・正機を語っていない。覚如の『口伝鈔』第十九章には、

本願寺の聖人、黒谷の先徳より御相承とて、如信上人仰せられていはく、世のひとつねにおもへらく、「悪人なほもつて往生す。いはんや善人をや」と。この事とほくは弥陀の本願にそむき、ちかくは釈尊出世の金言に違せり。そのゆゑは五劫思惟の劬労、六度万行の堪忍、しかしながら凡夫出要のためなり、まつたく聖人のた

めにあらず。しかれば凡夫、本願に乗じて報土に往生すべき正機なり。凡夫もし往生かたかるべくは、願虚設なるべし、力徒然なるべし。しかるに願力あひ加して、十方のために大饒益を成ず。これによりて正覚をとなへていまに十劫なり。これを証する恒沙諸仏の証誠、あに無虚妄の説にあらずや。しかれば、御釈にも、「一切善悪凡夫得生者」と等のたまへり。これも悪凡夫を本として、善凡夫をかたはらにかねたり。かるがゆゑに傍機たる善凡夫、なほ往生せば、もつぱら正機たる悪凡夫、いかでか往生せざらん。しかれば、善人なほもつて往生す。いかにいはんや悪人をやといふべしと仰せごとありき。

（浄聖全四・二七九～二八〇頁、真聖全三・三一～三二頁）

と述べられているが、ここには『歎異抄』第三章の、

善人なほもつて往生をとぐ。いはんや悪人をや。しかるを世のひとつねにいはく、悪人なほ往生す。いかにいはんや善人をや。

（浄聖全二・一〇五五頁、真聖全二・七七五頁）

を承け、聖人と凡夫とでは聖人が傍機で凡夫が正機、善凡夫と悪凡夫とでは善凡夫が傍機で悪凡夫が正機と示している。これは、先に引用した「化身土文類」や『正像末和讃』と同趣旨であるが、『愚禿鈔』の善機・悪機についての説示は、説相が異なっているので、同趣旨であるとの即断は避けたい(5)。

以上、善人悪人相対についての考察にまで若干踏み込んだが、結局、浄土教とは為凡の教であるとするのが、法然・親鸞の一致した認識であったと考えることができる。

曽我氏はまた、

（『教行信証』について言えば、）往生、成仏という点にも多少未完成の所がありはしないかと思います。（中略）そうすると、親鸞聖人のみ法というものは、今日我々が完成しなければならぬと思う。

（『往生と成仏』二六頁）

と述べるが、この姿勢は、親鸞が師法然の主著『選択集』について、

真宗簡要、念仏奥義、摂在于斯。見者易諭。誠是希有最勝之華文、無上甚深之宝典也。

（浄聖全二・二五五頁、真聖全二・二〇二頁）

真宗の簡要、念仏の奥義、これに摂在せり。見るもの諭り易し。まことにこれ希有最勝の華文、無上甚深の宝典なり。

と口を極めて讃嘆し、

渉年渉日、蒙其教誨之人、雖千万、云親云疎、獲此見写之徒、甚以難。爾既書写製作、図画真影。是専念正業之徳也、是決定往生之徴也。仍抑悲喜之涙註由来之縁。

（浄聖全二・二五五頁、真聖全二・二〇二頁）

年を渉り日を渉りて、その教誨を蒙るの人、千万なりといへども、親といひ疎といひ、この見写を獲るの徒、はなはだもつて難し。しかるにすでに製作を書写し、真影を図画せり。これ専念正業の徳なり、これ決定往生の徴なり。よりて悲喜の涙を抑へて由来の縁を註す。

と、『選択集』の書写を、感激をもって記す姿勢とは大きく隔たっているというべきであろう。なによりも、親鸞の著作を未完成と位置づけ、親鸞の著作に依らずして「親鸞聖人のみ法」を完成することが凡夫に可能であるのか、疑問を持たざるを得ない。

再説すれば、筆者において浄土真宗とは、（一）阿弥陀仏の救済の構造であり、（二）親鸞によって論理化・体系化されたものであり、（三）私の仏道である。筆者にとっては、この三者が食い違うことなくぴったりと重なることこそが理想であり、また（二）親鸞によって論理化・体系化されたものとは、『教行信証』等に言説化されたも

の、すなわち聖教を意味する。よって本書の基本姿勢は、何よりも聖教に基づいて、親鸞によって論理化・体系化された教義構造を明らかにするというものであり、阿弥陀仏の救済構造を明らかにするためには聖教を逸脱することも必要であるとの見解はとらず、また筆者自身の内面では最も重要な問題と位置づけているが、私の仏道という側面は、本書における考察の前面には出さないこととする。

註

（1）浄土真宗・浄土宗・真宗の語について、親鸞の用語例としては、法そのものとしての意味が大部分である。ただし、『高僧和讃』の「智慧光のちからより　本師源空あらはれて　浄土真宗をひらきつつ　選択本願のべたまふ」（浄聖全二・四五五頁、定親全二・和讃篇一二七頁）の「浄土真宗」は、『選択集』（二門章）において、所依の経論及び師資相承を明らかにして浄土宗の独立を宣言しているものと併せ考えてみれば、宗派としての意味を含んでいると考えられないこともない。もっとも、衆生の上に活動していない法そのものを考えることはできないという意味からすれば、法そのものと宗派、あるいは宗派を構成している念仏者集団を判然と分かつことはできないとも言えよう。

なお、この『高僧和讃』から見れば、日本において浄土真宗を開顕したのは、法然であるということになるが、ここでは親鸞自身の意識あるいは言明よりも、後世の我々の意識から、浄土真宗の開祖としての親鸞という意味で、親鸞によって開顕された宗教としての浄土真宗・浄土宗・真宗と表現しておく。

（2）『漢語灯録』巻六、『往生要集釈』（真聖全四・五九三頁）

ただし、この文は、義山校訂本には存するが、古本『漢語灯録』には存しない。よって、必ずしも法然自身の言葉と見なすことはできない。

（3）近時北米教団における往生理解について聞き及ぶ機会をえた。往生思想の考察は、ある意味、極めて日本的な宗教とも言いうる浄土真宗を、日本と違った精神的風土を持つ欧米においていかに伝道しうるのかということとも関連するであろう。欧米人が、仏教に興味を持つことには、キリスト教への不満がその契機となる場合も多く、神と人間との二元論を基調とするキリスト教に対して、生仏一如を説く仏教に新鮮さを感じるという点からすれば、阿弥陀仏と衆生、浄土と穢土とを二元論的に説示する浄土も、より一元論的な解釈を前面に出すべきだとの主張もそれなりの意味を持つであろう。

しかし、阿弥陀仏と衆生、浄土と穢土との二元論的な説示を放棄して浄土教が浄土教として成立し得るのか否か、疑問を持たざるを得ない。

なお、この問題は、生仏浄穢の不二而二の問題として後に詳しく検討したい。

（4）その他の浄土教の諸師の往生思想を検討するべきとの論もあるであろうが、本書においては、冗長になることを恐れて検討の対象を絞りたい。すなわち、論点を明確にするため、浄土教の哲学的考察に特徴を持つ曇鸞、中国仏教史上、浄土教が大乗仏教として成立するや否や、の疑問に答えようとした道綽、また、親鸞の師法然が「偏依善導一師」と帰依を表明し、称名念仏一行実践の論理に特徴が見られる善導の三師のみを取り上げ、考察を加えることにする。

（5）灘本愛慈師は、「いま五乗の中では人天をもって正機とするが、さらに善悪を相望するときは善人を傍機とし、悪人を正機とする」（『愚禿鈔要義』一七三頁）と述べているが、『愚禿鈔』の文の上では、善悪を相望して善人を傍機、悪人を正機とは示されていない。善機においてのみ傍機・正機が示され、悪機においては示されていないことからすれば、所顕が異なると見るのが妥当ではないであろうか。

第一部　親鸞の往生思想形成の背景

第一章　往生思想の基本的性格
―往生思想の源流に関する諸説を手がかりとして―

まず、往生思想とはいかなる思想なのかの検討を行うに際し、往生思想の源流についての諸説を考察する。すなわち、往生思想の源流を考究するにあたっては、前提として、往生思想とはかかるものであると、その基本的性格が明確なものとなって後、その基本的性格の萌芽をどこに求めるのかという作業が行われているはずである。往生思想の基本的性格が不明確のまま、その源流を考究することなどありえない。往生思想の源流の考究にあたっては、サンスクリット語・パーリ語の原典の研究、あるいはインド諸思想の検討等が欠かせないと考えられるが、筆者にとっては専門外であり、その検討の妥当性について発言の権利はない。しかしながら、その検討の過程において、それぞれの論者が往生思想の基本的性格をどのように見ているのかがおのずから明らかになっていて、本章においては、往生思想の源流についての諸説の考察を通じて、往生思想の基本的性格の明確化を行いたい。

第一節　生天思想

往生思想の源流としては、生天思想・四沙門果思想・他方仏土思想・見仏思想等が考えられている。往生思想の源流として生天思想を考えるものは、矢吹慶輝氏『阿弥陀仏の研究』（三二三頁以下）や木村泰賢氏『大乗仏教思想論』（五一一五頁）などである。この説は、原始仏教や部派仏教における生天思想の検討によって、少なからず極楽往生思想と相通ずる点が看取されることからいわれるのであるが、すでに指摘されているように、生天とは、あくまでも輪廻の世界にとどまっているに過ぎないので、仏教本来の解脱への道とは区別されなければならず、解脱への道として説かれる往生思想とは断絶があり、直ちに生天思想を往生思想の源流とすることはできないと考えられる。しかしながら、辻本鉄夫氏は『原始仏教における生天思想』(1)において、在家者に対して説かれる修福による欲天への生天思想と出家者に対して説かれる修禅による禅天への生天思想とを同一に論ずるべきではないと、いったん区別しているが、在家者の生天に関しても、「生天を介して諸有の漏を漸々に遠離し、やがて一切の垢を離れて聖道に逮達するのである」(2)と、生天が解脱の過程として説かれていると主張している。

辻本氏の所論で注目するべきは、

天に就ての仏教徒一般の考え方を通観するに、禅定中所現の境としての天と、神話的物理的世界観の上に立てる天と、この両者が同一のものの如く説かれている。（中略）さて、禅定に堪え得る人々（主として出家の仏教徒）に就ては暫く措き、散心の仏教徒（主として在俗の仏教徒）に於てはこの伝統的な神話的宇宙観こそ最も親しい血の教養である。（中略）欲生する在家人の心理はあくまで実生を求める心である。

（『親鸞大系』九・九頁）

との指摘である。辻本氏の所論は、神話的物理的世界観に親しい在家者に対して実生としての生天が説かれ、しかも、その生天が究極的には解脱へとつながる、というものである。辻本氏の原始経典等の資料の処理についての検討は、すでに述べたように筆者の専門外でもあり、当否の判断を差し控えなければならない（以下の諸氏の所論についても同様である）。しかし、在俗の仏教徒における伝統的な神話的宇宙観に基づく生天思想を往生思想の源流とする辻本氏の説は、三界六道中の天への生を求める生天思想と、三界を勝過した世界である浄土への生を求める往生思想との、基本的な相違から生ずる断絶が存在するにもかかわらず、為凡の教としての浄土教の性格の考察に一つの示唆を与えるものであるといえよう。すなわち、後に曇鸞が氷上燃火の譬喩によって釈するように、三界を勝過する浄土への往生は本来無生の生であるにもかかわらず、下下品の凡夫は「実生の見」を取ることが指摘されている。いうまでもなく、古代インドにおける伝統的な神話的宇宙観は、時代・社会を超えた普遍的な宇宙観ではない。それにもかかわらず、各民族固有の神話的宇宙観における神話の形態の相違より生ずる具体的な宇宙観の相違を捨象したところに、なお共通する宇宙観が残されると考えられる。それは、実体的な他界の存在を認容する宇宙観である。科学の発達によって明確になってきた宇宙観――恒星系の集合としての銀河系宇宙という宇宙観――とは別に、冥界・霊界等の他界の存在を認容する宇宙観は、現代人においても、完全に否定されてはいない。科学的宇宙観の教育を受けた現代人の間において、冥界・霊界等を題材とする書物を購読する人々が多数存在するという事実は、他界の存在を認容する宇宙観が、現代においても完全に否定されていないというよりも、なお現代の大多数の人々に受容されている証左と見なすこともできよう。実体的な他界の存在を認容する宇宙観とは、果たして単なる迷妄であって近代的知性によって克服しうるものなのか、それとも近代的知性によって支配し得る精神領域とは別なる精神領域に根差すものであって、いかに知性による精神の完全な制御を誇りうる人物であっても、その精神構造の深奥に胚胎するそれから自由ではありえないものなのか、実体的な他界の存在を認容する宇宙観と近代的知性との関係は、改めて考察する必要がある。あるいは、近代的知性そのものが、我執を根底とするものであり、最終的には否定されなければならないものであるという視点も、当然考慮しなければならない。

いずれにせよ、たとい実体的な他界の存在を認容する宇宙観が近代的知性によって否定される迷妄であるとしても、近代的知性による精神の完全な制御を誇りうる存在は、皆無もしくは少数にしか過ぎず、心情的に実体的な他界の存在を認容している圧倒的多数者の存在は否定できない。大乗仏教就中浄土教は、一切衆生の救済を標榜している限り、少数者のみに受容されるべきものではなく、絶対多数によって受容されるべき教義構造を堅持する必要がある。その意味で、先に紹介した「禅定に堪え得る人々（主として出家の仏教徒）に就ては暫く措き、散心の仏教徒（主として在俗の仏教徒）に於てはこの伝統的な神話的宇宙観こそ最も親しい血の教養である。（中略）欲生する在家人の心理はあくまで実生を求める心である」という辻本氏の指摘は、為凡の教ということを浄土教の原点に置けば、首肯し得るものであるといわねばならない。

第二節　四沙門果思想

往生思想の起源として、いわゆる四沙門果思想を想定するものは、舟橋一哉氏の「原始仏教における出家道と在家道―往生思想の起源に関して―」[(3)]である。舟橋氏は、「往生思想が原始仏教の生天思想を受けつぐものである、と見ることは、恐らくは正しいであろう」としながらも、在家道としての生天道は、どこまでも世間道であり、有漏道であるから、この有漏道から出世間の無漏道としての浄土往生の道への転換は、容易に解決できる問題ではなく、単に「生天思想の純化したものが往生思想である」ということで問題がすまされてはならないとし、「在家道としての生天思想からは往生思想は出て来ない、と私は考える者である。動機と目的を異にしているからである」と、辻本氏の所説に対して同意し難い旨を表している。舟橋氏は、原始仏教における生天思想には、在家道における世間道としての生天と、出家道における出世間道としての生天との二種類があるとする[(4)]。そして、前者については、前述の理由で、往生思想の源流とは認められず、いわゆる四沙門果思想として完成される後者の生天を往生思想の起源として想定する。出家道における出世間道としての生天とは、現世において最後の涅槃（阿羅漢果）に到達できなかった出家者が、さらに生をかえて仏道修行を続けるために、来世を期する場合をいうものであり、いわゆる四沙門果思想とは、預流果の者はどんなに長く生死の迷いに沈んでも、その長さは七度人天の間を往来する期間であり、その間に修行が進んで阿羅漢に達することができ、一来果の者は天と人との二生を受けるだけであり、不還果の者は天の生を受けるだけで、再びこの世には還来しないというものである。(5) 舟橋氏は、これら、預流果・一来果・不還果の者が天の生を受けることを生天と呼ぶこととするとして、この生天は生死を厭離せんがための生天であって、天の楽果を受けるための在家道としての生天とは全く質の異なるものであり、このような生天思想を往生思想の起源と見ることによって、生天と往生との間にある世間と出世間、有漏と無漏との矛盾相違を解決することができる、と論じている。そして氏は、原初的な意味では如実智見＝解脱であったが、時代が下がるに従って、証悟者自身の痛烈なる自己反省の結果、如実智見の位がだんだん低く考えられ、解脱との間に階次的な隔たりを見るようになり、ついに如実智見＝見道＝預流、解脱＝無学道＝阿羅漢となり、その中間に一来・不還が入って四果が成り立ったのであって、如実智見＝解脱の時代には修行の完成を来世に期することはなかったが、如実智見と解脱との間に隔たりが生じて、究極の証果を未来の生に期待するようになった、とも論じている。このように、舟橋氏は往生思想の起源を出世間道としての生天思想に想定しているのであるが、「往生思想に直接先行してその前提となる思想は、実は生天思想ではなくして、他方仏土思想である」とも述べている。すなわち、仏教における世界観の拡大によって、須弥四州だけを世界（一仏土）と考えていたものが、ついには無数の三千大千世界を考えるようになり、この娑婆世界は現在無仏の世界であるが、仏の現在する他方世界が現に存在しているので、無仏の娑婆世界での仏道修行の難からくる悲嘆が、仏が現在する他方仏土への往生を期する往生思想へと発展したものとしている。ここに、往生思想の原始的な意味と、原始仏教における出家道としての生天思想との目的意図との一致を見て、「往生思想は直接には他方仏土の思想を前提とするものであり、間接には（そして本来の建前としては）出家道としての生天思想につながるものであり、そして往生の業としては易行道としての性格から在家道に属するものであると考える（6）」と結論している。

辻本氏と舟橋氏とは、ともに生天思想を往生思想の源流乃至起源と見ているのであるが、辻本氏が在家者の生天思想に往生思想の思想的淵源を見るのに対して、舟橋氏は出家道としての生天思想にその思想的淵源を見るという相違がある。浄土教は、後の発展形態からすれば、為凡の成仏道であると考えられよう。辻本氏は為凡という点に重点を置き、舟橋氏は成仏道という点に重点を置いて、それぞれ往生思想の起源乃至源流を見たということができる。辻本氏も、

さて優婆塞・優婆夷に就ては今しばらく措き、比丘・比丘尼にとっても、この漏尽のみちは決して容易ではなかった。現生に解脱するみちを、仏陀の励しによって、不放逸に勤修すればするほど、この解脱のみちが困難ないばらのみちであることがうなずかれた。このことがやがて、出家者達の間にもまた死後に修行を保留して死んでゆく人々が輩出する原因となった。かくして、出家者の間に、四向四果の説法が樹立せられたのである。出家者もまた生天を媒介としてその困難なる得脱の完成を企てるようになったことは注意すべき事柄と云わねばならぬ。

（『親鸞大系』九、三一頁）

と、出家道としての生天思想を考慮の中に入れながらも、

さて、禅定に堪え得る人々（主として出家の仏教徒）に就ては暫く措き、散心の仏教徒（主として在俗の仏教徒）に於てはこの伝統的な神話的宇宙観こそ最も親しい血の教養である。

（『親鸞大系』九・九頁）

と、禅定不堪の在家者にとっての生天思想を中心に論じている。これは、先にも述べたように、あくまでも為凡の教としての浄土教を中心に置いた見方であろう。これに対して舟橋氏は、在家道としての生天思想は、有漏道（楽のための生天であって、解脱のための生天ではない）であるがゆえに、成仏道としての往生思想の起源とは成りえず、解脱への過程としての生天思想（出家道としての生天思想）を起源とし、他方仏土思想を前提として往生思想が成立すると論じている。舟橋氏は、往生の業としては易行道としての性格から在家道に属する、としながらも、あくまでも成仏道としての浄土教を中心に置いた見方をしているということができよう。

舟橋氏の所論で注目するべきは、出家道における出世間道としての生天について、

現世において最後の涅槃（阿羅漢果）に到達できなかった出家が、更に生をかえて仏道修行をつづけるために、来世を期する場合をいうものである。（『親鸞大系』九・四六頁）

と指摘し、

この娑婆世界においては現在に仏は在さぬが、他方の仏土には現に仏が在すと考えた。仏の在さぬ世界で仏道を修するよりは、仏の在す世界に生れて仏道を修する方が、より容易であり、より勝れていることは当然である。かくして二仏の中間に生れて現身の仏に遭うことができないという悲嘆は、やがて来生を他方の仏土に期することによって救われることとなり、ここに往生思想が生れたものと思われる。（『親鸞大系』九・四八頁）。

と論ずる点である。まさしく、現世において最後の涅槃に到達できなかった者（決して到達できない者）、無仏の世界に生を受けたことを悲嘆する者にとって開かれている道こそが、往生浄土の道である。後に善導が、二種深信の機の深信において、

決定深信自身現是罪悪生死凡夫、曠劫已来、常没常流転、無有出離之縁。

決定して深く自身は現に是れ罪悪生死の凡夫、曠劫より已来、常に没し常に流転して、出離の縁有ること無しと信ず。

（浄聖全一・七六二頁、真聖全一・五三四頁）

と、無有出縁の機たることを顕し、親鸞が、『正像末和讃』において、

正法の時機とおもへども　底下の凡愚となれる身は
清浄真実のこころなし　発菩提心いかがせん
（浄聖全二・四七六頁、定親全二・和讃篇一六五頁）

三恒河沙の諸仏の　出世のみもとにありしとき
大菩提心おこせども　自力かなはで流転せり
（浄聖全二・四七七頁、定親全二・和讃篇一六六頁）

と、すでに過去世においては仏在世の時代に生まれながら、なお流転を続けてきた我が身と信知しているところには、このような浄土教の性格が如実に表現されていると見ざるをえない。その意味で舟橋氏の指摘は肯綮に当たっているといわなければならないであろう。

第三節　見仏思想

往生思想の源流の考察における見仏思想の重要性を指摘するものは、武邑尚邦氏「往生思想の系譜」[7]である。武邑氏はまず往生の原語の検討から、

往生という考え方が何らかの意味でインド在来の生天という考え方と関連性をもつように考えしめる。しかし、釈尊によって創唱された仏教という純粋の立場に立つ時、インド在来の生天という考え方は、明らかに釈尊が

アララ仙アッダカ仙の下を去った時に捨てられていたといわねばならないから、生天→往生浄土の系譜は俄かには賛意を表しえない。（『親鸞大系』九・五一頁）

と、生天思想と往生思想との連関については否定的である。次いで、『仏説無量寿経』（以下『大経』と略称）の胎化得失を述べて、

かくて往生浄土とは極楽に自然化生することであり、さらに蓮華化生の目的が見仏聞法と仏への親近供養にあることが明らかである。すなわち往生浄土は成仏へのための要請、すなわち見仏聞法親近供養による利他行の満足として求められたのである。（『親鸞大系』九・五二頁）

と、成仏に必要な見仏聞法親近供養の満足として往生浄土が求められたと論じられる。すなわち、仏果成就の中心契機が見仏の一事に集約される菩薩道について論じ、その源を仏に逢い仏に事える逢事仏の考えに求める。そして、成仏には、逢事仏、波羅蜜行の実修、仏による記別（＝授記）等の条件が必要であるとする形式ができあがってきたことを明らかにし、逢事仏・授記が成仏の契機として必須であるゆえに、無仏時の成仏道としては、三昧力による現世見仏と往生見仏という二つの潮流が形造られていくことを論じる。前者は主として出家教の規範を示すものであり、一般に菩薩道を説く『十地経』に代表され、後者は在家教の規範を示すものであり、弥陀経典によって念仏と共に説かれると述べ、成仏には授記が必要であり、授記には見仏が必要であるという形式が、往生思想の成立の重要な要因の一つであることを論証するのである。

武邑氏は、舟橋氏が「二仏の中間に生れて現身の仏に遭うことができないという悲嘆は、やがて来生を他方の仏土に期することによって救われることとなり、ここに往生思想が生れたものと思われる」（『親鸞大系』九・四八頁）と論じる点を、成仏に必須の見仏・授記という観点から具体的に明らかにしたものと考えられる。武邑氏の所論は、

三昧力による見仏が不可能な凡夫にとって、成仏に必要な見仏・授記は他方仏土への往生によってのみ可能であるとするものであり、成仏道としての往生思想の意義を明らかにしたものであるということができる。言うまでもなく、後の親鸞においては、仏に逢い、仏に事え、仏より記別を授けられるための願生ではない。親鸞においては、弥陀浄土は涅槃界であり、往生即成仏である故に、往生後に授記の必要はない。また、『尊号真像銘文』には、

若衆生心憶仏念仏といふは、もし衆生、心に仏を憶し仏を念ずれば、現前当来必定見仏去仏不遠不仮方便自得心開といふは、今生にも仏を見たてまつり、当来にもかならず仏を見たてまつるべしとなり。

（浄聖全二・六一三〜六一四頁、定親全三・和文篇八二〜八三頁）

とあり、『一念多念文意』には、

一切臨終時といふは、極楽をねがふよろづの衆生、いのちをはらんときまでといふことばなり。勝縁勝境といふは、仏をもみたてまつり、ひかりをもみ、異香をもかぎ、善知識のすすめにもあはんとおもへとなり。

（浄聖全二・六六一頁、定親全三・和文篇一二五頁）

とあり、願生者の現生の見仏が説かれているかのごとくであるが(8)、たとい、これを現生の見仏とみても、成仏に必須の授記と結びついての見仏ではない(9)。しかしながら、無仏時の在家者にとっての成仏道は、他方仏土への往生しかありえない、という武邑氏の指摘は、浄土教の性格を考察するにあたって、充分注意を払わなければならない重要な指摘というべきであろう。

小　結

本章においては、往生思想とはいかなる思想なのかの検討を行うに際し、往生思想の源流についての諸説を考察した。すなわち、往生思想の源流に関して、第一節において辻本鉄夫氏の生天思想、第二節において舟橋一哉氏の四沙門果思想、第三節において武邑尚邦氏の他方仏土思想・見仏思想を取り上げ、三氏の説を概観してきたのであるが、[10] 浄土教の性格の考察に関して、いずれの説にも注目すべき点が見られる。辻本氏は、浄土教が為凡の教であるという点をその根拠の中心に置き、実体的な生死観を持つ凡夫のための教説という観点から、在家者のための生天思想を往生思想の起源と見なしている。舟橋氏は、現世において成仏を達成できない修行者が来世以降に成仏を期するという出家者の生天思想（四沙門果思想）を遠い起源とし、直接には他方仏土思想から往生思想が生まれてきたと論じられる。武邑氏は、成仏には見仏による授記が必須であり、無仏時の成仏道としては、一方では現世における三昧見仏を中心とする出家仏教（いわゆる聖道門）を形成し、他方では他方仏土に往生しての逢事仏を中心とする在家仏教（いわゆる浄土門）を形成してゆくと論じられる。

三者それぞれ浄土教の特徴に視点を当てつつ、往生思想の源流を考察しているのであるが、もとよりこの分野に関しては門外漢である筆者は、優劣を判定する立場にはない。しかしながら最初に述べた通り、[11] 往生思想の源流に関する三者の考察を通じて往生思想の基本的性格を見るならば、それは「無仏の世における凡夫の成仏道」とまとめることができるのではないであろうか。本章における一応の結論としておきたい。

ちなみに、辻本氏のいう実体的な他方世界観、船橋氏・武邑氏ともにいう成仏を期するために無仏世界（そこにおいての成仏は不可能）から有仏世界（そこにおいての成仏は可能）へという形式が往生思想の源流とするならば、いずれにせよ現世・この世における往生という思想が成立してくる余地はない。もし、親鸞の往生思想に現世・この世における往生という思想が含まれているとするならば、それは原始仏教に源を持たない親鸞独自の思想であるということができる。伝承と己証という観点からいえば、己証なき伝承は妄従であり、伝承なき己証は独断であるといわれるが、[12]親鸞教義とは断じて伝承なき独断ではない。親鸞教義の上で己証といわれるものは、三経・七祖においてて萌芽のごとく微々として存在していたものが大輪の花として開いたものをいうのであろう。巷間、親鸞教義の独自性を顕彰せんとして、直接には師法然、広く言えば三経・七祖との連続性を否定し、断絶性のみを強調する論もまま見られるが、筆者としては賛同し難い。それでは背師自立の難も甘受しなくてはならず、法然の浄土真宗開宗の功績を讃嘆し、「愚禿勧むるところ更に私なし」（『御伝鈔』下五段、浄聖全四・一〇〇頁、真聖全三・六五一頁）、「親鸞めづらしき法をもひろめず」（『御文章』一帖目一通、浄聖全五・六九頁、真聖全三・四〇二頁）といわれたとされる親鸞の意に悖るものといわねばならない。言うまでもなく、親鸞教義の淵源を全て原始仏教に求め得ることはできないであろうが、他方仏土への往生という思想の淵源を原始仏教に探られた先輩諸氏の労作に多大の敬意を表するものである。すなわち、往生思想の起源論という観点から言えば、現生この世での往生という思想は、萌芽すら見られないということが明らかになったと思われる。

註

（1）『親鸞大系』九・三頁～三九頁。
（2）『親鸞大系』九・二九頁。
（3）『印度学仏教学研究』三―一・三四頁～四一頁、『親鸞大系』九・四〇～五〇頁。

（4）舟橋氏は「四向四果説」と述べているが、藤田宏達氏は、「四沙門果思想」と述べている。『原始浄土思想の研究』第六章実践に関する諸問題、第一節往生思想とその源流、二四沙門果思想との関係（五三一頁以下）、『親鸞大系』九・七八頁以下。

（5）『教行信証』「行文類」の「初果聖者、尚睡眠懶堕、不至二十九有。（初果の聖者、尚睡眠し懶堕なれども、二十九有に至らず。）」（浄聖全二・四八頁、定親全一・六八頁）とあるが、この二十九有とは、人間界の七有（生有）、天上界の七有（生有）、またそれぞれの生の終わりから次の生を得るまでの中有の十四有、合わせて二十八有を経た次の二十九番目の生有という意味であり、初果の聖者は、最大二十八の迷いの有を経ることがあっても、決して二十九番目の迷いの有は受けない、となり、初果の聖者とは預流果の聖者である。しかし、言うまでもなく、この文における親鸞の意図は、他力信心をえたものが、二十八の迷いの有を経た後に往生するというところにあるのではない。初果の聖者は、たとい睡眠懶堕であっても成仏は決定しているということをあらわすところに、親鸞の意図が存していると見るべきであろう。

（6）『親鸞大系』九・四八頁。

（7）『真宗研究』第四号、『親鸞大系』九・五一～六四頁。

（8）これらの文が、果たして弘願行者の現生の見仏を述べたものであるかどうかについては、疑問も存するが、香月院深励師の『一念多念証文記』には「第十八願他力信心の行者は、一念の信心発得已後、煩悩にまなこ障へられて肉眼でみたてまつらずと雖も、摂取の阿弥陀如来はつねに吾が身をてらしたまふ。其ゆゑに自力の行者の臨終来迎の奇瑞のすがたも、他力の行者は願はず求めざるにつねにあることなり」（真全四二・五四頁）とあり、また、信後の報恩行に関して、五念門行とするか五正行とするかの論争もあるが（真全五〇所収、石泉僧叡『助正釈問』。普賢大円『真宗教学の発達』二六五頁以下参照）いずれの説を取るにせよ、報恩行としての観察があることは否定できない。たとえば、得法院寛寧師の『宗要開関』には、「弘願の如実観の如きは此れ弥陀教」（真叢二・一五六頁）とあり、深諦院慧雲師の『観経玄義分丁酉録』には、「観有二種、一信前弄引観、二信後味道観」（真全一四・四八四頁）とある。ただし、開轍院随慧師は、『観経玄義分鑽仰記』（真全一三・八二頁）において、観に観見と観知の両義があることを示し、弘願観は観知の義としている。

(9) 言うまでもなく、親鸞においては、涅槃の真因は信心のみであり、たとい『尊号真像銘文』や『一念多念文意』の文を弘願の行者の現生の見仏としても、香月院深励師のごとく得益とするか、報恩行または信後の味道とせざるをえない。

(10) 往生思想の源流に関する諸説については、その他、藤田宏達氏の『原始浄土思想の研究』五一九頁以下を参考とした。

(11) 『正像末和讃』には、

三恒河沙の諸仏の　出世のみもとにありしとき
大菩提心おこせども　自力かなはで流転せり
（浄聖全二・四七七頁、定親全二・和讃篇一六六頁）

とあるが、これは、『安楽集』に『涅槃経』の、

若有於三恒河沙等仏所発菩提心、然後乃能於悪世中不謗是法、書写経巻、雖為人説、未解深義。
（浄聖全一・五七七頁、真聖全一・三八〇頁）

もし三恒河沙等の仏の所において菩提心を発すことあれば、しかして後にすなはちよく悪世のなかにおいてこの法を謗ぜず、経巻を書写し、人のために説くといへども、いまだ深義を解らず。

を引用し、

何以故須如此教量者、為彰今日坐下聞経者、曾已発心供養多仏也。
（浄聖全一・五七七頁、真聖全一・三八〇頁）

なにをもつてのゆゑにかくのごとき教量を須ゐるとならば、今日坐下にして経を聞くものは、かつてすでに発心して多仏を供養せることを彰さんがためなり。

と述べることに基づくものであろう。『安楽集』においては、現在の聞法の背景にある宿善を示しているのであるが、親鸞においては、逆に、これらの宿善があるにもかかわらず、自力による度脱が不可能な身であることを証しているのが現在の我が身であるということを示しているといえよう。それは、たとい仏在世の時代に生まれあわ

せ、仏を供養することがあろうとも、自力によっては度脱できない我が身という意味で、「無仏の世」よりも、「無有出縁の凡夫のための成仏道」と本願他力の白道を位置づけたのが親鸞であるということができる。

（12）　村上速水氏『親鸞教義の研究』三八五頁。

第二章　浄土三部経における往生思想

第一節　他界としての極楽浄土と命終を契機とする往生

往生思想には種々あり、兜率往生思想、十方往生思想、浄土三部経等に依る極楽往生思想、その他、薬師信仰に依る浄瑠璃世界への往生、観音信仰に依る補陀落への往生、釈迦信仰に依る霊山・無勝荘厳国への往生、華厳経信仰に依る華蔵界への往生などがある。

なかでも、兜率往生と十方往生とは、道綽の『安楽集』、源信の『往生要集』に極楽往生との比較がなされる等、無視できない思潮であるが、単に出家者のみにとどまらず一般庶民にも及んで大きな潮流を形づくるのが極楽往生思想である。親鸞教義も、この大きな潮流の中にある。いやむしろ極楽往生思想が、大乗仏教思想を根底として、最も純化した極致こそ親鸞教義であるという方が適切であろう。極楽往生思想は、主としていわゆる浄土三部経を根拠として成立している。浄土三部経とは、『大経』、『仏説観無量寿経』（以下『観経』と略称）、『仏説阿弥陀経』（以下『小経』または『阿弥陀経』と略称）である。『大経』は、かつて五存七欠、すなわち十二度漢訳され、そのうち残されているのは五訳であり、七訳は失われたとされていたが、実際に十二度も漢訳されたかどうか疑問である。したがって七欠と言われる訳が現実に存在したかどうかも疑問である。その五存といわれるものは、

（一）『仏説無量清浄平等覚経』（以下『平等覚経』と略称）　後漢　支婁迦讖訳

（二）『仏説阿弥陀三耶三仏薩樓仏檀過度人道経』（以下『大阿弥陀経』と略称）呉　支謙訳
（三）無量寿経（『仏説無量寿経』）曹魏　康僧鎧訳
（四）無量寿如来会（大宝積経巻第十七・十八）唐　菩提流志訳
（五）『仏説大乗無量寿荘厳経』（以下『荘厳経』と略称）宋　法賢訳

であるが、この中、（一）～（三）に関しては訳出の時代及び訳者について疑問が提出され、現在それぞれの時代、それぞれの訳者による訳出ではないという点でほぼ意見の一致を見ているが、それぞれの経典が、いつの時代に、どのような人物によって訳出されたのかという点については、必ずしも意見の統一はされていない。これらの異本は、阿弥陀仏の因位の本願が、『平等覚経』と『大阿弥陀経』とでは二十四願、『無量寿経』と『無量寿如来会』とでは四十八願、『荘厳経』では三十六願とそれぞれ相違し、同一原本の異訳ではなく、原本そのものが相違していたと考えられる。その他、四十七願のサンスクリット本、四十九願のチベット訳本も現存している。なお、真宗教学においては、（三）の『仏説無量寿経』（いわゆる魏訳『大経』）が正依『大経』と位置づけられ、他の四本は異訳『大経』と称されている。なお、『荘厳経』（宋訳）は、親鸞の引用が無く、親鸞未見の異訳であったとも考えられるが、また、この経の思想が親鸞の思想と合致せず、あえて引用を避けたとも考えられる。『小経』にはまた唐の玄奘による『称讃浄土仏摂受経』（以下『称讃浄土経』と略称）という異訳がある。以下、正依の三部経を中心として、時に応じて異訳も顧みながら、中に説かれる極楽往生思想について考察を加えたい。

まず、極楽世界の位置に関して、『大経』では、

法蔵菩薩、今已成仏、現在西方。去此十万億刹。其仏世界名曰安楽。（浄聖全一・三三頁、真聖全一・一五頁）

法蔵菩薩、いますでに成仏して、現に西方にまします。ここを去ること十万億刹なり。その仏の世界を名づ

けて安楽といふ。

と説かれ、『小経』では、

従是西方過十万億仏土有世界、名曰極楽。其土有仏、号阿弥陀。今現在説法。

（浄聖全一・一〇五頁、真聖全一・六七頁）

これより西方に十万億の仏土を過ぎて世界あり、名づけて極楽といふ。その土に仏まします、阿弥陀と号す。いま現にましまして法を説きたまふ。

と説かれ、また『観経』では、

亦令未来世一切凡夫、欲修浄業者、得生西方極楽国土。（中略）如来、今者教韋提希及未来世一切衆生、観於西方極楽世界。（中略）仏告韋提希、汝及衆生、応当専心繫念一処、想於西方。

（浄聖全一・八〇～八一頁、真聖全一・五〇～五一頁）

また未来世の一切凡夫の、浄業を修せんと欲するものをして、西方極楽国土に生ずることを得しめん。（中略）如来、いま韋提希および未来世の一切衆生を教へて西方極楽世界を観ぜしむ。（中略）仏、韋提希に告げたまはく、汝および衆生、まさに心をもつぱらにし念を一処に繫けて、西方を想ふべし。

と説かれる等、一致して西方に位置づけられる。

これは、『平等覚経』の、

無量清浄仏、作仏已来、凡十八劫。所居国名須摩提。正在西方。去是閻浮利地界、千億万須弥山仏国。

（浄聖全一・二一五頁、真聖全一・八三頁）

無量清浄仏、作仏してより已来、おほよそ十八劫なり。所居の国を須摩提と名づく。正しく西方にあり。この閻浮利の地界を去ること、千億万須弥山仏国なり。

『大阿弥陀経』の、

阿弥陀、作仏已来、凡十小劫。所居国土名須摩題。正在西方。去是閻浮提地界、千億万須弥山仏国。

（浄聖全一・一三七～一三八頁、真聖全一・一四三頁）

阿弥陀、作仏してより已来、おほよそ十小劫なり。所居の国土を須摩題と名づく。正しく西方にあり。この閻浮提の地界を去ること、千億万須弥山仏国なり。

『如来会』の、

西方去此十万億仏刹、彼有世界。名曰極楽。法処比丘、在彼成仏、号無量寿。今現在説法。

（浄聖全一・二二二頁、真聖全一・一九六頁）

西方ここを去ること十万億の仏刹にして、かしこに世界あり。名づけて極楽といふ。法処比丘、かしこにありて成仏し、無量寿と号す。いま現に在して法を説きたまふ。

『称讃浄土経』の、

於是西方、去此世界過百千倶胝那庾多仏土有仏世界、名曰極楽。其中世尊名無量寿及無量光・如来・応・正等覚。

（浄聖全一・三八五～三八六頁、真聖全一・二四二頁）

これより西方、この世界を去ること百千倶胝那庾多の仏土を過ぎて仏世界あり、名づけて極楽といふ。その中の世尊を無量寿および無量光・如来・応・正等覚と名づく。

の説示も同様である。

これらは、娑婆世界より見て極楽世界が西方にあるとの説示、言い換えれば娑婆世界と別なる世界としての極楽

世界の説示であるが、逆に極楽世界から見る他界の存在は、次のように説示される

『大経』上（第二十二願）には、

設我得仏、他方仏土諸菩薩衆、来生我国、（以下略）（浄聖全一・二六頁、真聖全一・一〇頁）

たとひわれ仏を得たらんに、他方仏土のもろもろの菩薩衆、わが国に来生して、

『大経』上（第四十一願〜第四十五願・第四十七願・第四十八願）には、

設我得仏、他方国土諸菩薩衆、聞我名字、（以下略）（浄聖全一・二九〜三〇頁、真聖全一・一二〜一三頁）

たとひわれ仏を得たらんに、他方国土のもろもろの菩薩衆、わが名字を聞きて、

『大経』下には、

又彼菩薩乃至成仏、不更悪趣。神通自在常識宿命。除生他方五濁悪世、示現同彼、如我国也。（浄聖全一・四七頁、真聖全一・二八頁）

またかの菩薩すなはち成仏に至るまで、悪趣に更らず。神通自在にして常に宿命を識る。他方の五濁悪世に生じ、示現してかしこに同ずること、わが国のごとくなるを除くと。

『小経』には、

其国衆生、常以清旦、各以衣裓盛衆妙華、供養他方十万億仏。（浄聖全一・一〇六頁、真聖全一・六八頁）

その国の衆生、常に清旦をもつて、おのおの衣裓をもつて衆の妙華を盛りて、他方の十万億の仏を供養したてまつる。

『平等覚経』には、

十九、我作仏時、他方仏国人民、（以下略）（浄聖全一・二二〇頁、真聖全一・七頁九）

十九に、われ作仏せん時、他方仏国の人民、

『大阿弥陀経』には、

第八願、使某作仏時、令我国中諸菩薩、欲到他方仏国生、（以下略）（浄聖全一・一三〇頁、真聖全一・一三七頁）

第八に願ずらく、それがし作仏せしめん時、わが国中のもろもろの菩薩をして、他方仏国に到りて生ぜんと欲せしめば、

『如来会』（第四十一願）には、

若我成仏、余仏刹中所有衆生、聞我名已、（以下略）（浄聖全一・三〇六頁、真聖全一・一九三頁）

もしわれ成仏せんに、余の仏刹の中のあらゆる衆生、わが名を聞きをはりて、

とある。すなわち、他界（極楽世界から見て）の菩薩等についての言及、また極楽世界の聖衆の他界への往来等が説示されている。また、娑婆世界・極楽世界の両者から見ての他界の存在は、『大経』下に、

於此修善十日十夜、勝於他方諸仏国土、為善千歳。（浄聖全一・六四頁、真聖全一・四一頁）

ここにおいて善を修すること十日十夜すれば、他方の諸仏の国土において、善をなすこと千歳するよりも勝れたり。

他方仏国諸大菩薩、発心欲見無量寿仏、恭敬供養及諸菩薩・声聞之衆。（浄聖全一・六六頁、真聖全一・四三頁）

他方仏国のもろもろの大菩薩、発心して無量寿仏を見たてまつり、恭敬し供養してもろもろの菩薩・声聞の衆に及ばさんと欲せん。

不但我刹諸菩薩等、往生彼国。他方仏土亦復如是。（浄聖全一・六八頁、真聖全一・四四～四五頁）

ただわが刹の諸菩薩等のみ、かの国に往生するにあらず。他方の仏土もまたかくのごとし。

と説示される。これらの説示から、浄土三部経（異訳も含めて）においては、娑婆世界と極楽世界とは相互に他界であり、また娑婆世界からも極楽世界からも他界とされるその他無量の世界[1]が存在しているという宇宙観が示されているといえよう。

その他界たる極楽世界への往生が命終を契機としてなされることは、以下の叙述に示される。

『大経』下には、

一名観世音、二名大勢至。是二菩薩、於此国土修菩薩行、命終転化生彼仏国。（浄聖全一・四七頁、真聖全一・二七頁）

一を観世音と名づけ、二を大勢至と名づく。この二菩薩は、この国土において菩薩の行を修して、命終し転化してかの仏国に生じたまへり。

彼菩薩等、命終得生無量寿国、於七宝華中自然化生。（浄聖全一・六六頁、真聖全一・四三頁）

かの菩薩等、命終して無量寿国に生ずることを得て、七宝の華の中より自然に化生す。

『観経』には、

是為総観想、名第六観。若見此者、除無量億劫極重悪業、命終之後必生彼国。（浄聖全一・八四頁、真聖全一・五四頁）

これを総観想とし、第六の観と名づく。もしこれを見れば、無量億劫の極重の悪業を除き、命終の後に必ずかの国に生ず。

聞此事已、尋即命終。譬如壮士屈伸臂頃、即生西方極楽世界。（浄聖全一・九五頁、真聖全一・六三頁）

この事を聞きをはりて、すなはち命終す。譬へば壮士の臂を屈伸する頃のごとくに、すなはち西方極楽世界に生ず。

見已歓喜、即便命終、乗宝蓮華、随化仏後生宝池中。（浄聖全一・九六頁、真聖全一・六四頁）

見をはりて歓喜して、すなはち命終し、宝蓮華に乗じ、化仏の後に随ひて宝池の中に生ず。

命終之時、見金蓮華猶如日輪住其人前、如一念頃、即得往生極楽世界。（浄聖全一・九七頁、真聖全一・六五頁）

命終の時、金の蓮華のなほ日輪のごとくしてその人の前に住するを見、一念の頃のごとくに、すなはち極楽世界に往生することを得。

『小経』には、

其人臨命終時、阿弥陀仏、与諸聖衆現在其前。是人終時、心不顛倒、即得往生阿弥陀仏極楽国土。（浄聖全一・一〇八頁、真聖全一・六九頁）

その人の命終の時に臨みて、阿弥陀仏、もろもろの聖衆と現じてその前にまします。この人終る時、心顛倒せずして、すなはち阿弥陀仏の極楽国土に往生することを得。

『平等覚経』には、

其人寿命欲終時、無量清浄仏則自与諸菩薩・阿羅漢、共翻飛行迎之、則往生無量清浄仏国、便於七宝水池蓮華中化生、則自然受身、（以下略）（浄聖全一・二五五頁、真聖全一・一〇九頁）

その人寿命終らんと欲する時、無量清浄仏すなはち自らもろもろの菩薩・阿羅漢と、共に翻飛行してこれを迎ふ、すなはち無量清浄仏国に往生し、すなはち七宝水池の蓮華の中より化生して、すなはち自然に身を受け、

『大阿弥陀経』には、

其人寿命終尽、即往生阿弥陀仏国、（以下略）

（浄聖全一・一六七頁、真聖全一・一六二頁）

その人寿命終り尽きて、すなはち阿弥陀仏国に往生すれども、

『如来会』には、

此二菩薩、従娑婆世界捨寿量已往生彼国。

（浄聖全一・三二四頁、真聖全一・二〇五頁）

この二菩薩は、娑婆世界より寿量を捨てをはりてかの国に往生せり。

『荘厳経』には、

若有衆生、以無相智慧植衆徳本、身心清浄遠離分別、求生浄刹趣仏菩提、是人命終刹那之間、於仏浄土坐宝蓮花身相具足。

（浄聖全一・三七七頁、真聖全一・二三八頁）

もし衆生有りて、無相の智慧をもつてもろもろの徳本を植え、身心清浄にして分別を遠離し、浄刹に生ぜんことを求めて仏菩提に趣かば、この人命終刹那の間に、仏の浄土において宝蓮花に坐し身相具足せん。

とある。これらの文は、観音・勢至、その他の菩薩、また願生の行者の極楽世界への往生が、いずれも命終を契機とすることが示されている。

なお、『大経』には、往生に化生・胎生の区別が示され、親鸞は前者を他力往生、後者を自力往生と見ていること、[2]親鸞が『末灯鈔』第一通に、

来迎は諸行往生にあり、自力の行者なるがゆゑに、臨終といふことは諸行往生のひとにいふべし。

（浄聖全二・七七七頁、真聖全二・六五六頁）

と述べていることから、命終を契機とする往生は自力往生であり、他力往生は信心開発の即時であるとの説もあり、前掲の諸文の中には、親鸞が自力往生と見たと思われる文も混在しているが、[3]『末灯鈔』の臨終＝自力行者とは往

生決定の時剋についての説示であり、往生の時についての説示とは考えられず、この説には賛成しがたい。また、ここでは、浄土三部経そのものの往生思想についての検討を行っているのであり、後に親鸞が見たような自力往生・他力往生の区別や、『観経』・『小経』の隠顕等の親鸞独自の経典観をもって浄土三部経の往生思想を検討することは、決して適切な方法とはいえないであろう。親鸞独自の経典観に基づく往生思想は、親鸞の往生観において検討すべき課題と思われる。

第二節　浄土荘厳の意義

浄土三部経に説示される往生思想は、この娑婆世界を含めた種々の世界の存在を見る宇宙観を根底として、それらの世界の一つとしての西方極楽世界（安楽世界）へ、命終を契機として生まれてゆく、ということでまとめることができるであろう。しかしながら、その西方世界の仏である阿弥陀仏について、『荘厳経』において、阿難の過去仏か、未来仏か、現在仏か、の問いに対して、

彼仏如来、来無所来、去無所去、無生無滅非過・現・未来、但以酬願度生現在西方。（浄聖全一・三六〇頁、真聖全一・二二七頁）

かの仏如来は、来るに来るところなく、去るに去るところなく、無生無滅にして過・現・未来にあらず、ただ願に酬い生を度するをもつて現に西方にまします。

と説かれていることは、注目するべきであろう。『荘厳経』は、願文の数が三十六である唯一の経典であり、その成立時期については、二十四願系の『平等覚経』・『大阿弥陀経』と四十八願系の『無量寿経』・『無量寿如来会』の

中間に位置するという説や、『無量寿経』諸異本中最後期とする説が出され[4]、その内容についても他の諸異本と比較して特徴的な思想がいくつか見られるとされ、『荘厳経』は、特異な一本であるとも考えられる。また先に述べたように、親鸞が意図的に引用していない異訳[5]とも考えられるので、最終的には親鸞の往生思想を考察することを目的とする本書において、『荘厳経』の思想を重視することには問題が残るかもしれない。しかし後の曇鸞の二種法身・広略相入についての説示、それを承ける親鸞の二種法身観や「自然法爾章」に示される阿弥陀仏観の根底にある思想を表現する文を浄土経典中に求めるとすると、捨てがたいものであると言わねばならない。本来的には時間・空間を超えた存在（来無所来、去無所去、無生無滅非過・現・未来）が、衆生救済のために（但以酬願度生）、時間的・空間的存在となっている（現在西方）という点は、往生思想を考察するにあたって等閑に付してはならない問題であろう。

このような点から、改めて浄土の荘厳相に関する浄土三部経の所説を見てみると、そこには、一つの傾向が見いだされるように思われる。その傾向とは、

（1）浄土の荘厳相は、我々の認識の範囲内、また経験の範囲内で佳しとされる表現をとっていること。換言すれば、我々の欲望の対象もしくは、欲求を充足させるものとして説かれていること。

たとえば、『大経』には、

又、其国土七宝諸樹、周満世界。金樹・銀樹・瑠璃樹・玻瓈樹・珊瑚樹・碼碯樹・硨磲樹。或有二宝・三宝乃至七宝、転共合成。（浄聖全一・三五頁、真聖全一・一八頁）

また、その国土は七宝の諸樹、世界に周満せり。金樹・銀樹・瑠璃樹・玻瓈樹・珊瑚樹・碼碯樹・硨磲樹なり。あるいは二宝・三宝乃至七宝の、うたた共に合成せるあり。

又、無量寿仏其道場樹、高四百万里。其本周囲五十由旬。枝葉四布、二十万里。一切衆宝自然合成、以月光摩尼・持海輪宝衆宝之王而荘厳之、（以下略）（浄聖全一・三六頁、真聖全一・一九頁）

また、無量寿仏のその道場樹は、高さ四百万里なり。その本の周囲五十由旬なり。枝葉四もに布くこと、二十万里なり。一切衆宝自然に合成し、月光摩尼・持海輪宝の衆宝の王をもつてこれを荘厳し、

彼諸菩薩及声聞衆、若入宝池、意欲令水没足、水即没足。欲令至膝、即至于膝。欲令至腰、水即至腰。欲令至頸、水即至頸。欲令灌身、自然灌身。欲令還復、水輒還復。調和冷暖、自然随意、開神悦体、蕩除心垢。（浄聖全一・三八頁、真聖全一・二〇頁）

かのもろもろの菩薩および声聞衆、もし宝池に入りて、意に水をして足を没せしめんと欲すれば、水すなはち足を没す。膝に至らしめんと欲すれば、すなはち膝に至る。腰に至らしめんと欲すれば、水すなはち腰に至る。頸に至らしめんと欲すれば、水すなはち頸に至る。身に灌がしめんと欲すれば、自然に身に灌ぐ。還復せしめんと欲すれば、水すなはち還復す。冷暖を調和するに、自然に意に随ひ、神を開き体を悦ばしめて、心垢を蕩除す。

と説かれる。

『観経』には、

一一樹高八千由旬。其諸宝樹、七宝華葉無不具足。一一華葉、作異宝色。瑠璃色中出金色光、玻瓈色中出紅色光、碼碯色中出硨磲光、硨磲色中出緑真珠光、珊瑚・琥珀、一切衆宝、以為映飾。（浄聖全一・八三頁、真聖全一・五二頁）

一一の樹の高さ八千由旬なり。そのもろもろの宝樹、七宝華葉具足せざるはなし。一一の華葉、異の宝色を

なす。瑠璃色の中より金色の光を出し、玻瓈色の中より紅色の光を出し、碼碯の中より硨磲の光を出し、硨磲色の中より緑真珠の光を出し、珊瑚・琥珀、一切衆宝、もつて映飾とす。

と説かれる。

『小経』には、

極楽国土有七宝池。八功徳水、充満其中。池底純以金沙布地、四辺階道、金・銀・瑠璃・玻瓈合成。上有楼閣。亦以金・銀・瑠璃・玻瓈・硨磲・赤珠・碼碯而厳飾之。（浄聖全一・一〇六頁、真聖全一・六八頁）

極楽国土には七宝の池あり。八功徳水、その中に充満せり。池の底にはもつぱら金の沙をもつて地に布き、四辺の階道は、金・銀・瑠璃・玻瓈合成せり。上に楼閣あり。また金・銀・瑠璃・玻瓈・硨磲・赤珠・碼碯をもつてこれを厳飾す。

と説かれる。

（2）場合によっては、我々の認識の範囲内、また経験の範囲内で佳しとされる例を挙げた後、それよりはるかに勝れているという表現を取っていること。

たとえば、『大経』に、

世間帝王有百千音楽。自転輪聖王乃至第六天上、伎楽音声、展転相勝千億万倍、第六天上万種楽音、不如無量寿国諸七宝樹一種音声千億倍也。（浄聖全一・三七頁、真聖全一・一九頁）

世間帝王に百千の音楽あり。転輪聖王よりすなはち第六天上に至るまで、伎楽の音声、展転してあひ勝れたること千億万倍なるも、第六天上の万種の楽音、無量寿国のもろもろの七宝樹の一種の音声にしかざること千億倍なり。

と説かれる。

（3）我々の欲望の対象もしくは、欲求を充足させるものとして説かれているものが、そのまま仏法を説いているとされ、涅槃の展開相もしくは涅槃に入らしむるための教化を行っているものと表現されていること。(6)

たとえば、

微風徐動吹諸枝葉、演出無量妙法音声。其声流布遍諸仏国。其聞音者、得深法忍住不退転、至成仏道耳根清徹不遭苦患。目覩其色、耳聞其音、鼻知其香、舌嘗其味、身触其光、心以法縁、一切皆得甚深法忍住不退転、至成仏道六根清徹無諸悩患。

（『大経』浄聖全一・三六〜三七頁、真聖全一・一九頁）

微風やうやく動きてもろもろの枝葉を吹くに、無量の妙法の音声を演出す。その声流布して諸仏の国に遍す。その音を聞く者は、深法忍を得て不退転に住し、仏道を成ずるに至るまで耳根清徹にして苦患に遭はず。目にその色を覩、耳にその音を聞き、鼻にその香を知り、舌にその味はひを嘗め、身にその光を触れ、心に法をもつて縁ずるに、一切みな甚深の法忍を得て不退転に住し、仏道を成ずるに至るまで六根清徹にしてもろもろの悩患なし。

自然妙声、随其所応莫不聞者。或聞仏声、或聞法声、或聞僧声。或寂静声、空無我声、大慈悲声、波羅蜜声、或十力・無畏・不共法声、諸通慧声、無所作声、不起滅声、無生忍声、乃至甘露灌頂衆妙法声、如是等声、称其所聞、歓喜無量。随順清浄・離欲・寂滅・真実之義、随順三宝・力・無所畏・不共之法、随順通慧菩薩・声聞所行之道。

（『大経』浄聖全一・三八頁、真聖全一・二〇〜二一頁）

自然の妙声、その所応に随ひて聞えざるものなし。あるいは仏の声を聞き、あるいは法の声を聞き、あるいは僧の声を聞く。あるいは寂静の声、空無我の声、大慈悲の声、波羅蜜の声、あるいは十力・無畏・不共法の声、もろもろの通慧の声、無所作の声、不起滅の声、無生忍の声、乃至甘露灌頂のもろもろの妙法の声、かくのごとき等の声、その聞くところに称ひて、歓喜すること無量なり。清浄・離欲・寂滅・真実の義に随順し、三宝・力・無所畏・不共の法に随順し、通慧と菩薩・声聞の所行の道に随順す。

於台両辺各有百億華幢、無量楽器、以為荘厳。八種清風、従光明出鼓此楽器、演説苦・空・無常・無我之音。

（『観経』浄聖全一・八二頁、真聖全一・五二頁）

台の両辺においておのおの百億の華幢、無量楽器ありて、もつて荘厳とす。八種の清風、光明より出でてこの楽器を鼓つに、苦・空・無常・無我の音を演説す。

是諸衆鳥、昼夜六時出和雅音。其音演暢五根・五力・七菩提分・八聖道分、如是等法。其土衆生、聞是音已、皆悉念仏念法念僧。舎利弗、汝勿謂此鳥実是罪報所生。所以者何。彼仏国土無三悪趣。舎利弗、其仏国土尚無三悪道之名。何況有実。是諸衆鳥、皆是阿弥陀仏欲令法音宣流、変化所作。舎利弗、彼仏国土、微風吹動諸宝行樹及宝羅網、出微妙音。譬如百千種楽同時倶作。聞是音者、皆自然生念仏念法念僧之心。

（『小経』浄聖全一・一〇六〜一〇七頁、真聖全一・六八頁）

このもろもろの衆鳥、昼夜六時に和雅の音を出す。その音、五根・五力・七菩提分・八聖道分、かくのごときらの法を演暢す。その土の衆生、この音を聞きをはりて、みなことごとく仏を念じ法を念じ僧を念ず。舎利弗、なんぢこの鳥は実にこれ罪報の所生なりと謂ふことなかれ。ゆゑはいかん。かの仏国土には三悪趣なければなり。舎利弗、その仏国土にはなほ三悪道の名すらなし。いかにいはんや実あらんや。このもろもろの衆鳥は、みなこれ阿弥陀仏の法音をして宣流せしめんと欲して、変化して作したまふところなり。舎利弗、かの仏国土には、微風吹きてもろもろの宝行樹および宝羅網を動かすに、微妙の音を出す。たとへば百千種の楽の同時にともになすが如し。この音を聞くもの、みな自然に仏を念じ法を念じ僧を念ずる心を生ず。である。

このように、極楽（安楽）世界の種々の荘厳相は、衆生の煩悩的な欲望に応ずるという性格を持ちながら、そのまま悟りへ導き入れる作用を持っていると説示されていることは、まさに『荘厳経』に、時間・空間を超えた悟りそのものが、衆生救済のために、時間的・空間的な存在（時間・空間に執着した思考によってしか具体的にイメージできない衆生に応じた存在）となっていると説かれるものと、ある意味では同趣旨であり、衆生の願生の対象となる浄土がどのようなものであるのかを考察するにあたって、等閑にはできない意義を含んでいる。

結局、浄土三部経に説示される往生が命終を契機とする他方世界への往生であることは明確であるが、一方、命終（時間）・他方（空間）という説示は、非時間・非空間であるところの悟りそのものの衆生救済のための展開相である、という性格を併せ持っている。このような往生思想が、以後どのように展開して親鸞教義に至るのか、次章以下において検討を加えてみたい。

小　結

本章においては、浄土三部経における往生思想を概観した。まず、浄土三部経の叙述を子細に検討すると、阿弥陀仏の浄土である極楽世界は、この娑婆世界とは別なる世界、すなわち他方世界として説かれ、また極楽世界から見ての他方世界が四方四維上下の十方に存在するとも説かれていることが理解できる。(7)

そして、この娑婆世界から見て他方世界である極楽世界には、命終を契機として往生すると説かれるのであり、そこには現生往生思想は片鱗もうかがえないと結論することができることを明らかにした。

また、『荘厳経』の、

彼仏如来、来無所来、去無所去、無生無滅非過・現・未来、但以酬願度生現在西方。

（浄聖全一・二六〇頁、真聖全一・二二七頁）

かの仏如来は、来るに来るところなく、去るに去るところなく、無生無滅にして過・現・未来にあらず、ただ願に酬い生を度するをもつて現に西方にまします。

との説示に示されるごとき、本来的には時間・空間を超えた存在（来無所来、去無所去、無生無滅非過・現・未来）が、衆生救済のために（但以酬願度生）、時間的・空間的存在となっている（現在西方）という点は、往生思想を考察するにあたって等閑に付してはならない問題であるとして、浄土三部経における浄土の荘厳相に関する説示には、

（1）浄土の荘厳相は、我々の認識の範囲内、また経験の範囲内で佳しとされる表現をとっていること。換言すれば、我々の欲望の対象もしくは、欲求を充足させるものとして説かれている。

（2）それは、場合によっては、我々の認識の範囲内、また経験の範囲内で佳しとされる例を挙げた後、それよりはるかに勝れているという表現がとられる。

（3）我々の欲望の対象もしくは、欲求を充足させるものとして説かれているものが、そのまま仏法を説いているとされ、涅槃の展開相もしくは涅槃に入らしむるための教化を行っているものとして表現されている、という傾向が見られることを指摘した。すなわち、悟りそのものから迷いの存在を悟りに至らしめるべく働きかけてくるという構造を、『荘厳経』の説示から読み取ることができるのであり、その具体的な相が、前記（1）（2）

（3）の構造であり、救済される衆生から言えば、自らの欲望が充足される浄土がそのまま自らを悟りを至らしめるべく働いているということになる。なお、このような構造が後の曇鸞の広略相入（二種法身）の論理として展開することをも示唆した。[8]

註

（1）『大経』巻下の十方来生には、十四の仏国からの多くの菩薩の極楽世界への往生を説いた後、
　　仏語弥勒、不但此十四仏国中諸菩薩等当往生也。十方世界無量仏国、其往生者亦復如是。甚多無数。我但説十方諸仏名号及菩薩・比丘生彼国者、昼夜一劫尚未能竟。我今為汝略説之耳。（浄聖全一・六九頁、真聖全一・四五頁）
　　仏、弥勒に語りたまはく、ただこの十四仏国の中のもろもろ菩薩等のみまさに往生すべきにあらず。十方世界の無量の仏国より、その往生する者もまたかくのごとし。はなはだ多くして無数なり。われただ十方諸仏の名号および菩薩・比丘のかの国に生ずるものを説かんに、昼夜一劫すともなほ未だをはること能はず。われいまなんぢがために略してこれを説くのみ。
　と説かれる。

（2）『大経』胎化段には、
　　爾時慈氏菩薩、白仏言、世尊、何因何縁、彼国人民、胎生・化生。仏、告慈氏、若有衆生、以疑惑心修諸功徳願生彼国。不了仏智・不思議智・不可称智・大乗広智・無等無倫最上勝智、於此諸智疑惑不信。然猶信罪福修習善本、願生其国。此諸衆生、生彼宮殿寿五百歳、常不見仏、不聞経法、不見菩薩声聞聖衆。是故於彼国土謂之胎生。若有衆生、明信仏智乃至勝智、作諸功徳信心廻向、此諸衆生、於七宝華中自然化生、跏趺而坐、須臾之頃身相・光明・智慧・功徳、如諸菩薩具足成就。（浄聖全一・六六頁、真聖全一・四三頁）
　　その時慈氏菩薩、仏にまうしてまうさく、世尊、なにの因、なにの縁ありてか、かの国の人民、胎生・化生

なると。仏、慈氏に告げたまはく、もし衆生ありて、疑惑の心をもつてもろもろの功徳を修してかの国に生ぜんと願ぜん。仏智・不思議智・不可称智・大乗広智・無等無倫最上勝智を了らずして、この諸智において疑惑して信ぜず。しかるになほ罪福を信じ善本を修習して、その国に生れんと願ず。このもろもろの衆生、かの宮殿に生じて寿五百歳、常に仏を見たてまつらず、経法を聞かず、菩薩・声聞の聖衆を見ず。この故に、かの国土においてこれを胎生といふ。もし衆生ありて、明らかに仏智乃至勝智を信じ、もろもろの功徳をなして信心廻向すれば、このもろもろの衆生、七宝の華の中より自然に化生し、跏趺して坐し、須臾の頃に身相・光明・智慧・功徳、もろもろの菩薩のごとく具足し成就す。

と胎生・化生の区別が示され、親鸞は「以疑惑心修諸功徳願生彼国」の衆生の往生を第十九願自力諸行往生、「信罪福修習善本、願生其国」の衆生の往生を第二十願自力念仏往生、すなわち両者ともに胎生とし、「明信仏智」の衆生の往生を第十八願他力念仏往生すなわち化生と見て、前者は不見三宝、後者は往生即成仏と信疑の得失を明らかにして勧信誡疑している。

（3）ただし、親鸞独自の経典観に基づいても、観世音・大勢至の往生を自力往生と見ることは困難であり、「彼菩薩等、命終得生無量寿国、於七宝華中、自然化生」も「自然化生」の語から他力往生と見なすことができる。

（4）『荘厳経』の成立時期及びその思想的特徴については、大田利生氏『無量寿経の研究』六六頁以下、一八三頁以下参照。

（5）大田利生氏は、この説示に関して、

このような阿弥陀仏観は、たしかに、他の諸異本と比較したばあい、著しい特色を示しているといってよい。すなわち、『無量寿』、『如来会』、およびサンスクリット本では、因願酬報の報身仏として、現に西方の浄土で説法されている。それに対して、『荘厳経』のばあい、もちろん、そうした報身仏の立場と共に、法身仏の性格を持った阿弥陀仏として説かれているのである。もっとも、すでに指摘したように、サンスクリット本でも、（中略）法身仏的な性格がみられる。さすれば、『荘厳経』における先の一節は、それほど特徴としてとりあげる問題でないというべきかも知れない。しかし、サンスクリット本では、『荘厳経』で説かれるほど明確に法身仏の性格が出ていないようである。（『無量寿経の研究』二〇二頁）と指摘している。なお、先哲も『荘厳経』のこの説示には注目している。得法院寛寧師（真叢二・六六八頁下）、労謙院善譲師（真叢二・六七〇頁上）、見敬院針水師（真叢二・六七八頁下）、浄満院円月師（真叢二・六八四頁下）等。

（6）なお、道綽は、『安楽集』において、兜率と西方を比較して、

兜率天上雖有水鳥樹林和鳴哀雅、但与諸天生楽為縁。順於五欲不資聖道。若向弥陀浄国、一得生者悉是阿毘跋致。（中略）其有水鳥樹林皆能説法令人悟解証会無生。（浄聖全一・五九六頁、真聖全一・三九六頁）

兜率天上には水・鳥・樹林和鳴哀雅なることありといへど、ただ諸天の生楽のために縁たり。五欲に順ひて聖道を資けず。もし弥陀浄国に向かはば、一たび生ずることを得るものはことごとくこれ阿毘跋致なり。（中略）それ水・鳥・樹林ありてみなよく法を説き人をして悟解して無生を証会せしむ。

と述べ、兜率天の水鳥樹林の音声は、ただ諸天の五欲に順ずるのみで、仏道を進むたすけとならないのに対して、西方浄土のそれは、みな法を説いて、悟りを得せしむるものであると論じている。

（7）『大経』では「安楽」であるが、人口に膾炙しているという点から、「極楽」の語で代表させる。

（8）『荘厳経』や浄土三部経の説示が曇鸞の二種法身・広略相入として展開するといっても、曇鸞が『荘厳経』等の説示に基づいて（あるいは示唆を受けて）、二種法身・広略相入の論を構築したということを意味しているのではない。当然のことながら、そのように論じるためには、丁寧な論証が必要である。ただ、『荘厳経』や浄土三部経の説示と曇鸞の広略相入（二種法身）の論理とには通底するものがあり、『荘厳経』や浄土三部経の説示において見られる構造が、曇鸞の広略相入（二種法身）の論理において明確に示されているということができるということを展開という語を用いて表現したのみである。

第三章　曇鸞の往生思想

第一節　広略相入

曇鸞の往生思想は、二つの観点から考察することができる。まず第一は趣入の土である安楽浄土がどのような世界であるかの考察であり、第二はその安楽浄土へどのように往生してゆくかの考察である。

曇鸞においては、次代の道綽・善導におけるがごとき[1]、弥陀の仏身・仏土に関する報化の議論は存在せず、『無量寿経優婆提舎願生偈註』（以下『往生論註』、または『論註』と略称）には、報身・報土、化身・化土の語すらない。わずかに、応化身の語が見られるが、菩薩荘厳功徳の不動而至功徳の解釈に、

法身如日而、応化身光、遍諸世界。（浄聖全一・五一四頁、真聖全一・三三五頁）

法身は日のごとくして、応化身の光、もろもろの世界に遍するなり。

とある文、一念遍至功徳を示す、

二者彼応化身、一切時不前不後、一心一念放大光明、悉能遍至十方世界教化衆生。（浄聖全一・五一四頁、真聖全一・三三五頁）

二にはかの応化身、一切の時に前ならず後ならず、一心一念に大光明を放ちて、ことごとく能くあまねく十方世界に至りて衆生を教化す。

という『無量寿経優婆提舎願生偈』（以下『浄土論』と略称）の文、五功徳門中、園林遊戯地門を示す、

出第五門者、以大慈悲観察一切苦悩衆生、示応化身、回入生死園、煩悩林中遊戯、神通至教化地。
（浄聖全一・五二六頁、真聖全一・三四五頁）

出第五門とは、大慈悲をもつて一切苦悩の衆生を観察して、応化身を示して、生死の園、煩悩の林の中に回入して遊戯し、神通もつて教化地に至る。

の『浄土論』の文と、その解釈に、

示応化身者、如法花経普門示現之類。
（浄聖全一・五二六頁、真聖全一・三四五頁）

応化身を示してとは、『法花経』の普門示現の類のごとし。

で、いずれも阿弥陀仏自体についての考察ではない。

『往生論註』に示される浄土観で注目すべきものは、広略相入である。広略相入の語は、『浄土論』に「略説入一法句故。（略説して一法句に入るが故にと。）」とある文について、『往生論註』に、

上国土荘厳十七句、如来荘厳八句、菩薩荘厳四句為広。入一法句為略。何故示現広略相入、諸仏・菩薩有二種法身。一者法性法身、二者方便法身。由法性法身生方便法身。由方便法身出法性法身。此二法身異而不可分。一而不可同。是故広略相入、統以法名。菩薩若不知広略相入、則不能自利利他。
（浄聖全一・五一六頁、真聖全一・三三六頁）

上の国土の荘厳十七句と、如来の荘厳八句と、菩薩の荘厳四句とを広となす。一法句に入るを略となす。なんがゆゑぞ広略相入を示現するとなれば、諸仏・菩薩に二種の法身まします。一には法性法身、二には方便法身なり。法性法身によりて方便法身を生ず。方便法身によりて法性法身を出す。この二の法身は異にして

分つべからず。一にして同ずべからず。このゆゑに広略相入して、統ぶるに法の名をもつてす。菩薩もし広略相入を知らざれば、すなはち自利利他することあたはざればなり。

と註されるところに出る。すなわち、広略とは、清浄功徳・量功徳・性功徳・形相功徳・種々事功徳・妙色功徳・触功徳・三種功徳（水功徳・地功徳・虚空功徳）・雨功徳・光明功徳・妙声功徳・主功徳・眷属功徳・受用功徳・無諸難功徳・大義門功徳・一切所求満足功徳の国土荘厳十七種、座功徳・身業功徳・口業功徳・心業功徳・大衆功徳・上首功徳・主功徳・不虚作住持功徳の仏荘厳八種、不動而至功徳・一念遍至功徳・無相供養功徳・示法如仏功徳の菩薩荘厳四種の、いわゆる三厳二十九種が広であり、入一法句が略であるとし、次いで、法性・方便の二法身が由生由出の関係にあり、「異而不可分、一而不可同」であるゆえに、広略相入すると示される。

次に一法句について、『浄土論』では、

一法句者、謂清浄句。清浄句者、謂真実智恵無為法身故。

（浄聖全一・五一六頁、真聖全一・三三七頁）

一法句とは、いはく清浄句なり。清浄句とは、いはく真実の智恵無為法身なるが故に。

と示されるものを、

此三句展転相入。依何義、名之為法。以清浄故。依何義、名為清浄。以真実智慧無為法身故。真実智慧者、実相智恵也。実相無相故、真智無知也。無為法身者法性身也。法性寂滅故、法身無相也。無相故能無不相。是故相好荘厳即法身也。無知故能無不知。是故一切種智即真実智恵也。以真実而目智恵、明智恵非作、非非作也。以無為而標法身、明法身非色、非非色也。非于非者、豈非非之能是乎。蓋無非、之曰是也。自是無待、復非是也。非是、非非、百非之所不喩。是故言清浄句。清浄句者、謂真実智恵無為法身也。

（浄聖全一・五一六頁、真聖全一・三三七頁）

この三句は展転して相入す。なんの義によりてか、これを名づけて法となす。清浄をもつてのゆゑなり。なんの義によりてか、名づけて清浄となす。真実智恵無為法身なるをもつてのゆゑなり。「真実智恵」とは、実相の智恵なり。実相は無相なるがゆゑに、真智は無知なり。「無為法身」とは法性身なり。法性は寂滅なるがゆゑに、法身は無相なり。無相のゆゑによく相ならざるはなし。このゆゑに相好荘厳はすなはち法身なり。無知のゆゑによく知らざるはなし。このゆゑに一切種智はすなはち真実の智恵なり。真実をもつて智恵に目くることは、智恵は作にあらず、非作にあらざることを明かすなり。無為をもつて法身を標すことは、法身は色にあらず、非色にあらざることを明かすなり。非を非するは、あに非を非するのよく是ならんや。けだし非を無みする、これを是といふ。みづから是にして待することなきも、また是にあらず。是にあらず、非にあらず、百非の喩へざるところなり。このゆゑに清浄句といふ。「清浄句」とは、真実智恵無為法身をいふなり。

と釈されている。この『浄土論』の一法句・清浄句・真実智慧無為法身に関して、先哲の解釈には不同がある。すなわち、一説には、一法句・清浄句・真実智慧無為法身は全て略であるところの法性法身であると解釈され、一説には、一法句は略である法性法身であり、清浄句は広である方便法身であり、真実智慧無為法身は、真実智慧が広である方便法身であり、無為法身が略である法性法身であると解釈されている。前説は、清浄句・真実智慧無為法身を一法句の異名とし、広略相入の様相は、『往生論註』の真実智慧無為法身の解釈について、「真実智慧者実相智慧也」以下の文を、略の法性法身が無相（理）・無知（理を照らす実智）なることを示していると見て、「無相故能無不相」以下の文を、無相の略（＝理）が、無不相の広（＝事）に展開し、相好荘厳（＝事）の広が、そのまま法身（＝理）の略であり、無知の略（＝理を照らす実智）が無不知の広（＝事を照らす権智）に展開し、一切種智

（＝事を照らす権智）の広が、そのまま真実智慧（＝理を照らす実智）の略であるという関係において見ている。

後説は、一法句は真如法性の略（＝法性法身）を示し、清浄句は器世間清浄と衆生世間清浄の広（＝方便法身）を示し、真実智慧無為法身は、智（＝方便法身）であるところの真実智慧の広と、理（＝法性法身）であるところの無為法身の略の相即を示すと解釈するのである。(2)

このように、先哲の解釈には不同があるが、略＝法性法身、広＝方便法身であり、広略相入とは、二種法身の由生由出の関係において示されているという点では一致している。(3) ただ、二種法身を理・事乃至実智・権智の関係で見るか、理・智の関係で見るかの相違があるといえよう。

さて、清浄句を略と見るか、広と見るかの相違はあるが、曇鸞は、清浄功徳を釈して、

仏本所以起此荘厳清浄功徳者、見三界、是虚偽相、是輪転相、是無窮相、如蚇蠖循環、如蚕繭自縛。哀哉衆生、締此三界、顛倒・不浄。欲置衆生於不虚偽処、於不輪転処、於不無窮処、得畢竟安楽大清浄処。是故起此清浄荘厳功徳也。成就者、言、此清浄不可破壊、不可汚染。非如三界、是汚染相、是破壊相也。

（浄聖全一・四五六頁、真聖全一・二八五頁）

仏本この荘厳清浄功徳を起したまへる所以は、三界を見そなはすに、これ虚偽の相、これ輪転の相、これ無窮の相にして、蚇蠖の循環するがごとく、蚕繭の自縛するがごとし。あはれなるかな衆生、この三界に締られて、顛倒・不浄なり。衆生を不虚偽の処、不輪転の処、不無窮の処に置きて、畢竟安楽の大清浄処を得しめんと欲しめす。このゆゑにこの清浄荘厳功徳を起したまへり。「成就」とは、いふこころは、この清浄は破壊すべからず、汚染すべからず。三界の、これ汚染の相、これ破壊の相なるがごときにはあらず。

と述べている。すなわち、三界の虚偽・輪転・無窮・破壊・汚染の相に対して、清浄とは、不虚偽・不輪転・不無

窮・不可破壊・不可汚染であると示されている。また、「真仏土文類」に引用される『涅槃経』の第六引文に、

不可称量不可思議故、得名為大般涅槃。以純浄故名大涅槃。云何純浄。浄有四種。何等為四。一者二十五有名為不浄。能永断故、得名為浄。浄即涅槃。如是涅槃、亦得名有而是涅槃。実非是有。諸仏如来、随世俗故説涅槃有。譬如世人、非父言父、非母言母、実非父母而言父母。涅槃亦爾。随世俗故、説言諸仏有大涅槃。二者業清浄故。一切凡夫業、不清浄故無涅槃。諸仏如来業清浄故、故名大浄。以大浄故名大涅槃。三者身清浄故。身若無常則名不浄。如来身常故名大浄。以大浄故名大涅槃。四者心清浄故。心若有漏名曰不浄。仏心無漏故名大浄。以大浄故名大涅槃。

（浄聖全二・一六二～一六三頁、定親全一・二三八～二三九頁）

不可称量不可思議なるがゆゑに、名づけて大般涅槃とすることを得。純浄をもつてのゆゑに大涅槃と名づく。いかんが純浄なる。浄に四種あり。なんらをか四つとする。一つには二十五有を名づけて不浄とす。よく永く断ずるがゆゑに、名づけて浄とすることを得。浄はすなはち涅槃なり。かくのごときの涅槃、また有にしてこれ涅槃と名づくることを得。実にこれ有にあらず。諸仏如来、世俗に随ふがゆゑに涅槃有なりと説きたまへり。たとへば世人の、父にあらざるを父といひ、母にあらざるを母といふ、実に父母にあらずして父母といふがごとし。涅槃もまたしかなり。世俗に随ふがゆゑに、説きて諸仏有にして大涅槃なりとのたまへり。二つには業清浄のゆゑに。一切凡夫の業は、不清浄のゆゑに涅槃なし。諸仏如来は業清浄のゆゑに、ゆゑに大浄と名づく。大浄をもつてのゆゑに大涅槃と名づく。三つには身清浄のゆゑに。身もし無常なるをすなはち不浄と名づく。如来の身は常なるがゆゑに大浄と名づく。大浄をもつてのゆゑに大涅槃と名づく。四つには心清浄のゆゑに。心もし有漏なるを名づけて不浄といふ。仏心は無漏なるがゆゑに大浄と名づく。大浄をもつてのゆゑに大涅槃と名づく。

によれば、清浄とは大涅槃をあらわす語となる。ここで、一応清浄句を略とする立場に従って考察すると、清浄句で表現される大涅槃の略と、三厳二十九種荘厳の広との相入が広略相入であるといえよう。相入の相とは相互・相即の意であり、入とは融入・摂入の意であると解すると、広略相入とは、浄土の種々の荘厳相と大涅槃が、相即互入して融通無碍であることを意味していると理解できよう。すなわち、極楽浄土の種々の差別荘厳相そのままが、寂滅平等の真如であり、寂滅平等の真如そのままが、極楽浄土の種々の差別荘厳相であるということになる。

第二節　衆生救済の浄土

以上のような浄土の有り方は、衆生救済のためであると考えられる。すなわち、先に略を実智、広を権智と配当する説を紹介したが、『往生論註』において実智と権智の関係は、般若と方便として釈されている。下巻の「名義摂対章」には、『浄土論』の、

向説智恵慈悲方便三種門摂取般若、般若摂取方便、応知。（浄聖全一・四四二頁、真聖全一・二七六頁）

向に説く智恵と慈悲と方便との三種の門は般若を摂取し、般若は方便を摂取す、知るべし。

について、

般若者、達如之恵名。方便者、通権之智称。達如則心行寂滅。通権則備省衆機。省機之智、備応而無知。寂滅之恵、亦無知而備省。然則智恵方便相縁而動、相縁而静。動不失静智恵之功也。静不廃動方便之力也。是故智恵慈悲方便摂取般若、般若摂取方便。応知者、謂、応知智恵方便是菩薩父母。若不依智恵方便、菩薩法、則不成就。何以故。若無智恵為衆生時、則堕顛倒。若無方便観法性時、則証実際。是故応知。

（浄聖全一・五二二頁、真聖全一・三四二頁）

「般若」といふは、如に達する恵の名なり。「方便」といふは、権に通ずる智の称なり。如に達すればすなはち心行寂滅なり。権に通ずればすなはちつぶさに衆機を省みる。機を省みる智、つぶさに応じてしかも無知なり。寂滅の恵、また無知にしてつぶさに省みる。しかればすなはち智恵と方便とあひ縁じて動じ、あひ縁じて静なり。動の静を失せざることは智恵の功なり。静の動を廃せざることは方便の力なり。このゆゑに智恵と慈悲と方便とは般若を摂取し、般若は方便を摂取す。「知るべし」といふは、いはく、智恵と方便とはこれ菩薩の父母なり。もし智恵と方便とによらずは、菩薩の法、すなはち成就せずと知るべしとなり。なにをもつてのゆゑに。もし智恵なくして衆生のためにする時は、すなはち顛倒に堕す。もし方便なくして法性を観ずる時は、すなはち実際を証す。このゆゑに「知るべし」といふ。

と釈されている。ここで、「方便者通権之智称。（中略）通権則備省衆機。（中略）若無智恵為衆生時則堕顛倒（「方便」といふは、権に通ずる智の称なり。（中略）権に通ずればすなはちつぶさに衆機を省みる。（中略）もし智恵なくして衆生のためにする時は、すなはち顛倒に堕す）」とあり、また、『往生論註』下巻「善巧摂化章」において、

以知実相故、則知三界衆生虚妄相也。知衆生虚妄、則生真実慈悲也。

（浄聖全一・五一八頁、真聖全一・三三九頁）

実相を知るをもつてのゆゑに、すなはち三界の衆生の虚妄の相を知るなり。衆生の虚妄なるを知れば、すなはち真実の慈悲を生ずるなり。

と示されることとを併せ考えてみると、曇鸞は、般若と方便すなわち実智と権智とが相即することにおいて真の救済が成立することを明らかにしていると見るべきであろう。

これはまた、『往生論註』上巻において『浄土論』の「真実功徳相」を註する箇所で、

真実功徳相者、有二種功徳。（中略）二者従菩薩智恵清浄業起荘厳仏事。依法性入清浄相。是法不顚倒、不虚偽。名為真実功徳。云何不顚倒、依法性順二諦故。云何不虚偽、摂衆生入畢竟浄故。

（浄聖全一・四五五頁、真聖全一・二八四頁）

「真実功徳相」とは、二種の功徳あり。（中略）二には菩薩の智恵清浄の業より起りて仏事を荘厳す。法性によりて清浄の相に入る。この法顚倒せず、虚偽ならず。名づけて真実功徳となす。いかんが顚倒せざる。法性によりて二諦に順ずるがゆゑなり。いかんが虚偽ならざる。衆生を摂して畢竟浄に入らしむるがゆゑなり。

と、真実功徳を不顚倒・不虚偽を以て釈し、智慧清浄の業より起こり、法性に依って清浄の相に入る（＝不顚倒）ままが、衆生を摂して畢竟浄に入らしめる（＝不虚偽）のであると示されることからも知ることができる。

このように衆生救済のために浄土が成立しているということは、すでに法蔵因位の願に源がなければならない。『往生論註』下巻の「浄入願心章」には、

此三種荘厳成就、由本四十八願等清浄願心之所荘厳、因浄故果浄。非無因他因有也。

（浄聖全一・五一五頁、真聖全一・三三六頁）

この三種の荘厳成就は、本四十八願等の清浄願心の荘厳したまへるところなるによりて、因浄なるがゆゑに果浄なり。無因と他因の有にはあらざるを知るべしとなり。

と示され、三厳二十九種荘厳成就は清浄願心によって荘厳されたものであることが明らかにされる。法蔵因位の四十八願は、浄影に依れば、摂法身の願・摂浄土の願・摂衆生の願に分類することができるが[4]、後に善導が、『依観経等明般舟三昧行道往生讃』（以下『般舟讃』と略称）において、「一一誓願為衆生（一一の誓願は衆生のためな

り)」(浄聖全一・九六八頁、真聖全一・六八七頁)と明らかにするように、全て衆生救済のためのものといえよう。[5]

すなわち、四十八願は、衆生救済のために設けられたものであると同時に、『大経』上巻に、

　時彼比丘、聞仏所説、厳浄国土皆悉観見超発無上殊勝之願。其心寂静志、無所着。一切世間無能及者。

(浄聖全一・二三頁、真聖全一・七頁)

　時にかの比丘、仏の所説を聞きて、厳浄の国土みなことごとく観見して無上殊勝の願を超発せり。その心寂静にして志、所着なし。一切の世間によく及ぶものなけん。

と説かれる清浄願心に基づいたものである。以下、この構造を図示してみよう。

略＝真実智慧無為法身＝法性法身＝般若（達如の慧＝実智）＝不顚倒（依法性）＝清浄願心
相即互入
広＝三厳二十九種荘厳＝方便法身＝方便（通権の智＝権智）＝不虚偽（摂衆生）＝衆生救済の為の四十八願

すなわち、法蔵因位の四十八願は、心寂静にして志無所着なる清浄願心に基づく衆生救済のための発願であり、願成就の果上の浄土は、真如法性に依り、真如法性を照らす般若の慧を根拠とするままが、つぶさに衆機を省みて衆生を畢竟浄に入らしめるはたらきをなす衆生救済のために建立されたものである。そして、衆生救済のはたらきをなすべく種々の差別荘厳相をとるままが、無為法身たる涅槃界であると言えよう。先哲が金獅子の譬喩を設けて説明しているが、[6]頭・尾の差別相あるままが、全体平等なる金であるように、国土・仏・菩薩の差別相のままが、一如平等であるということが、浄土のありようであるということができる。では、このように衆生救済のために建

立されている浄土に、衆生は、どのように願生し、どのように往生してゆくのであろうか。

第三節　往生浄土の大乗仏教的意義

『往生論註』上巻には、『浄土論』偈頌の「願生安楽国」について、以下のような二つの問答が設けられている。

問曰、大乗経論中、処々説衆生畢竟無生如虚空。云何天親菩薩言願生耶。答曰、説衆生無生如虚空有二種。一者、如凡夫所謂実衆生、如凡夫所見実生死、此所見事、畢竟無所有、如亀毛、如虚空。二者、謂、諸法因縁生故即是不生。無所有如虚空。天親菩薩所願生者、是因縁義。因縁義故仮名生。非如凡夫、謂有実衆生、実生死也。

問曰、依何義説往生。答曰、於此間仮名人中修五念門、前念与後念作因。穢土仮名人浄土仮名人、不得決定一、不得決定異。前心後心亦如是。何以故。若一則無因果、若異則非相続。是義観一異門論中委曲。

（浄聖全一・四五四頁、真聖全一・二八三頁）

問ひていはく、大乗経論のなかに、処々に「衆生は畢竟無生にして虚空のごとし」と説けり。いかんが天親菩薩「願生」といふや。答へていはく、「衆生は無生にして虚空のごとし」と説くに二種あり。一には、凡夫の謂ふところのごとき実の衆生、凡夫の見るところのごとき実の生死は、この所見の事、畢竟じて所有なきこと、亀毛のごとく、虚空のごとし。二には、いはく、諸法は因縁生のゆゑにすなはちこれ不生なり。所有なきこと虚空のごとし。天親菩薩の願ずるところの生は、これ因縁の義なり。因縁の義のゆゑに仮に生と名づく。凡夫の、実の衆生、実の生死ありと謂ふがごときにはあらず。

問ひていはく、なんの義によりてか往生と説く。答へていはく、この間の仮名人のなかにおいて五念門を修するに、前念は後念のために因となる。穢土の仮名人と浄土の仮名人と、決定して一なるを得ず、決定して異なるを得ず。前心後心またかくのごとし。なにをもつてのゆゑに。もし一ならばすなはち因果なく、もし異ならばすなはち相続にあらざればなり。この義は一異の門を観ずる論のなかに委曲なり。

すなわち、第一問答では、大乗経論中に無生と説かれる意義と天親の願生の意義との関係が考察されている。曇鸞は、まず、大乗経論中に無生と説かれる意義について、二義を示している。前義は、本来存在しない生死（亀毛にたとえられる）を実体視する凡夫の執着を否定するために無生と説かれるのであり、後義は、因縁生であるから不生であり無生であると説かれるのである。そして、後義を敷延すると、因縁生であるから、仮に生と名づけることができる。天親の願ずる生は、仮に生と名づけられる因縁の生であり、凡夫の実体的な生死への執着を基盤とした願生と同一視すべきではないことが明らかにされている。第二問答では、第一問答で明らかにされた生＝仮名生＝因縁生＝無生を承けて、往生の意義が考察されている。すなわち、往生の生は実体的な生ではなく、穢土の仮名人と浄土の仮名人とが、不一不異の関係にあるような生であることが明らかにされている。

願生及び往生の生が実体的な生ではないことは、『往生論註』下巻に、以下のように再論されている。

建章言帰命無礙光如来願生安楽国。此中有疑。疑言、生為有本、衆累之元。棄生願生、生何可尽。為釈此疑、是故観彼浄土荘厳功徳成就。明彼浄土是阿弥陀如来清浄本願無生之生。非如三有虚妄生也。何以言之、夫法性清浄畢竟無生。言生者是得生者之情耳。生苟無生、生何所尽。尽夫生者、上失無為能為之身、下酖三空不空之痼。根敗永亡、号振三千。無反無復於斯招恥。体夫生理、謂之浄土。

（浄聖全一・五〇四～五〇五頁、真聖全一・三二七頁）

建章に「帰命無礙光如来願生安楽国」といへり。このなかに疑あり。疑ひていはく、「生」は有の本、衆累の元たり。生を棄てて生を願ず、生なんぞ尽くべきと。この疑を釈せんがために、このゆゑにかの浄土の荘厳功徳成就を観ず。かの浄土はこれ阿弥陀如来の清浄本願の無生の生なり。三有虚妄の生のごときにはあらざることを明かすなり。なにをもつてこれをいふとならば、それ法性は清浄にして畢竟無生なり。生といふはこれ得生のひとの情なるのみ。生まことに無生なれば、生なんぞ尽くるところあらん。その生を尽さば、上は無為能為の身を失し、下は三空不空の痼に醽ひなん。根敗永く亡じて、号び三千を振はす。無反無復こにおいて恥を招く。かの生の理を体する、これを浄土といふ。

ここでは、まず、上巻と同じく「願生安楽国」を問題として、生は有の本、衆累の元であり、穢土の生を棄てて浄土の生を願っても、有の本、衆累の元である生は決して尽きないのではないかという疑問が提出されている。この疑問に対して、曇鸞は二つの面から生の意義を明らかにしている。第一は、浄土への生は、浄土が清浄本願の無生界であるから無生の生であり、三有虚妄の生（迷界から迷界に生じる輪廻の生）とは全く異なっているのであり、生というのは、得生者の情においていうのみであることが明らかにされる。第二は、生は無生であるから尽きることがなく、もし生を尽くしてしまったならば、空理に達してしかも利他を行ずるという真実の空とはあい反する境地、すなわち逆にかたよった空にとらわれた境地に沈み、自利即利他の大乗の悟りを求める心すら廃れてしまうことが明らかにされる。ここで曇鸞は、浄土への生が無生の生であることの意義を、迷界から迷界に生じる輪廻の生の否定（無生）と、生の全面的な否定から生ずる虚無主義の否定（生）との両面から明らかにしていると見ることができよう。そして、そのような無生の生の理を体した世界こそが浄土であると結ぶのである。これは、先に論じた浄土の広略相入、すなわち極楽浄土の種々の差別荘厳相そのままが寂滅平等の真如であり、寂滅平等の真如そのままが極楽浄土の種々の差別荘厳相であるという、浄土のありようを意味していると考えられる。寂滅平等の真如の側面を抜きにした単なる種々の差別荘厳相のみの浄土への生であるならば、迷界における輪廻の生となんら異なることなく、種々の差別荘厳相の側面を抜きにした単なる寂滅平等のみの浄土への生であるならば、生の全面的な否定から生ずる虚無主義に陥ってしまうこととなろう。

第四節　下品の凡夫の往生

上来検討してきたような浄土に往生すべき者として、曇鸞はどのような機類を想定しているのであろうか。『往生論註』上巻末の八番問答の第一問答においては、

問曰、天親菩薩廻向章中、言普共諸衆生　往生安楽国、此指共何等衆生耶。答曰、案王舎城所説無量寿経、仏、告阿難、十方恒河沙諸仏如来、皆共称嘆無量寿仏威神功徳不可思議。諸有衆生、聞其名号信心歓喜、乃至一念至心廻向、願生彼国、即得往生、住不退転。唯除五逆誹謗正法。案此而言、一切外道凡夫人、皆得往生。又如観無量寿経有九品往生。下下品生者、或有衆生、作不善業五逆・十悪、具諸不善。如此遇人、以悪業故応堕悪道、逕歴多劫受苦無窮。如此遇人、臨命終時、遇善知識、種種安慰、為説妙法教令念仏。彼人、苦逼不遑念仏。善友告言、汝若不能念者応称無量寿仏。如是至心令声不絶、具足十念称南無無量寿仏。称仏名故、於念念中除八十億劫生死之罪、命終之後見金蓮花猶如日輪住其人前、如一念項即得往生極楽世界。於蓮花中満十二大劫、蓮華方開。観世音・大勢至、以大悲音声為其広説諸法実相、除滅罪法。聞已歓喜、応時則発菩提之心。是名下品下生者。以此経証、明知、下品凡夫但令不誹謗正法、信仏因縁皆得往生。

（浄聖全一・四八一～四八二頁、真聖全一・三〇七頁）

問ひていはく、天親菩薩の廻向の章のなかに、「普共諸衆生　往生安楽国」といへるは、これはなんらの衆生とともにと指すや。答へていはく、王舎城所説の『無量寿経』を案ずるに、「仏、阿難に告げたまはく、〈十方恒河沙の諸仏如来、みなともに無量寿仏の威神功徳不可思議なるを称嘆したまふ。諸有の衆生、その名号を聞きて信心歓喜し、すなはち一念に至るまで心を至して廻向して、かの国に生ぜんと願ずれば、すなはち往生を得て、不退転に住せん。ただ五逆と誹謗正法とを除く〉」と。これを案じていふに、一切の外道凡夫人、みな往生を得ん。また『観無量寿経』のごときは九品の往生あり。「下下品の生とは、あるいは衆生ありて、不善業たる五逆・十悪を作り、もろもろの不善を具せん。かくのごとき愚人、悪業をもつてのゆゑに悪道に堕して、多劫を経歴して苦を受くること窮まりなかるべし。かくのごとき愚人、命終の時に臨みて、善知識、種々に安慰して、ために妙法を説き教へて念仏せしむるに遇はん。かの人、苦に逼められて念仏するに遑あらず。善友告げていはく、〈なんぢもし念ずることあたはずは無量寿仏と称すべし〉と。かくのごとく心を至して声をして絶えざらしめて、十念を具足して〈南無無量寿仏〉と称せん。仏の名を称するがゆゑに、念々のうちにおいて八十億劫の生死の罪を除き、命終の後に金蓮華のなほ日輪のごとくしてその人の前に住するを見、一念のあひだのごとくにすなはち極楽世界に往生を得ん。蓮華のなかにおいて十二大劫を満てて、蓮華まさに開けん。観世音・大勢至、大悲の音声をもつてそれがために広く諸法実相、罪を除滅する法を説かん。聞きをはりて歓喜して、時に応じてすなはち菩提の心を発さん。これを下品下生のものと名づく」と。この経をもつて証するに、あきらかに知りぬ、下品の凡夫ただ正法を誹謗せざれば、仏を信ずる因縁をもつてみな往生を得と。

と、論じられている。すなわち、偈頌の「普共諸衆生」の衆生がいかなる衆生かという問題を提起し、『大経』下巻の第十七願・第十八願成就文に基づいて、外道凡夫人までも含む一切衆生の往生が示され、『観経』下下品の説示に基づいて、下品の凡夫の往生が示されている。(7)曇鸞は、浄土建立の所以を明かして、

仏本所以起此荘厳清浄功徳者、見三界、是虚偽相、是輪転相、是無窮相、如蚇蠖循環、如蚕繭自縛。哀哉衆生、締此三界、顚倒・不浄。（浄聖全一・四五六頁、真聖全一・二八五頁）

仏本この荘厳清浄功徳を起したまへる所以は、三界を見そなはすに、これ虚偽の相、これ輪転の相、これ無窮の相にして、蚇蠖の循環するがごとく、蚕繭の自縛するがごとし。あはれなるかな衆生、この三界に締られて、顚倒・不浄なり。

と述べる。浄土の総相である清浄功徳は、蚇蠖の循環、蚕繭の自縛に喩えられる虚偽・輪転・無窮の三界に締られている顚倒・不浄の衆生のために起こされているというのである。また曇鸞は、『讃阿弥陀仏偈』において、自身の罪悪性について、

我従無始循三界、為虚妄輪所回転。一念一時所造業、足繋六道滞三塗。（浄聖全一・五四八頁、真聖全一・三六五頁）

われ無始より三界に循りて、虚妄輪のために回転せらる。一念一時に造るところの業、足六道に繫がれ三塗に滞まる。

と表白している。自ら西方願生した曇鸞が、自らを六道に繫がれ三塗に滞まる業を造り続けているような存在と位置づけ、かつ極楽浄土は、蚇蠖の循環、蚕繭の自縛に喩えられる顚倒・不浄の衆生のために建立されているのであるから、往生すべき機類とは、自らのような存在、すなわち下品の衆生であると見なしたことは当然といえよう。

しかしながら、ここで問題となるのは、先に天親の願生について論じられたように、本来願生の生は無生の生、仮名の生であるとするならば、果たして下品の凡夫にそのような願生が可能であるのかということである。実体的な生に執着せず、生を仮名の生、無生の生ととらえることのできるような境地に達しているものは、すでに下品の凡夫とはいえない。生を仮名の生、無生の生ととらえることができず、実体的な生に執着しているような存在を下品の凡夫と位置づけるのであろう。この問題について曇鸞は以下のように論じている。

問曰、上、言知生無生、当是上品生者。若下下品人、乗十念往生、豈非取実生耶。但取実生、即堕二執。一、恐不得往生。二、恐更生生惑。

答。譬如浄摩尼珠、置之濁水、水即清浄。若人、雖有無量生死罪濁、聞彼阿弥陀如来至極無生清浄宝珠名号、投之濁心、念念中罪滅心浄、即得往生。又是摩尼珠以玄黄幣裹、投之於水、水即玄黄一如物色。彼清浄仏土有阿弥陀如来無上宝珠。以無量荘厳功徳成就帛裹、投之於所往生者心水、豈不能転生見為無生智乎。又如氷上燃火、火猛則氷解。氷解則火滅。彼下品人、雖不知法性無生、但以称仏名力作往生意、願生彼土、彼土是無生界、見生之火、自然而滅。

（浄聖全一・五〇六頁、真聖全一・三二八頁）

問ひていはく、上に、生は無生なりと知るといふは、まさにこれ上品生のものなるべし。もし下下品の人の、十念に乗じて往生するは、あに実の生を取るにあらずや。ただ実の生を取らば、すなはち二執に堕しなん。一には、おそらくは往生を得ざらん。二には、おそらくはさらに生ずとも惑ひを生ぜん。

答ふ。たとへば浄摩尼珠を、これを濁水に置けば、水すなはち清浄なるがごとし。もし人、無量生死の罪濁にありといへども、かの阿弥陀如来の至極無生清浄の宝珠の名号を聞きて、これを濁心に投ぐれば、念念のうちに罪滅して心浄まり、すなはち往生を得。またこれ摩尼珠を玄黄の幣をもつて裹みて、これを水に投ぐれば、水すなはち玄黄にしてもつぱら物の色のごとくなり。かの清浄仏土に阿弥陀如来無上の宝珠まします。無量の荘厳功徳成就の帛をもつて裹みて、これを往生するところのひとの心水に投ぐれば、あに生見を転じて無生の智となすことあたはざらんや。また氷の上に火を燃くに、火猛ければすなはち氷解く。氷解くればすなはち火滅するがごとし。かの下品の人、法性無生を知らずといへども、ただ仏名を称する力をもつて往生の意をなして、かの土に生ぜんと願ずるに、かの土はこれ無生の界なれば、見生の火、自然に滅するなり。

ここで、曇鸞は二つの疑問を提出している。その一は、実体的な生に執着している下品の凡夫の往生は不可能ではないか、という疑問であり、その二は、実体的な生に執着した願生によって往生しても、さらに迷いを生ずるのみであって、往生が転迷開悟の道とならないのではないか、という疑問である。曇鸞は前者については、いかなる罪業の人も名号の力用によって往生が可能であると示し、後者については、浄土の荘厳功徳成就と浄土が無生界であることをもって、往生後は実体的な生への執着が消滅することを示している。

特に最後の氷上燃火の譬喩においては、実体的な生に執着している願生心の火によって無明煩悩の氷が溶けて涅槃の水となり、涅槃の水によって実体的な生への執着の火が消滅すると示しているのであり、これは、実体的な生に執着している願生心は決して往生への障碍とならず、逆に往生への原動力となるかのような譬喩であるとすら見ることができる。

すなわち曇鸞は、生を仮名の生、無生の生ととらえることができず、実体的な生に執着している下品の凡夫のために建立された浄土であるが故に、下品の凡夫の往生が可能であり、その可能なる根拠を、名号法の力用及び無生界（略）なるままが種々の荘厳功徳成就の浄土（広）という浄土の広略相入に求めているということができよう。

このような浄土のありようは、性功徳釈においても見ることができる。『往生論註』上巻の性功徳釈には、

性是本義。言、此浄土随順法性不乖法本。事、同花厳経宝王如来性起義。又言、積習成性。指法蔵菩薩、集諸波羅蜜積習所成。亦言性者、是聖種性。序法蔵菩薩、於世自在王仏所、悟無生法忍。爾時位名聖種性。於是性中発四十八大願修起此土。即曰安楽浄土。是彼因所得。果中説因。故名為性。又言、性是必然義、不改義。如海性一味、衆流入者必為一味、海味、不随彼改也。又如人身性不浄故、種種妙好色・香・美味、入身皆為不浄。安楽浄土諸往生者、無不浄色、無不浄心。畢竟皆得清浄平等無為法身、以安楽国土清浄性成就故。

（浄聖全一・四五八頁、真聖全一・二八七頁）

「性」はこれ本の義なり。いふこころは、この浄土は法性に随順して法本に乖かず。事、『花厳経』の宝王如来の性起の義に同じ。またいふこころは、積習して性を成ず。法蔵菩薩、諸波羅蜜を集めて積習して成ずるところを指す。また「性」といふは、これ聖種性なり。序め法蔵菩薩、世自在王仏の所において、無生法忍を悟りたまへり。その時の位を聖種性と名づく。この性のなかにおいて四十八の大願を発してこの土を修起せり。すなはち安楽浄土といふ。これかの因の所得なり。果のなかに因を説く。ゆゑに名づけて性となす。またいふこころは、「性」はこれ必然の義なり、不改の義なり。海の性の一味にして、衆流入ればかならず一味となりて、海の味はひ、かれに随ひて改まらざるがごとし。また人の身の性は不浄なるがゆゑに、種々の妙好の色・香・美味、身に入ればみな不浄となるがごとし。安楽浄土はもろもろの往生するもの、不浄の色なく、不浄の心なし。畢竟じてみな清浄平等無為法身を得ることは、安楽国土清浄の性、成就せるをもてのゆゑなり。

と述べられているが、ここで曇鸞は、性を解釈して性起と修起の二面から示している。前者は、「性是本義。（性は是れ本の義なり。）」と示され、その内容は、「随順法性不乖法本（法性に随順して法本に乖かず。）」である。後者は因果に分けられ、因は法蔵菩薩の修行（積習所成）と発願（聖種性位における）によって、果は用（必然）と体（不改）によって示されている。ここで、随順法性不乖法本の浄土は略に、法蔵菩薩の発願・修行によって建立された浄土は広に配当することができるので、広略相入は性起即修起と言い換えることができる。(8) このような浄土は、顛倒・不浄の衆生、就中実体的な生に執着している下品の凡夫を受け入れて、生即無生を悟らしめ清浄平等無為法身を得さしめるのであり（必然）、実体的な生に執着して願生する下品の凡夫の往生する世界であっても、実体的な生に執着された世界であるということはない（不改）のである。

小結

第三章においては、曇鸞の往生思想を考察した。曇鸞の往生思想は、二つの観点から考察することができる。まず第一は趣入の土である安楽浄土がどのような世界であるかの考察であり、第二はその安楽浄土へどのように往生してゆくかの考察である。趣入の土である安楽浄土がどのような世界であるかについては、広略相入についてと衆生救済の浄土とについて考察した。第一節において広略相入について論じたが、広略相入の論理とは、浄土の本質に関する論理である。すなわち、三厳二十九種荘厳が広とされ、真実智慧無為法身が略とされ、この広と略とが相即互入するという構造を示すのが広略相入である。これは、種々の荘厳相で示される浄土、すなわち有相の浄土が、真如・一如といわれる無相の真理そのものの展開したものであり、略は広に展開し、広は略に摂入するという構造を示している。このような構造は、浄土への願生心がそのまま願作仏心、すなわち菩提心であるということになり、浄土に往生することがそのまま成仏であるとの論理へ展開する可能性を胚胎しているものであるということができよう⑼。

第二はその安楽浄土へどのように往生してゆくかの考察である。第三節においては、往生浄土の大乗仏教的意義を考察した。『往生論註』においては、大乗経論中に無生と説かれる意義と天親の願生の意義との関係が考察され、大乗経論中に無生と説かれる意義について、実体的な生死に対する凡夫の執着を否定するために無生と説かれるという意義と、因縁生であるから不生であり無生であるという意義との、二義を示している。天親の願ずる生は、生＝仮名生＝因縁生＝無生というものであり、凡夫の実体的な生死への執着を基盤とした願生と同一視すべきではないことが明らかにされている。また曇鸞は、浄土への生が無生の生であることの意義を、迷界における輪廻の生の否定（無生）と、生の全面的な否定から生ずる虚無主義の否定（生）との両面から明らかにしている。先に論じた浄土の広略相入、すなわち極楽浄土の種々の差別荘厳相そのままが、寂滅平等の真如であり、寂滅平等の真如そのままが、極楽浄土の種々の差別荘厳相であるという、浄土のありようを意味していると考えられる。寂滅平等の真如の側面を抜きにした単なる種々の差別荘厳相のみの浄土への生であるならば、迷界における輪廻の生となんら異なることなく、種々の差別荘厳相の側面を抜きにした単なる寂滅平等のみの浄土への生であるならば、生の全面的な否定から生ずる虚無主義に陥ってしまう危険性が指摘されていると考えることができよう。

続いて、第四節においては、曇鸞が往生人として想定しているのは、下品の凡夫であるが、実体的な生に執着せず、生を仮名の生、無生の生ととらえることのできるような境地に達しているものは、すでに下品の凡夫とはいえず、実体的な生に執着している下品の凡夫の往生は不可能ではないかという疑問と、実体的な生に執着した願生によって往生しても、さらに迷いを生ずるのみであって、往生が転迷開悟の道とならないのではないかという疑問とを挙げ、いかなる罪業の人も名号の力用によって往生が可能であると示し、また浄土の荘厳功徳成就と浄土が無生界であることをもって、往生後は実体的な生への執着が消滅すると示している。曇鸞は、生を仮名の生、無生の生ととらえることができず、実体的な生に執着している下品の凡夫のために建立された浄土であるが故に、下品の凡夫の往生が可能であり、その可能なる根拠を、名号法の力用及び無生界（略）なるままが種々の荘厳功徳成就の浄土（広）という、浄土の広略相入に求めている。

すなわち、曇鸞の浄土観をまとめてみると、真如・一如の絶待界なるままが、顚倒・虚偽の三界に対する三厳二十九種の浄土すなわち彼土此土相対の世界であり、彼土此土相対に執着している顚倒・不浄の衆生の実体的な生に執着した願生による往生を受け入れて、彼土此土相対への執着、実体的な生への執着を離れさせるような世界こそ、阿弥陀仏の浄土であるといえよう。後に善導が、凡夫入報を主張するのに際して、根拠として仏願力を強調するのであり[10]、曇鸞においても、「阿弥陀如来方便荘厳真実清浄無量功徳名号」（浄聖全一・四八五頁、真聖全一・三一〇頁）、「阿弥陀如来至極無生清浄宝珠名号」（浄聖全一・五〇六頁、真聖全一・三二八頁）等、名号法による往生、また、

然覈求其本、阿弥陀如来為増上縁。（中略）凡是生彼浄土、及彼菩薩人天所起諸行、皆縁阿弥陀如来本願力故。（浄聖全一・五二八頁、真聖全一・三四七頁）

しかるにまことにその本を求むるに、阿弥陀如来を増上縁とす。（中略）おほよそこれかの浄土に生ずると、およびかの菩薩・人・天の所起の諸行とは、みな阿弥陀如来の本願力に縁るがゆえなり。

等、仏願力による往生を明らかにする箇所も見られる。しかし一方曇鸞においては、浄土のありようそのものについて、本来凡夫の往生が可能ならしむべく建立されている浄土であるということを明確にしているのが、その特徴といいうるであろう。

註

（1）道綽は『安楽集』において、

問曰、今現在阿弥陀仏是何身、極楽之国是何土。答曰、現在弥陀是報仏、極楽宝荘厳国是報土。然古旧相伝、皆云阿弥陀仏是化身、土亦是化土。此為大失也。

（浄聖全一・五七九～五八〇頁、真聖全一・三八二～三八三頁）

問ひていはく、いま現在の阿弥陀仏はこれいづれの身ぞ、極楽の国はこれいづれの土ぞ。答へていはく、現在の弥陀はこれ報仏、極楽宝荘厳国はこれ報土なり。しかるに古旧あひ伝へて、みな阿弥陀仏はこれ化身、土もまたこれ化土なりといへり。これを大失となす。

と論じ、善導は『観経疏』「玄義分」において、

問曰、弥陀浄国為当是報是化。答曰、是報非化。

（浄聖全一・六七四頁、真聖全一・四五七頁）

問ひていはく、弥陀の浄国ははたこれ報なりやこれ化なりや。答へていはく、これ報にして化にあらず。

と論じて、いずれも、弥陀の仏身・仏土に関する報化の議論がなされている。

（2）前説の一例は是山恵覚師の『往生論註講義』（『真叢』別巻、二一三頁以下）に、後説の一例は香月院深励師の『註論講苑』（『新編真宗大系』六巻、六二六頁以下）に述べられている。

（3）親鸞においては、広略相入は「証文類」の還相廻向釈において『往生論註』を引用するのみであるが、法性・方便の二種法身については、『一念多念文意』『唯信鈔文意』等に釈があり、その所顕は異なっていると考えられる。すなわち、親鸞の二種法身についての釈は阿弥陀仏の仏身についての釈であり、阿弥陀仏の救済が涅槃界の展開相なることを明らかにすることにあるが、広略相入に関する「証文類」の引意は、広略相入を知ることによる止観（＝自利）・廻向（＝利他）によって妙楽勝真心（＝菩提心）を成就するのであって、「信文類」菩提心釈において示された信楽一心の体徳が、証果として顕現することを示すところにあると考えられよう。

また、広略相入が還相廻向釈に引用される意は、真如法性を体とする（略）ままが、大菩薩の相をとる（広）ということ、すなわち、内徳は無上涅槃の極果を証する果位の仏、外相は因位の大菩薩という従果還因の相を示すと

ころにあると見ることができる。

（4）浄影の『無量寿経義疏』には、「於中合有四十八願。義要唯三。文別有七。義要三者、一摂法身願。二摂浄土願。三摂衆生願。四十八中、十二・十三、及第十七、是摂法身。第三十一・三十二、是摂浄土。余四十三、是摂衆生」（大正蔵三七・一〇三頁中）とある。

（5）これは、『観経疏』「玄義分」に、

法蔵比丘、在世饒王仏所行菩薩道時、発四十八願。一一願言、（浄聖全一・六七四頁、真聖全一・四五八頁）

法蔵比丘、世饒王仏の所にましまして菩薩の道を行じたまひし時、四十八願を発したまへり。一一の願にのたまはく、

と述べて、以下第十八願取意の文を引くことは、四十八願の全てが、衆生救済の願たる第十八願におさまると示していることも同趣旨である。

（6）浄満院円月師の『宗要百論題』には、

一義に云、相入は互に入るの義にして、広が略に入り略が広に入る当体全是の相即にして、広が略に入ると雖も広相を泯ずるに非ず、略が広に入ると雖も略体を泯ずるに非ず、譬へば金獅子の如し、体より云へば一の金なり、相より云へば獅子なり、金の当相獅子、獅子の当体全く金、唯義の差別なるのみにして出没前後あることなし、（『真叢』一二・七七頁）

と、一義を紹介している。

（7）「外道凡夫人」は、異本には、「外凡夫人」とあり、凡夫を内凡と外凡とに分け、十住・十行・十廻向を内凡とするのに対し、十信以下の善悪の凡夫を外凡というが、その外凡を指すとの説もあり、五逆謗法以外の凡夫人とする説もある。

（8）親鸞は広略相入を「証文類」に引用し、浄土の菩薩が内に仏果を証していることを示すのであるが、「真仏土文類」においては、広略相入に換えて、性功徳釈を引用すると指摘されている。親鸞の『一念多念文意』『唯信鈔文意』等の二種法身についての釈においては、法蔵菩薩という因位から阿弥陀仏という果位にかけて方便法身が語ら

れ、性功徳釈の修起における因（積習成性・聖種性）果（必然・不改）の説示が親鸞の方便法身観をより適切に示すものとして「真仏土文類」に引用されたのであり、単に広略相入に換えられたという意味のみではないと考えられる。

（9）曇鸞において、往生即成仏の説示を見ることはできない。往生前は未清浄心の菩薩（七地以前の菩薩）であったものが往生後は上地の菩薩（八地の菩薩）となると説示されるのみである。往生即成仏の開顕は親鸞を待たなくてはならない。しかし、親鸞の説示する往生即成仏の論理根拠の一つがこの広略相入であるということは否定できない。これについては、後に論じる。

（10）『観経疏』「玄義分」には、

問曰、彼仏及土、既言報者、報法高妙、小聖難階。垢障凡夫云何得入。

（浄聖全一・六七六頁、真聖全一・四五九頁）

問ひていはく、かの仏および土すでに報といはば、報法は高妙にして、小聖すら階ひがたし。垢障の凡夫いかんが入ることを得ん。

と、凡夫入報の困難性を論じた後、

答曰、若論衆生垢障、実難欣趣。正由託仏願以作強縁、致使五乗斉入。

（浄聖全一・六七六頁、真聖全一・四五九頁）

答へていはく、もし衆生の垢障を論ぜば、実に欣趣しがたし。まさしく仏願に託してもつて強縁となすによりて、五乗をして斉しく入らしむることを致す。

と、仏願力による五乗斉入を示している。

第四章　道綽の往生思想

第一節　『安楽集』の性格と道綽の基本姿勢

道綽の『安楽集』の冒頭には、

此安楽集一部之内、総有十二大門。皆引経・論証明、勧信求往。（浄聖全一・五七三頁、真聖全一・三七七頁）

この安楽集一部の内に、総じて十二の大門あり。みな経・論を引きて証明し、信を勧め往を求めしむ。

とあり、『安楽集』著述の目的が、勧信求往にあると示されている。

道綽の活躍した隋から唐にかけての時代は、中国において経典の翻訳・研究がようやく進み、漸次宗派が成立してきた時代である。道綽の念仏実践を中心とする浄土願生の教学は、その聖浄二門判が日本における浄土宗独立宣言の書ともいいうる法然の『選択集』の冒頭に引用されるように、すでに中国において成立している他派に対して、浄土教が一つの宗派として成立する意味を持つものと考えられる。

道綽の教学は、その弟子である善導に継承され、古今楷定の妙釈を生むが、その萌芽はすでに道綽の上にあり、たとえば、善導の主張する是報非化・凡夫入報は、『安楽集』において、第一大門の「七、三身三土」及び「八、凡聖通往」にすでにその意が見られる。[1]すなわち、

第一大門、「七、三身三土」において、

問曰、今現在阿弥陀仏是何身、極楽之国是何土。答曰、現在弥陀、是報仏、極楽宝荘厳国、是報土。（浄聖全一・五七九～五八〇頁、真聖全一・三八二～三八三頁）

問ひていはく、いま現在の阿弥陀仏はこれいづれの身ぞ、極楽の国はこれいづれの土ぞ。答へていはく、現在の弥陀はこれ報仏、極楽宝荘厳国はこれ報土なり。

と、阿弥陀仏が報仏であり、その浄土が報土であることが示され、「八、凡聖通往」においては、

第八明弥陀浄国位該上下、凡聖通往者、今此無量寿国是其報浄土。由仏願故乃該通上下、致令凡夫之善並得往生。（浄聖全一・五八三頁、真聖全一・三八五頁）

第八に弥陀の浄国は位上下を該ね、凡聖通じて往くことを明かすとは、いまこの無量寿国はこれその報の浄土なり。仏願によるがゆゑにすなはち上下を該通して、凡夫の善をしてならびに往生を得しむることを致す。

と、凡夫の得生が示されている。

『安楽集』の所明は、迦才が『浄土論』において「文義参雑、章品混淆」（大正蔵四七・八三頁中）と評するように、決して簡明ではない。たとえば、第二大門、「二、破異見邪執」において、十方願生と西方願生とを比較するのに際し、この娑婆世界は穢土の末処であり、弥陀の浄国は浄土の初門であり、「往生甚便（往生はなはだ便なり）」（浄聖全一・五九七頁、真聖全一・三九七頁）として、境次相接のゆえに易往であると論ずる。ここでは、あるいは、三角の沙石のみの土地に、わずか五寸を潤す雨が一年に三度しか降らない国土があり、その国土の住民は木の実を食物とし樹皮を衣服とすると説き、あるいは、虎・狼・蛇・さそりが全て羽を持ち空を飛び、出会えばお互いに殺し食い合う世界を説き、その比較において娑婆世界が穢土の末処と論ずる。また、娑婆世界の一劫は極楽世界の一日一夜に当たり、極楽世界の一劫は袈裟幢世界の一日一夜に当たり、このように優劣を望めてみると十阿僧

祇の段階があると論ずることによって、西方極楽世界が浄土の初門であると示される。この部分を見る限りにおいて、道綽が極楽浄土を、もろもろの浄土中低次の地位と定めているかのごとく思われる。ところが、第六大門、「一、十方西方比校」においては、娑婆有縁・法蔵菩薩の願取・韋提の楽生の三証を挙げ、

故知。諸浄土中安楽世界最勝也。

（浄聖全一・六三三頁、真聖全一・四二六頁）

ゆゑに知んぬ。もろもろの浄土の中に安楽世界は最勝なり。

と示される。すなわち、十方・西方の比較において、第二大門では、その易往において西方願生を勧め、第六大門では勝劣を論じて、西方浄土の優越性を示す等、それぞれの部分において所顕が異なるのである。それゆえ、第二大門において十方・西方の勝劣を論ずることは、かえって道綽の真意を失することになろう。このように『安楽集』を読む場合、それぞれの部分における所顕に注意しなければならず、一部分の表現のみを取り上げて道綽の教学を語ることは不可能であり、従来より『安楽集』が難解な書物であるといわれる所以であろう。

さて、最初に述べたように道綽の『安楽集』撰述は、「勧信求往」をその目的とする。すなわち、道綽にとって浄土とはあくまで往生を求めるべきものであって、それ以外の観点から浄土を論ずることは何の意味もない。いうまでもなく、仏道とは悟りに至る道程であり、道綽の歩んだ道もまたそうであった。道綽は北斉の武成帝の河清元年に生まれ、十四歳出家の後、はじめ『涅槃経』の研究者として出発したが、後、慧瓚の主催する戒律と禅定による実践教団に身を投じる。四十八歳の時、石壁玄中寺の曇鸞の碑文に遇い帰浄し、以後、唐の貞観十九年（六四五年）八十四歳の往生に至るまで西方願生の念仏者としての生活を送るのである。これは道綽の生涯がひたすら求道者としてのものであったことを物語るものであり、「生死出づべき道」を求めて叡山に登った親鸞と同様である。

このように仏道の基本がひたすら悟りを求めることであるとするならば、その根本は菩提心にある。道綽の菩提

心に対する見解は、第二大門、「一、菩提心釈」において示されている。そこでは、まず、

菩提者乃是無上仏道之名也。若欲発心作仏者、此心広大遍周法界。此心究竟等若虚空。此心長遠尽未来際。此心普備離二乗障。若能一発此心、傾無始生死有淪。所有功徳廻向菩提、皆能遠詣仏果無有失滅。

（浄聖全一・五八七頁、真聖全一・三八九頁）

「菩提」といふはすなはちこれ無上仏道の名なり。もし心を発し仏にならんと欲すれば、この心広大にして法界に遍周せり。この心究竟して等しきこと虚空のごとし。この心長遠にして未来際を尽す。この心あまねくつぶさに二乗の障を離る。もしよく一たびこの心を発せば、無始生死の有淪を傾く。あらゆる功徳を菩提に廻向すれば、みなよく遠く仏果に詣るまで失滅あることなし。

と菩提心の功用を明かし、続いて法身の菩提を真如実相第一義空、報身の菩提を酬因感果円通無碍、化身の菩提を従報起用益物円通と明かされるが、注目すべきは、以下に示される問答である。すなわち、

問曰、若備修万行能感菩提、得成仏者、何故諸法無行経云若人、求菩提、即無有菩提。是人遠菩提、猶如天与地。

（浄聖全一・五八八頁、真聖全一・三九〇頁）

問ひていはく、もしつぶさに万行を修してよく菩提を感じ成仏を得といはば、なんがゆゑぞ『諸法無行経』に、「もし人菩提を求めば、すなはち菩提あることなし。この人菩提を遠ざかること、なほ天と地とのごとし」とのたまへるや。

との問いを起こし、

答曰、菩提正体、理求無相。今作相求。不当理実。故名人遠也。是故経言、菩提者不可以心得。不可以身得。今謂、行者雖知修行往求、了了識知理体無求、仍不壊仮名。是故備修万行。故能感也。是故大智度論云、若人

見般若、是則為被縛。若不見般若、是亦為被縛。若人見般若、是則為解脱。若不見般若、是亦為解脱。龍樹菩薩釈曰、是中不離四句者為縛、離四句者為解。今体菩提、但能如此修行、即是不行而行。不行而行者不違二諦大道理也。（浄聖全一・五八八頁、真聖全一・三九〇頁）

答へていはく、菩提の正体は、理求むるに無相なり。いま相をなして求む。理実に当らず。ゆゑに人遠ざかると名づく。このゆゑに経にのたまはく、「菩提は心をもつて得べからず、身をもつて得べからず」と。いまいはく、行者修行して往きて求むるを知るといへども、了々に理体求むることなきことを識知して、なほ仮名を壊せず。このゆゑにつぶさに万行を修す。ゆゑによく感ず。このゆゑに『大智度論』にいはく、「もし人般若を見るも、これすなはち縛せられたりとなす。もし般若を見ざるも、これまた縛せられたりとなす。もし人般若を見るも、これすなはち解脱となす。もし般若を見ざるも、これまた解脱となす」と。龍樹菩薩の釈にいはく、「このなかに四句を離れざるを縛となし、四句を離るるを解となす」と。いま菩提を体するに、ただよくかくのごとく修行すれば、すなはちこれ不行にして行なり。不行にして行なれば、二諦の大道理に違せず。[2]

と答えている。

ここでは、まず菩提の正体は理としては無相であり、元来求めるべきものではないことを明らかにする。[3]続いて理体求むることなきを識知してなお仮名を壊せざるがゆえに、行を修して感果することを示されるのである。これは、悟りを実体的にとらえることの非を示すものであるが、あるいは「仮名を壊せず」といい、あるいは「般若を見るを縛せられたるとなす」というごとく、無相であることに執する非を示される意趣も存することに注意しなければならない。

第二節　浄土観

道綽の浄土観は、第二大門、「二、破異見邪執」において、種々示されている。そこでは、「第四破願生穢土、不願生浄土（第四に穢土に生ぜんと願じて、浄土に生ぜんと願ぜざるを破す）」において、

問曰、或有人言、願生穢国教化衆生不願往生浄土。是事云何。答曰、此人亦有一徒。何者。若身居不退已去、為化雑悪衆生故、能処染不染、逢悪不変。如鵝鴨入水、水不能湿。如此人等堪能処穢抜苦。若是実凡夫者、唯恐自行未立、逢苦即変、欲済彼者相与倶没。如似逼鶏入水。豈能不湿。是故智度論云、若凡夫発心即願在穢土抜済衆生者、聖意不許。何意然者、龍樹菩薩釈云、譬如四十里氷、如有一人以一升熱湯投之、当時似如少減、若経夜至明、乃高於余者。凡夫在此発心救苦、亦復如是。以貪瞋境界違順多故、自起煩悩、返堕悪道故也。

（浄聖全一・五九四頁、真聖全一・三九五頁）

問ひていはく、あるいは人ありていはく、「穢国に生じて衆生を教化せんと願じて浄土に往生することを願ぜず」と。この事いかん。答へていはく、これ人にまた一の徒あり。何者ぞ。もし身不退に居して已去なれば、雑悪の衆生を化せんがためのゆゑに、よく染に処すれども染せず、悪に逢へども変ぜず。鵝鴨の水に入れども、水の湿すことあたはざるがごとし。かくのごとき人等よく穢に処して苦を抜くに堪へたり。もしこれ実の凡夫ならば、ただおそらくは自行いまだ立たず、苦に逢はばすなはち変じ、かれを済はんと欲せばあひともに没しなん。鶏を逼めて水に入らしむるがごとし。あによく湿はざらんや。このゆゑに『智度論』にいはく、「もし凡夫発心してすなはち穢土にありて衆生を抜済せんと願ずるをば、聖意許したまはず」と。

なんの意ぞしかるとならば、龍樹菩薩釈していはく、「たとへば四十里の氷に、もし一人ありて一升の熱湯をもつてこれを投ずれば、当時は少しき減ずるに似如たれども、もし夜を経て明に至れば、すなはち余のものよりも高きがごとし。凡夫ここにありて発心して苦を救ふも、またかくのごとし。貪瞋の境界違順多きをもつてのゆゑに、みづから煩悩を起して、返りて悪道に堕するがゆゑなり」と。

と、大乗菩薩道は利他を本意とすることからいえば、浄土を願生するより穢土を願生すべきであるとの論に対し、悪に逢っても変わらない不退の菩薩であるならばともかく、実の凡夫が穢土に生じても利他は不可能であり、自他ともに没するのみであると明かす。また、「第五破若生浄土、多喜着楽（第五にもし浄土に生ずれば、多く喜びて楽に着すといふを破す）」において、

問曰、或有人言、浄土之中唯有楽事、多喜着楽妨廃修道。何須願往生也。答曰、既云浄土、無有衆穢。若言着楽、便是貪愛煩悩。何名為浄。是故大経云、彼国人天、往来進止、情無所繫。又四十八願云、十方人天、来至我国、若起想念貪計身者、不取正覚。大経又云、彼国人天無所適莫。何有着楽之理也。

（浄聖全一・五九五頁、真聖全一・三九五頁）

問ひていはく、あるいは人ありていはく、「浄土のなかにはただ楽事のみありて、多く喜びて楽に着して修道を妨廃す。なんぞ往生を願ずるを須ゐんや」と。答へていはく、すでに浄土といふ、衆穢あることなし。もし楽に着すといはば、すなはちこれ貪愛の煩悩なり。なんぞ名づけて浄となさん。このゆゑに『大経』にのたまはく、「かの国の人天は、往来進止、情に繫くるところなし」と。また四十八願にのたまはく、「十方の人天、わが国に来至して、もし想念を起して身を貪計せば、正覚を取らじ」と。『大経』にまたのたまはく、「かの国の人天適莫するところなし」と。なんぞ着楽の理あらんや。

と、浄土に生ずれば多く楽に着すとの難に対し、着楽は煩悩であり、すでに浄土という以上そこには煩悩は存しない等、道綽の浄土観の一端が示されている。

ここで特に注目すべきは、「第一破妄計大乗無相（第一に大乗の無相を妄計するを破す）」の項、「第二会通菩薩愛見大悲（第二に菩薩愛見の大悲を会通す）」の項、「第三破繫心外無法（第三に心外無法と繫するを破す）」の項であろう。「第一破妄計大乗無相」の項においては、まず「総生起」として、

然大乗深蔵名義塵沙。是故涅槃経云、一名無量義、一義無量名。要須遍審衆典、方暁部旨。非如小乗俗書案文畢義。何意須然。但浄土幽廓経論隠顕。致令凡情種々図度。恐渉諂語刁刁、百盲偏執雑乱無知防碍往生。

（浄聖全一・五九〇頁、真聖全一・三九一〜三九二頁）

しかるに大乗の深蔵は名義塵沙なり。このゆゑに『涅槃経』にのたまはく、「一名に無量の義あり、一義に無量の名あり」と。かならずすべからくあまねく衆典を審らかにして、まさに部旨を暁むべし。小乗と俗書との文を案じて義を畢るがごときにあらず。なんの意かすべからくしかるべき。ただ浄土は幽廓にして経論隠顕す。凡情をして種々に図度せしむることを致す。おそらくは諂語刁刁に渉りて、百盲偏執し雑乱無知にして往生を妨礙することを。

と、大乗の表現は、その義多含であり、表面的な表現のみを取り上げて浄土願生の教えを一方的に批判することの非が示される。続いて、

問曰、或有人言、大乗無相、勿念彼此。若願生浄土、便是取相。転増縛。何用求之。

（浄聖全一・五九一頁、真聖全一・三九二頁）

問ひていはく、あるいは人ありていはく、「大乗は無相なり、彼此を念ずることなかれ。もし浄土に生ぜん

と願ずれば、すなはちこれ取相なり、うたた縛を増す。なにをもつてかこれを求むる」と。

と問いを起こし、

答曰、如此計者将謂不然。何者、一切諸仏説法要具二縁。一依法性実理。二須順其二諦。彼計大乗無念、但依法性、然謗無縁求。即是不順二諦。如此見者、堕滅空所収。是故無上依経云、仏告阿難、一切衆生若起我見如須弥山、我所不懼。何以故。此人雖未即得出離、常不壊因果、不失果報故。若起空見如芥子、我即不許。何以故。此見破喪因果多堕悪道。未来生処必背我化。今勧行者。理雖無生、然二諦道理非無縁求、一切得往生也。

（浄聖全一・五九〇～五九一頁、真聖全一・三九二頁）

答へていはく、かくのごとき計はまさに謂ふにしからず。なんとなれば、一切諸仏の説法はかならず二縁を具す。一には法性の実理による。二にはすべからくその二諦に順ずべし。かれは、大乗は無念なり、ただ法性によると計して、しかも縁求を謗り無みす。すなはちこれ二諦に順ぜず。かくのごとき見は、滅空の所収に堕す。このゆゑに『無上依経』にのたまはく、「仏、阿難に告げたまはく、〈一切の衆生もし我見を起すこと須弥山のごとくならんも、われ懼れざるところなり。なにをもつてのゆゑに。この人はいまだすなはち出離を得ずといへども、つねに因果を壊せず、果報を失はざるがゆゑなり。もし空見を起すこと芥子のごとくなるも、われすなはち許さず。なにをもつてのゆゑに。この見は因果を破り喪ひて多く悪道に堕す。未来の生処かならずわが化に背く〉」と。いま行者に勧む。理、無生なりといへども、しかも二諦の道理縁求なきにあらざれば、一切往生を得。

と答える。

ここにおいて示されている道綽の基本姿勢は、大乗仏教の基本理念の一つである空・無相の立場より浄土願生に対して加えられた論難に対し、仏教の基本理念は空無相のみではなく因縁生による有の立場もあることを指摘し、空無相の立場あるいは有の立場の一方に偏執して他方を誹謗することの非を主張し、のみならず、『無上依経』を引用し、空見に偏執する害は、有見に偏執する害よりも甚だしいことを示すのである。これは、菩薩の階位の七地において、上に菩提の求めるべきを見ず、下に衆生の化すべきを見ざる、いわゆる七地沈空の難が、自らの悟りのみを求め、菩薩の死と恐れられる二乗地と同様に恐れられるものと軌を一にするものであろう。このような道綽の基本姿勢は、先に菩提心釈において、さとりを実体的に捉える非を示すと同時に、なお仮名を壊せずと示されたものを承け、さとりが無相であることに執われ、逆に悟りの観念化に陥る非を厳しく指摘したものといいうるであろう。

続いて、「第二、菩薩愛見の大悲を会通す」の項では、

問曰、依大乗聖教、菩薩於諸衆生、若起愛見大悲即応捨離。今勧衆生共生浄土、豈非愛染取相。若為勉其塵累也。（浄聖全一・五九二頁、真聖全一・三九三頁）

問ひていはく、大乗の聖教によるに、「菩薩もろもろの衆生において、もし愛見の大悲を起さばすなはち捨離すべし」と。いま衆生を勧めてともに浄土に生ぜしむるは、あに愛染取相にあらずや。いかんぞその塵累を勉れんや。

と、浄土願生が愛染取相であるとの難に対し、

答曰、菩薩行法功用有二。何者、一証空慧般若。二具大悲。一以修空慧般若力故、雖入六道生死、不為塵染所繋。二以大悲念衆生故不住涅槃。菩薩、雖処二諦、常能妙捨有無、取捨、得中不違大道理也。是故維摩経云、譬如有人欲於空地造立宮舎、随意無礙、若於虚空終不能成。菩薩亦如是。為欲成就衆生故願取仏国。願取仏国

者、非於空也。

（浄聖全一・五九二頁、真聖全一・三九三頁）

答へていはく、菩薩の行法功用に二あり。なんとなれば、一には空慧般若を証る。二には大悲を具す。一には空慧般若を修する力をもつてのゆゑに、六道生死に入るといへども、塵染のために繋がれず。二には大悲をもつて衆生を念ずるがゆゑに涅槃に住せず。菩薩、二諦に処すといへども、つねによく妙に有無を捨て、取捨、中を得て大道理に違せず。このゆゑに『維摩経』にのたまはく、「たとへば人ありて空地において宮舎を造立せんと欲せば、意に随ひて礙なきも、もし虚空においてはつひに成ずることあたはざるがごとし。菩薩もまたかくのごとし。衆生を成就せんと欲するがためのゆゑに仏国を取らんと願ず。仏国を取らんと願ずるは、空においてするにはあらず」と。

と、菩薩は、一方では六道生死に入っても塵染のために繋がれないために空慧般若を修し、一方では衆生救済のために仏国を願取すると答える。

また、「第二、心外無法と繋するを破す」の項においては、

問曰、或有人言、所観浄境約就内心浄土融通。心浄即是。心外無法。何須西入。

（浄聖全一・五九二頁、真聖全一・三九三頁）

問ひていはく、あるいは人ありていはく、「所観の浄境は内心に約就すれば浄土融通す。心浄ければすなはち是なり。心外に法なし。なんぞ西に入るを須ゐんや」と。(4)

と、心外無法の立場から、他方世界としての浄土願生を批判するのに対し、

答曰、但法性浄土、理処虚融、体無偏局。（中略）若摂縁従本、即是心外無法。若分二諦明義、浄土無妨是心外法也。

（浄聖全一・五九二～五九三頁、真聖全一・三九三～三九四頁）

答へていはく、ただ法性の浄土は、理虚融に処し、体偏局なし。（中略）もし縁を摂して本に従へば、すなはちこれ心外に法なし。もし二諦を分ちて義を明かさば、浄土はこれ心外の法なることを妨ぐることなし。

と、もし縁を摂して本に従えば心外無法であるが、もし二諦を分かちて義を明かすならば浄土は心外の法であるといってもさしつかえないと答えるのである。しかし、単にさしつかえないのみならず、道綽の真意は、二諦を分かち心外の浄土に願生するという立場に立つところにあると考えられよう。

道綽は、二諦の語を多く用いるが、これは生仏および迷悟が不二而二であることを示すものであろう。不二而二とは、生仏および迷悟を実体的に捉えた二元論と、観念的に捉えた一元論とのいずれをも否定するものであり、しかも道綽の筆勢が後者の否定に重点を置いていることは、先に引用した「大乗の無相を妄計するを破す」の項における『無上依経』の文によっても明らかである[5]。

第三節　浄土願生の基本姿勢

道綽の浄土願生の基本姿勢は、有名な聖浄二門判において示される。そこでは、

又問曰、一切衆生皆有仏性。遠劫以来応値多仏。何因至今、仍自輪廻生死不出火宅。

（浄聖全一・六一二頁、真聖全一・四一〇頁）

また問ひていはく、一切衆生みな仏性あり。遠劫よりこのかた多仏に値ひたてまつるべし。なにによりてかいまに至るまで、なほみづから生死に輪廻して火宅を出でざる。

と問いを起こし、

答曰、依大乗聖教、良由不得二種勝法、以不排生死。是以不出火宅。何者為二。一謂聖道、二謂往生浄土。其聖道一種、今時難証。一由去大聖遥遠。二由理深解微。

（浄聖全一・六一二頁、真聖全一・四一〇頁）

答へていはく、大乗の聖教によるに、まことに二種の勝法を得て、もつて生死を排はざるによる。ここをもつて火宅を出でず。何者をか二となす。一にはいはく聖道、二にはいはく往生浄土なり。その聖道の一種は、今の時証しがたし。一には大聖を去ること遥遠なるによる。二には理は深く解は微なるによる。

と答え、続いて『大集経』を引用して証し、いわゆる二由一証をもって浄土門に依るべきことを明かすのである。これは、道綽自身の浄土願生が、内外の因縁（内因＝仏性、外縁＝値遇多仏）がそろい、理論的には当然すでに成仏しているはずであるにもかかわらず、現実の自己が現に生死に輪廻しているのは何故かという、極めて現実的な問いに対する答えであったことを示している。

道綽の浄土観は、このような現実的な要請の上に成立しているものであり、大乗無相・心外無法の理念が、ややもすれば、自らの出離を外にした観念論に堕することを厳しく批判するものである。仏教とは、あくまで自らの出離を目的とするものであり、自らの出離を抜きにして浄土を論ずることには何の意味もない。その浄土観はあくまで自己の願生の対象としての浄土であって、観念的に捉えられた浄土ではない。

さて、願生する機について、道綽の人間観は、

若拠大乗、真如実相第一義空、曽未措心。若論小乗、修入見諦修道、乃至那含羅漢、断五下除五上、無問道俗、未有其分。縦有人天果報、皆為五戒十善能招此報。然持得者、甚希。若論起悪造罪、何異暴風駛雨。

（浄聖全一・六一三頁、真聖全一・四一〇頁）

もし大乗によらば、真如実相第一義空、かつていまだ心を措かず。もし小乗を論ぜば、見諦修道に修入し、すなはち那含・羅漢に至るまで、五下を断じ五上を除くこと、道俗を問ふことなく、いまだその分にあらず。たとひ人天の果報あれども、みな五戒・十善のためによくこの報を招く。しかるに持ち得るものは、はなはだ希なり。もし起悪造罪を論ぜば、なんぞ暴風駛雨に異ならんや。

と示されている。これは、第一大門、「四、宗旨不同」において引用される『観仏三昧経』の文中[6]、釈尊の父王が釈尊に対して、

仏地果徳、真如実相第一義空。何因不遣弟子行之。（浄聖全一・五七八頁、真聖全一・三八一頁）

仏地の果徳、真如実相第一義空なり。なにによりてか弟子をしてこれを行ぜしめざる。

と問うのに、釈尊が、

諸仏果徳有無量深妙境界神通解脱。非是凡夫所行境界故。（浄聖全一・五七八頁、真聖全一・三八一頁）

諸仏の果徳には無量深妙の境界・神通・解脱まします。これ凡夫所行の境界にあらざるがゆゑに。

と答え、念仏三昧を勧めるものと軌を一にするものであろう[7]。このような道綽の人間観は、その生涯において、旱害・虫害による飢饉、戦乱に加えて、北周の武帝の破仏の影響をつぶさに経験した実感としての末法観よりの発言であろうと考えられる。

すなわち、道綽にとってその願生の対象たる浄土は、凡夫の願生に堪えられる浄土でなくてはならず、しばらく理の浄土と事の浄土とに分ければ、当然事の浄土である。また、第一大門、「八、凡聖通往」において、

問曰、弥陀浄国既云位該上下、無問凡聖皆通往者、未知、唯修無相得生、為当凡夫有相亦得生也。答曰、凡夫智浅多依相求、決得往生。（中略）故知、浄土該通相土、往生不謬。若知無相離念為体、而縁中求往者、多応

上輩生也。（浄聖全一・五八三〜五八五頁、真聖全一・三八六〜三八七頁）

問ひていはく、弥陀の浄国すでに位上下を該ね、凡聖を問ふことなくみな通じて往くといはば、いまだ知らず、ただ無相を修して生ずることを得や、はた凡夫の有相もまた生ずることを得や。答へていはく、凡夫は智浅くして多く相によりて求むるに、決して往生を得。（中略）ゆゑに知りぬ、浄土は相土に該通せり、往生すること謬らず。もし無相離念を体となすと知りて、しかも縁のなかに往くことを求むるものは、多くは上輩の生なるべし。

と、有相の浄土および凡夫の有相の善による得生を明かし、第二大門、「第三、広施問答」に『往生論註』の氷上燃火の譬(8)（浄聖全一・六〇五頁、真聖全一・四〇四頁）をもって示されるように、実有の見解に執する願生も往生を得るのである。

小　結

第四章においては、道綽の往生思想を考察した。まず、第一節においては、『安楽集』の性格と道綽の基本姿勢を考察した。そこでは、まず『安楽集』は、「勧信求往」の書であり、道綽にとって浄土とは、あくまでも、そこへの往生を求めるべきものであって、それ以外の観点から浄土を論ずることは何の意味もないことを確認した。『安楽集』は、迦才が『浄土論』において「文義参雑、章品混淆」と評するように、決して簡明ではなく、読むにあたっては、それぞれの部分における所顕に注意しなければならず、一部分の表現のみを取り上げて道綽の教学を語ることは、かえって道綽の真意を失することになることを明らかにした。また、菩提心釈には、悟りを実体的にとらえることの非が示されるのであるが、無相であることに執する非が示される意趣も存することに注意しなければならないことを指摘した。

第二節においては、第二大門、「二、破異見邪執」を中心に、道綽の浄土観を考察した。そこには、大乗菩薩道は利他を本意とすることからいえば、浄土を願生するより穢土を願生すべきであるとの論に対し、悪に逢っても変わらない不退の菩薩であるならばともかく、実の凡夫が穢土に生じても利他は不可能であり、自他ともに没するのみであると明かし、また、浄土に生ずれば多く楽に着すとの難に対し、着楽は煩悩であり、すでに浄土という以上そこには煩悩は存しない等、道綽の浄土観の一端が示されているのであるが、特に注目するべきは、「第一破妄計大乗無相（第一に大乗の無相を妄計するを破す）」の項、「第二会通菩薩愛見大悲（第二に菩薩愛見の大悲を会通す）」の項、「第三破繋心外無法（第三に心外無法と繋するを破す）」の項である。

ここにおいて示されている道綽の基本姿勢は、仏教の基本理念は空無相のみではなく因縁生による有の立場もあることを指摘し、空無相の立場あるいは有の立場の一方に偏執して他方を誹謗することの非を主張するのみならず、空見に偏執する害は、有見に偏執する害よりも甚だしいことを示すところにある。また、菩薩は、一方では六道生死に入っても塵染のために繋がれないために空慧般若を修し、一方では衆生救済のために仏国を願取するとし、また浄土を心外の法としても妨げないとする。道綽は、二諦の語を用いて、生仏および迷悟が不二而二であることを示すが、不二而二とは、生仏および迷悟を実体的に捉えた二元論と、観念的に捉えた一元論とのいずれをも否定するものであるが、その筆勢からして、道綽は迷悟を観念的に捉えた一元論の否定に重点を置いていることは明らかであると結論できる。

第三節においては、浄土願生における道綽の基本姿勢を考察した。道綽の浄土願生の基本姿勢は、有名な聖浄二門判において、道綽自身の浄土願生が、内外の因縁（内因＝仏性、外縁＝値遇多仏）がそろい、理論的には当然すでに成仏しているはずであるにもかかわらず、現実の自己が現に生死に輪廻しているのは何故かという、極めて現実的な問いに対する答えであったことが示されている。道綽において、浄土願生とはあくまで出離を目的としたものであって、出離すなわち悟りとは、本質的に迷悟染浄生仏不二而二なるものであり、迷悟染浄生仏不二而二なる悟りの而二なる面において、浄土願生という実践が成立するとされる。しかも、その願生において機は末法時の凡夫であるゆえ、願生の対象である浄土は機に応じた有相の浄土である。またその願生は実有の見解に執ずる願生であり、浄土もまたそのような実有の見解より見られたものであろう。すなわち、道綽の浄土観は、あくまで自らの出離を目的とした願生の対象としての浄土であるという極めて実践的な要請と、願生者の時機に対する厳しい省察を根底としている、とまとめることができる。

註

（1）古今楷定とは、『観経疏』「散善義」の後跋の「某、今欲出此観経要義、楷定古今。（それがし、いまこの『観経』の要義を出して、古今を楷定せんと欲す。）」（浄聖全一・七九三頁、真聖全一・五五九頁）によるものであり、その内容は凡夫入報である。

（2）『真宗聖教全書』は、本願寺蔵版『七祖聖教』（寛政一一年〈一七九九年〉長円寺崇興によって刊行された『七祖聖教』を文政九年〈一八二六年〉に蔵版としたもの）に基づき「祈」としているが、ここでは資料価値に鑑み、高野山宝寿院蔵天永三年写本及び龍谷大学蔵正平二年写本に基づき「体」とした。

（3）菩提心について、菩提が理として無相であるゆえ求めるべきものではないとの所論は、法然が『選択集（三輩章）』において、「菩提心等の余行」（浄聖全一・一二七六頁、真聖全一・九四八頁）と、仏道の基本であるところの菩提心を、余行として廃されたことに対する疑問に示唆を与えるものであろう。なお法然の主張に対しては、仏教の基本的立場からの厳しい反論として、明恵上人の『摧邪輪』が撰述されているが、親鸞は菩提心に自力と他力を分け、如来廻向の信心は他力の菩提心であると示している。

（4）このように批判する立場は、まさに親鸞が『教行信証』「信文類」別序に、

然末代道俗、近世宗師、沈自性唯心貶浄土真証、迷定散自心昏金剛真信。（浄聖全二・六五頁、定親全一・九五頁）

しかるに末代の道俗、近世の宗師、自性唯心に沈みて浄土の真証を貶す、定散の自心に迷ひて金剛の真信に昏し。

と批判する立場であろう。

（5）道綽が悟りを観念的に捉える非を示すことに重点を置いていることは、「大乗の無相を妄計するを破す」の項において、「問曰、今世間有人、行大乗無相亦不存彼此。全不護戒相。是事云何。答曰、如此計者為害滋甚（問ひていはく、いま世間に人有りて、大乗の無相を行じてまた彼此を存せず。まつたく戒相を護らず。この事いかん。答へていはく、かくのごときの計は害をなすことますますはなはだし）」（浄聖全一・五九一頁、真聖全一・三九二頁）と論ぜられることによっても明らかである。

なお、ここでの所顕は、大乗無相に執着する観念的理解に対する批判にあり、末法時の凡夫に、持戒の可能性有りと論ずるところにあるのではない。

（6）道綽の引用姿勢は非常に自由であり、この部分も『観仏三昧経』に相当部分がなく、強いていえば『経』の処々の文を道綽自身の択法眼によって取意されたものである。

（7）その他、先に引用した「二、破異見邪執、第四、破願生穢土不願生浄土」において、凡夫の穢土における利他行の不可能性について論じられるものも、道綽の人間観を示している。

（8）有相の浄土については、「天親菩薩論云」（浄聖全一・五八五頁、真聖全一・三八七頁）といいながらも、曇鸞の『往生論註』における二種法身の広略相入を引用して、それを証している。

道綽の教学は、多く曇鸞を承け、『往生論註』『讃阿弥陀仏偈』からの引用は多数を数え、また『大智度論』からの引用という体裁をとっているが、実は『略論安楽浄土義』（曇鸞の撰述とするには、なお一部疑問も残されている）からの孫引きであるものも少なくない。

第五章　善導の往生思想

第一節　九品唯凡

善導の師道綽の教学には末法思想が色濃く投影されているが、善導の教学には末法思想の色は薄い。善導においては、末法思想という時代性よりも、機の深信に見られるごとき内面的な罪悪性の信知が顕著であるということができよう。本章では、無仏の世としての末法意識が強調される道綽と対比して、凡夫としての罪悪感が強調される善導の往生思想を考察してみたい。

善導は、その主著と位置づけられる『観経疏』の「玄義分」において、『観経』所説の九品往生に関して、九品全て凡夫であると比定する。すなわち、まず「初言諸師解者（初めに諸師の解といふは）」（浄聖全一・六六三頁、真聖全一・四四八頁）と諸師の解釈を示す。(1) すなわち、上品上生を四地より六地までの菩薩、上品中生を初地より三地までの菩薩、上品下生を十住・十行・十廻向の三賢位として、上輩の三人を大乗の聖人とし、中品上生を預流果・一来果・不還果の三果の人、中品中生を煖・頂・忍・世第一法の四善根位すなわち内凡、(2) 中品下生を世善の凡夫として、中輩の三人を小乗の聖人等とし、下輩の三人は大乗始学の凡夫であって、過の軽重によって三に分かれるとするのが諸師の解釈である。このような諸師の解釈は、上品・中品の六品それぞれの往生後に得る利益を根拠としている。すなわち、それぞれの往生後の利益とは、上品上生……ただちに無生忍を得る。
上品中生……一小劫を経て無生忍を得る。
上品下生……三小劫を経て無生忍を得る。
中品上生……ただちに羅漢果を得る。
中品中生……ただちに須陀洹果を得る。
中品下生……一小劫を経て羅漢果を得る。

である。

善導は続いて、「第二即以道理来破者（第二にすなはち道理をもつて来し破すとは）」と述べて、

上言初地至七地已来菩薩者、如華厳経説、初地已上七地已来、即是法性生身変易生身。斯等曽無分段之苦。論其功用、已経二大阿僧祇劫、双修福智、人法両空、並是不可思議。神通自在転変無方。身居報土常聞報仏説法、悲化十方須臾遍満。更憂何事乃藉韋提為其請仏求生安楽国也。以斯文証、諸師所説豈非錯也。答上二竟。上下者、上言従種性至初地已来者、未必然也。如経説、此等菩薩名為不退。身居生死、不為生死所染。如鵝鴨在水、水不能湿。如大品経説。此位中菩薩、由得二種真善知識守護故不退。何者、一是十方諸仏、二是十方諸大菩薩、常以三業外加於諸善法無有退失。故名不退位也。此等菩薩亦能八相成道教化衆生。論其功行、已経一大阿僧祇劫、双修福智等。既有斯勝徳。更憂何事乃藉韋提請求生也。以斯文証。故知、諸師所判還成錯也。此責上輩竟。次責中輩三人者、諸師云、中上是三果者。然此等之人三塗永絶、四趣不生。現在雖造罪業、必定不招来報。如仏説、言此四果人、与我同坐解脱牀。既有斯功力。更復何憂乃藉韋提請求生路。然諸仏大悲於苦者、心偏愍念常没衆生。是以勧帰浄土。亦如溺水之人、急須偏救、岸上之者、何用済為。以斯文証。故知、諸師所判義、同

前錯也。以下可知。

（浄聖全一・六六四～六六五頁、真聖全一・四四九～四五〇頁）

上に「初地より七地に至るこのかたの菩薩」といはば、『華厳経』に説きたまふがごとく、「初地以上七地以来は、すなはちこれ法性生身・変易生身なり。これらはかつて分段の苦なし。その功用を論ずれば、すでに二大阿僧祇劫を経て、ならべて福・智を修し、人法両ながら空ず、ならびにこれ不可思議なり。神通自在にして転変無方なり。身は報土に居してつねに報仏の説法を聞き、十方を悲化して須臾に遍満す」と。さらに何事を憂へてかすなはち韋提のそれがために仏に請ずるによりて安楽国に生ずることを求めんや。この文をもつて証するに、諸師の所説あに錯りにあらずや。上の二を答へをはりぬ。上が下とは、上に「種性より初地に至るこのかた」といふは、いまだかならずしもしからず。経に説きたまふがごとく、「これらの菩薩を名づけて不退となす。身は生死に居して、生死のために染せられず。鵝鴨の水にあるに、水湿すことあたはざるがごとし」と。『大品経』に説きたまふがごとし。「この位のなかの菩薩は、二種の真の善知識の守護を得るによるがゆゑに不退なり。なんとなれば、一にはこれ十方の諸仏、二にはこれ十方の諸大菩薩、つねに三業をもつてほかに加してもろもろの善法において退失あることなし。ゆゑに不退の位と名づく。これらの菩薩もまたよく八相成道して衆生を教化す。その功行を論ずれば、すでに一大阿僧祇劫を経て、ならべて福・智等を修す」と。すでにこの勝徳あり。さらに何事を憂へてかすなはち韋提の請によりて生ずることを求めんや。この文をもつて証す。ゆゑに知りぬ、諸師の所判還りて錯りとなる。これ上輩を責めをはりぬ。次に中輩の三人を責めば、諸師のいはく、「中が上とはこれ三果のひとなり」と。しかるにこれらの人は三塗永く絶え、四趣生ぜず。現在に罪業を造るといへども、必定して来報を招かず。仏説きて、「この四果の人は、われと同じく解脱の床に坐す」とのたまふがごとし。すでにこの功力あり。さらにまたなにを憂へてかすなはち韋提の請によりて生路を求めんや。しかるに諸仏の大悲は苦あるひとにおいてす、心ひとへに常没の衆生を愍念したまふ。ここをもつて勧めて浄土に帰せしむ。また水に溺れたる人のごときは、すみやかにすべからくひとへに救ふべし、岸上のひと、なんぞ済ふを用ゐるをなさん。この文をもつて証す。ゆゑに知りぬ、諸師の所判の義、前の錯りに同じ。以下知るべし。

と、諸師の解釈を否定する。その否定の根拠は、

（1）それなりの功力を持った大乗・小乗の聖人は、韋提の請いによる往生の路を必要としないということ

（2）諸仏の大悲はひとえに常没の衆生をあわれんで往生浄土を勧めるのであるということ

であり、これによって上輩生・中輩生を聖人とする諸師の解を否定している。続いて、「重ねて九品を挙げて返対して破す」として、九品の一々について『観経』の文を挙げて諸師の解を否定するが、その根拠は此土における因行である。すなわち、

上品上生……四地より六地までの菩薩であるならば、功用不可思議であるから、一日乃至七日の善による（浄聖全一・九二頁の取意、真聖全一・六一頁の取意）必要はなく、これは、大乗極善の凡夫である。

上品中生……初地より三地までの菩薩であるならば、「不必受持大乗（必ずしも大乗を受持せず）」（浄聖全一・九三頁の取意、真聖全一・六一頁の取意）と説かれるはずはない。なぜなら、「不必受持大乗」とは、大乗経典を読むものもいれば読まないものもいるという意味であるから。これは、行業がやや弱い大乗の凡夫である。

上品下生……三賢位の菩薩であるならば、「亦信因果（また因果を信ず）」（浄聖全一・九三頁、真聖全一・六二頁）と説かれるはずはない。「亦信因果」とは、信じるものもいれば信じないものもいるという意味

であるから。これは、大乗の心を起こしているが、行業が強くない凡夫である。

中品上生……もろもろの戒を受持・修行して五逆を造らないと説かれている（浄聖全一・九四頁の取意、真聖全一・六二頁の取意）ので、小乗戒を持つ凡夫であって、小乗の聖人ではない。

中品中生……「受持一日一夜戒廻願往生（一日一夜の戒を受持して往生を廻願す）」（浄聖全一・九五頁の取意、真聖全一・六三頁の取意）と説かれているので、内凡ではなく、無善の凡夫が小縁によって小戒を受けたのである。

中品下生……父母孝養などの世間の善を積んだものが、臨終に善知識に遇うと説かれている（浄聖全一・九五頁の取意、真聖全一・六三頁の取意）ので、仏法に遇っていなかった凡夫が臨終に善知識に出遇ったのである。

下品上生……「但不作五逆謗法、自余諸悪悉皆具造、無有慚愧乃至一念。（ただ五逆と謗法とを作らず、自余の諸悪はことごとくみなつぶさに造りて、慚愧すなはち一念に至るまでもあることなし。）」（浄聖全一・九六頁の取意、真聖全一、六四頁の取意）と説かれるのであるから、臨終に善知識に遇わなかったならば、三塗に入って未だ出ることができないような凡夫である。

下品中生……「先受仏戒。受已不持即便毀破。（中略）無有一念慚愧之心。命欲終時、地獄猛火一時倶至、現在其前。（先に仏の戒を受く。受けをはりて持たずしてすなはち毀破す。（中略）一念慚愧の心あることなし。命終らんと欲する時、地獄の猛火一時にともに至りて、現じてその前にあり。）」（浄聖全一・九六～九七頁の取意、真聖全一・六四頁の取意）と説かれるのであるから、臨終に善知識に遇わなかったならば、地獄が目前にせまることになるような凡夫である。

下品下生……「作不善業五逆十悪、具諸不善。此人以悪業故、定堕地獄多劫無窮。（不善業たる五逆・十悪を作り、もろもろの不善を具す。この人悪業をもつてのゆゑに、さだめて地獄に堕して多劫窮まりなからん。）」（浄聖全一、九七頁の取意、真聖全一・六五頁の取意）と説かれるのであるから、臨終に善知識に遇わなかったならば、そのまま地獄に堕ちてしまうような凡夫である。

と論じる。そして、最後に、

又看此観経定善及三輩上下文意、総是仏去世後五濁凡夫。但以遇縁有異、致令九品差別。何者、上品三人是遇大凡夫、中品三人是遇小凡夫、下品三人是遇悪凡夫。以悪業故。臨終藉善、乗仏願力乃得往生。到彼華開方始発心。何得言是始学大乗人也。若作此見、自失悞他為害茲甚。（浄聖全一・六六九頁、真聖全一・四五三頁）

またこの『観経』の定善および三輩上下の文の意を看るに、総じてこれ仏世を去りたまひて後の五濁の凡夫なり。ただ縁に遇ふに異なることあるをもつて、九品をして差別せしむることを致す。なんとなれば、上品の三人はこれ大に遇へる凡夫、中品の三人はこれ小に遇へる凡夫、下品の三人はこれ悪に遇へる凡夫なり。悪業をもつてのゆゑなり。終りに臨みて善によりて、仏の願力に乗じてすなはち往生を得。かしこに到りて華開けてまさにはじめて発心す。なんぞこれ始学大乗の人といふことを得んや。もしこの見をなさば、みづから失し他を誤りて害をなすことこれはなはだし。

と、諸師の解釈を批判するとともに、善導自身の九品についての見解を示す。すなわち、善導自身の見解とは、上輩の三人は大乗教に遇う凡夫、中品上生と中品中生の二人は小乗教に遇う凡夫、中品下生は世間の善に遇う凡夫、下輩の三人は悪に遇う凡夫であるとして、結局、九品全て凡夫と比定するのである。(3)

このように、『観経』が凡夫往生の経であるとの主張は、諸師が権者とする韋提希について、(4)「序分義」には、

五従仏告韋提下至令汝得見已来、正明夫人是凡非聖、由非聖故、仰惟聖力冥加、彼国雖遥得覩。此明如来、恐衆生置惑、謂言夫人是聖非凡由起疑故即自生怯弱、然韋提現是菩薩仮示凡身、我等罪人無由比及。為断此疑故言汝是凡夫也。言心想羸劣者、由是凡故曽無大志也。言未得天眼者、此明夫人肉眼所見遠近不足為言、況浄土弥遥、云何可見。

（浄聖全一・七一七頁、真聖全一・四九五頁）

五に「仏告韋提」より下「令汝得見」に至るこのかたは、まさしく夫人はこれ凡にして聖にあらず、聖にあらざるによるがゆゑに、仰ぎておもんみれば聖力冥に加して、かの国はるかなりといへども観ることを得ることを明かす。これ如来、衆生惑ひを置きて、夫人はこれ聖にして凡にあらずといひて疑を起すによるがゆゑにすなはちみづから怯弱を生じ、しかるに韋提は現にこれ菩薩にしてかりに凡身を示す、われら罪人比及するに由なしといふことを恐る。この疑を断ぜんがためのゆゑに「汝是凡夫」とのたまふことを明かす。「心想羸劣」といふは、これ凡なるによるがゆゑにかつて大志なし。「未得天眼」といふは、これ夫人肉眼の見るところの遠近は言をなすに足らず、いはんや浄土いよいよはるかなり、いかんぞ見るべきといふことを明かす。

と、実の凡夫であると主張する点にも見られる。この点は、『般舟讃』にも、

韋提即是女人相　貪瞋具足凡夫位。

（浄聖全一・一〇〇六頁、真聖全一・七二六頁）

韋提はすなはちこれ女人の相　貪瞋具足の凡夫の位なり。

と、述べられている。

第二節　是報非化

善導は、『観経』に説かれる往生に関して、能入の人を凡夫とするのであるが、所入の土を報土と判定する。すなわち、『観経疏』「玄義分」には、

問曰、弥陀浄国為当是報是化也。（浄聖全一・六七四頁、真聖全一・四五七頁）

問ひていはく、弥陀の浄国ははたこれ報なりやこれ化なりや。

との問いを起こし、

答曰、是報非化。（浄聖全一・六七四頁、真聖全一・四五七頁）

答へていはく、これ報にして化にあらず。

と答える。阿弥陀仏の極楽世界を報土と判定するのは、すでに善導の師道綽が『安楽集』において、

問曰、今現在阿弥陀仏是何身、極楽之国是何土。答曰、現在弥陀是報仏、極楽宝荘厳国是報土。（浄聖全一・五七九頁、真聖全一・三八二〜三八三頁）

問ひていはく、いま現在の阿弥陀仏はこれいづれの身ぞ、極楽の国はこれいづれの土ぞ。答へていはく、現在の弥陀はこれ報仏、極楽宝荘厳国はこれ報土なり。

と述べているところであるが、続いて、

然古旧相伝、皆云阿弥陀仏是化身土亦是化土。此為大失也。（浄聖全一・五七九〜五八〇頁、真聖全一・三八三頁）

しかるに古旧あひ伝へて、みな阿弥陀仏はこれ化身もまたこれ化土なりといへり。これを大失となす。

と述べていることからすると、当時の通説は、阿弥陀仏を化身、極楽世界を化土とするものであったと推測できる。(5)

さて、善導の是報非化の主張の特徴は因願酬報にあるといわれている。すなわち、道綽が、

今依大乗同性経弁定報化浄穢者、経云、浄土中成仏者悉是報身、穢土中成仏者悉是化身。

（浄聖全一・五八〇頁、真聖全一・三八三頁）

いま『大乗同性経』によりて報化・浄穢を弁定せば、『経』にのたまはく、「浄土中の成仏はことごとくこれ報身なり、穢土中の成仏はことごとくこれ化身なり」と。

と、『大乗同性経』に基づき、浄土中の成仏を根拠として阿弥陀仏を報身仏と判定するのに対し、善導は、道綽と同じく『大乗同性経』の説示、『観経』の化仏とともに来迎するとの説示を根拠とするとともに、

又無量寿経云、法蔵比丘、在世饒王仏所行菩薩道時、発四十八願。一一願言、若我得仏、十方衆生、称我名号願生我国、下至十念、若不生者、不取正覚。今既成仏。即是酬因之身也。

（浄聖全一・六七四頁、真聖全一・四五七頁）

また『無量寿経』にのたまはく、「法蔵比丘、世饒王仏の所にましまして菩薩の道を行じたまひし時、四十八願を発したまへり。一々の願にのたまはく、〈もしわれ仏を得たらんに、十方の衆生、わが名号を称してわが国に生ぜんと願ぜんに、下十念に至るまで、もし生ぜずは、正覚を取らじ〉」と。いますでに成仏したまへり。すなはちこれ酬因の身なり。

と、法蔵菩薩時の四十八願（就中第十八願）の建立に酬報することをもって報身の根拠とするのである。この第十八願酬報の仏であるという主張は、「若不生者、不取正覚（もし生ぜずは、正覚を取らじ）」という往生正覚一体の

誓願成就の阿弥陀仏とする主張である。それは、阿弥陀仏を願力往生せしめる仏とする趣旨であり、凡夫の報土往生の根拠を仏願力に見る主張に展開するのである。

さて、善導は能入の往生人を凡夫、所入の土を報土と判定するのであるが、このことは、後に日本の覚如が、『口伝鈔』第七条に「一　凡夫往生の事」と標して、

おほよそ凡夫の報土にいることをば、諸宗ゆるさざるところなり。しかるに、浄土真宗において善導家の御こころ、安養浄土をば報仏報土と定め、入るところの機をばさかりに凡夫と談ず。このこと性相の耳を驚かすことなり。（浄聖全四・二五五頁、真聖全三・一〇頁）

と指摘するように、一般的な通念ではあり得ないこととされていた。これについては、善導自身も、

問曰、彼仏及土既言報者、報法高妙、小聖難階。垢障凡夫云何得入。（浄聖全一・六七六頁、真聖全一・四五九頁）

問ひていはく、かの仏および土すでに報といはば、報法は高妙にして、小聖すら階ひがたし。垢障の凡夫いかんが入ることを得ん。

との問いを起こし、

答曰、若論衆生垢障、実難欣趣。正由託仏願以作強縁、致使五乗斉入。（浄聖全一・六七六～六七七頁、真聖全一・四五九頁）

答へていはく、もし衆生の垢障を論ぜば、実に欣趣しがたし。まさしく仏願に託してもつて強縁となすによりて、五乗をして斉しく入らしむることを致す。

と、本来あり得ない凡夫の報土往生は、仏願力によってこそ可能となることを明らかにするのである。仏願力による往生は、その他、

言弘願者如大経説。一切善悪凡夫得生者、莫不皆乗阿弥陀仏大願業力為増上縁也。
（浄聖全一・六五七頁、真聖全一・四四三頁）

弘願といふは『大経』に説きたまふがごとし。「一切善悪の凡夫生ずることを得るものは、みな阿弥陀仏の大願業力に乗じて増上縁となさざるはなし」と。

との説示や、

一心専念弥陀名号、行住坐臥不問時節久近、念念不捨者、是名正定之業、順彼仏願故。
（浄聖全一・七六七頁、真聖全一・五三八頁）

一心にもつぱら弥陀の名号を念じて、行住坐臥に時節の久近を問はず、念々に捨てざるは、これを正定の業と名づく、かの仏の願に順ずるがゆゑなり。

と、称名正定業の根拠を仏願に見る説示等にも見られる。

また、この仏願力による往生に関連して、善導の古今楷定の内容としては、『観経』下々品の十念往生を別時意とする摂論学派の主張に反論する六字釈も重要な論点であるが、冒頭で述べたように、往生思想とは本来他方世界に捨命によって往生するという思想なのか否かという点を考察の中心とするのが本書の趣旨であるので、別時意に関する問題や、称名正定業の主張に関する問題等は、本章では割愛したい。

第三節　指方立相

善導の往生思想における特徴の一つとして、所謂指方立相が挙げられる。すなわち、「定善義」に、

又今此観門等唯指方立相、住心而取境。総不明無相離念也。如来懸知末代罪濁凡夫立相住心尚不能得、何況離相而求事者、如似無術通人居空立舎也。（浄聖全一・七四五頁、真聖全一・五一九頁）

またいまこの観門は等しくただ方を指し相を立てて、心を住めて境を取らしむ。総じて無相離念を明かさず。如来はるかに末代罪濁の凡夫の相を立てて心を住むるすらなほ得ることあたはず、いかにいはんや相を離れて事を求むるは、術通なき人の空に居して舎を立つるがごとしと知りたまへり。

と述べられるものがそれである。

ここで、指方とは、『法事讃』に、

一切仏土皆厳浄、凡夫乱想恐難生、如来別指西方国。（浄聖全一・八二三頁、真聖全一・五八九頁）

一切の仏土みな厳浄なれども、凡夫の乱想おそらくは生じがたければ、如来別して西方の国を指したまふ。

といわれるように、釈尊が西方を指示することを意味する。この『法事讃』の意は、道綽の『安楽集』に述べられる曇鸞の事績、すなわち、

如曇鸞法師、康存之日常修浄土。亦毎有世俗君子、来呵法師曰、十方仏国皆為浄土、法師何乃独意注西。豈非偏見生也。法師対曰、吾既凡夫、智恵浅短。未入地位、念力須均。如似置草引牛、恒須繫心槽櫪。豈得縦放、全無所帰。（浄聖全一・六一七頁、真聖全一・四一三〜四一四頁）

曇鸞法師のごときは、康存の日つねに浄土を修す。またつねに世俗の君子ありて、来りて法師を呵していはく、「十方仏国みな浄土たり、法師なんぞすなはち独り意を西に注む。あに偏見の生にあらずや」と。法師対へていはく、「われすでに凡夫にして、智慧浅短なり。いまだ地位に入らざれば、念力すべからく均しくすべけんや。草を置きて牛を引くに、つねにすべからく心を槽櫪に繫ぐべきがごとし。あにほしいままに

して、まつたく帰するところなきことを得んや」と。

や、道綽自身が十方願生と西方願生を比較するところで、

問曰、或有人言、願生十方浄国、不願帰西方。是義云何。答曰、此義不類。於中有三。何者、一十方仏国非為不浄。然境寛則心昧、境狭則意専。是故十方随願往生経云、普広菩薩、白仏言、世尊十方仏土皆為厳浄、何故諸経中偏歎西方阿弥陀国勧往生也。仏、告普広菩薩、一切衆生濁乱者多、正念者少。欲令衆生専志有在。是故讃歎彼国為別異耳。若能依願修行、莫不獲益。（浄聖全一・五九六～五九七頁、真聖全一・三九六～三九七頁）

問ひていはく、あるいは人ありていはく、「十方浄国に生ぜんと願じて、西方に帰せんと願ぜず」と。この義いかん。答へていはく、この義類せず。なかに三あり。なんとなれば、一には十方仏国も不浄となすにはあらず。しかるに境寛ければすなはち心昧く、境狭ければすなはち意もつぱらなり。このゆゑに『十方随願往生経』にのたまはく、「普広菩薩、仏にまうしてまうさく、〈世尊、十方の仏土みな厳浄なりとなす、なんがゆゑぞ諸経のなかにひとへに西方阿弥陀国を歎じて往生を勧めたまふ〉と。仏、普広菩薩に告げたまはく、〈一切衆生濁乱のものは多く、正念のものは少なし。衆生をして専志あることをあらしめんと欲す。このゆゑにかの国を讃歎すること別異となすのみ。もしよく願によりて修行すれば、益を獲ざるはなし〉」と。

と述べるものを継承しているものといえよう。

また、立相とは、釈尊が有相の浄土と弁立することを意味する。いうまでもなく、釈尊の弁立は、阿弥陀仏が有相の浄土を建立したことによるのであるが、「如来はるかに末代罪濁の凡夫」といわれているので、ここでの如来は釈尊を意味すると理解するのが妥当であろう。

すでに、往生人を凡夫と規定した善導においては、十方浄土への均等の願生や、無相の浄土への願生のごときは

凡夫不堪として退けられ、凡夫の願生の対象としての浄土は、方処が定められた有相の浄土であることは、けだし当然であろう。

さて、先に見たように、善導において所入の土は報土と判定されるのであるが、凡夫の願生の対象としての浄土も報土とされるのであろうか。換言すれば、報法高妙といわれる世界が、凡夫の願生の対象となりうるのであろうか、ということである。『往生礼讃偈』には、

已成窮理聖　真有遍空威　在西時現小　但是暫随機　（浄聖全一・九四〇頁、真聖全一・六七〇頁）

すでに窮理の聖となりて、まことに遍空の威あり。西にありて時に小を現ずるは、ただこれしばらく機に随ふのみ。

との文がある。従来注目されている文であるが、指方立相は暫用還廃の権仮方便ではないかとの疑問を抱かせる。この点に関して、先行研究として、先哲の見解を瞥見してみよう。

まず、甘露院慧海師（一七九八～一八五四）は、その著『三経論題義燈』に、浄穢の不二而二を論じた後、

問、浄穢に就いて論ずる所粗々之を領す、更に方処に就いて其詳明を聞かん、他に娑婆即寂光と談ずる、是れ諸仏所知の境界なるべし、何が故に局つて西方ありと説くや。答、聖浄二門其教義不同にして、彼は此土入聖、此は彼土得証、彼は自力、此は他力、彼は自心を観ずるを主として他仏を摂して自心に帰し心外に他仏を見るべからざる旨を説き、此は他仏を信ずるを要するを以て自心を泯じて他仏に帰し仏の外に自心を見るべからずと教ふ、故に娑婆即寂光と云ふは、我体即毘盧と義を同ずるものにして、不二融即を談ずる聖道の法門乃ち大機に対するの説なり、隔歴の凡夫輙く領すること能はざるが故に、其機の為に成就し給ふ誓願一乗すなわち浄土門の洪範なり。

問、所弁の如くならば、浄土門は凡夫に対する遂機仮設の方便と云ふべきや。答、何為ぞ其れ然らん、実智の所照に就かば東西遠近不二にして、東即西、西即東、過十万億は当に知るべし是処なりと雖も、権智の所見に約するときは東西を分ち遠近を見る、此東西遠近すなわち実にして縄蛇杭鬼の類には非ず、権実二智の名を付すと雖も一実一妄の謂には非ざるなり。

問、権智の所照に就く時は、娑婆は東浄土は西と分別して、実に十万億土の西にありて東方にはあることなしと云ふ義なるが如し、若し然らば是れ差別に執ずるが如し、若し差別に即して平等なる故に偏執に非ずとせば、其平等なる義に依つて亦は浄土は東方にありて西方になしと云ふべきや。答、然らず、差別平等融即すとはいへども、差別を談ずるときは不二の相を混ずべからず、平等を説くときは差別を以て濫ずべからず、娑婆即寂光とは平等門の説なり、差別門に就かば娑婆は浄ならず、西方は穢ならずと云はざるべからず、東西遠近の名は其差別門なり、浄土東にありとは云ふべからざるなり。

問、権智の差別門に就かば無辺際の土には非ずとするや。答、過十万億と説くものすなわち限量を立つるなり、然れども二智は暫時も相離れざるものなれば、西方に即して広大無辺際なるなり、維摩の方丈の如く之を知るべし、『探玄記』に云く「以華蔵界是辺無辺不二故名無辺、以無辺辺不二故名有辺、是則不壊辺而恒無辺、不破無辺而恒辺。若謂無辺乖於辺辺乖無辺、是情計所変法非正縁起也。以辺無辺、是一事故双超情計也。（華蔵界はこれ辺と無辺と不二なるをもつてのゆゑに無辺と名づく、無辺と辺と不二なるをもつてのゆゑに有辺と名づく、これすなはち辺を壊せずしてつねに無辺、無辺を破せずしてつねに辺なり。もし無辺は辺に乖き辺は無辺に乖くといはば、これ情計所変の法にして正縁起にあらざるなり。辺無辺、これ一事なるをもつてのゆゑに双つながら情計を超ゆるなり。）」(6)と、阿弥陀如来の蓮華蔵界無量光明土も亦終南大師「本国他方亦無二　悉是涅槃平等法（本国・他方また無二なり　ことごとくこれ涅槃平等の法なり）」[7]との給ふ如く、無辺際にして別に他の諸国を見ず、而も之に即して西方と説き余の浄穢の諸国を見る、是れ妄情所取を超絶する所謂根本後得二智所照の妙境界なり、古老或は此を隠性談相に約すれば有量なり、相即全性に就けば無量なりとす、其れ然り、斯の如しと雖も不二融即の義は翁嫗の領解に堪へ叵きが為に常教は此の如きの理を説かざるなり。

問、既に然るときは、常教は方便説の域を脱せざるにあらずや。答、凡夫衆生の情謂に就かば所難中れりと云ふべきが如し、然れども仏辺に就いて法の性体を論ずるときは仏の権智所照を説くの法門なるが故に、此を暫用還廃の教義と同ずべからず、但実智の所見を常教とせず権智所照を専ら説き示すは、隔歴の凡情を引いて不二の大果を得しむる特絶の願功にして、云ふ所の無上の方便なるものなり、此方便は善巧の謂にして二乗三乗の権仮が一乗が為の所廃となるが如きにはあらず、若し強ひて権仮の方便なりといはば、彼聖道諸教の而二を隠して純ら不二を説く、亦仏智見に背反する方便権仮と云ふを免れざるべきなり、彼説を悪取するもの、或は邪空に堕して因果を撥無し、或は多在弥陀の仏説を排するに至る、嗟呼憐むべきかな。

（真叢二一・二〇二頁上～二〇三頁下）

と論じている。すなわち、まず、娑婆即寂光は実智所照の平等門により（聖道の法門）、西方浄土は権智所照の差別門による（浄土の法門）と述べ、浄土は平等門に依れば無辺（無量）であり、差別門によれば辺（有量）であるとする。[8]そして、平等門は凡夫には領解が不可能であり、差別門によって西方と説くのが浄土の法門であるとするのである。これに対し、凡夫に応じた法門であるならば方便権仮となるのではないかとの問いを設けて、西にあると執ずる凡夫の情からすれば、そのようにいうこともできるが、法門そのものからいえば、実智も権智も仏智であり、娑婆即寂光の平等門も西方浄土の差別門も共に仏智所照であるから、西方浄土は、真実に達すれば廃されるような権仮方便ではないとする。そして、娑婆と浄土との不二を隠して而二を説く浄土の法門が権仮方便ならば、而二を隠して不二を説く聖道の法門も権仮方便になると論じるのである。

次に、得法院寛寧師（一七八七〜一八七九）は『宗要開関』に、

『荘厳経』中に「彼仏如来、来無所来、去無所去、無生無滅、非過現未来。現在西方。（かの仏如来は、来るに来るところなく、去るに去るところなく、無生無滅にして、過・現・未来にあらず。現に西方にまします。）」[9]と、『礼讃』に「已成究理聖乃至随機」と、此等の経釈の意に拠れば、大智平等門に約すれば周遍法界なり、大悲差別門に依るときは在西時現小なり、『和讃』に「無明の大夜をあはれみて止影現する」と云ふ、此意は、法身の光輪は無辺なれども、一切衆生の無明の大夜をあはれみて、有辺の衆生の為に無辺の処に於て有辺を影現する、是に於て衆生は辺より入つて無辺に達す、故に終日生ずれども無生を妨げず、生じ已つて見れば至る処尽く是れ法王家なり、然れば仏は無辺の処に辺を示し、衆生は辺より無辺に入るが故に辺と無辺と全く不二なり、若し因願に就いて此を云へば、十八の願は為物大悲の誓なるが故に三種荘厳の浄土を建立す、此を『玄義分』には第十八願酬報の浄土なりと云ふ、此に於て従是西方の教あり、また十二、十三酬報の土と見るときは是れ実相なり、是に於て広大無辺際の説あり、光明無量、寿命無量の故に真実智慧無為法身とのたまひ、また無量光明土なりと云ふ、然るときは辺と無辺とは不二なれども、浄土門は衆生摂化を本とするが故に、大悲差別門に就いて殊に方処を指したまふなり。（真叢一・二〇四頁上〜二〇四頁下）

と論じている。すなわち、まず、『荘厳経』の文と『往生礼讃偈』とを挙げて、浄土は大智平等門においては法界に周遍し（無限）、大悲差別門においては西方にあって時に小を現ずる（有限）と論じ、仏は無辺（無限）において辺（有限）を示し、衆生は辺（有限）から無辺（無限）に入るとする。そして、辺（有限）と無辺（無限）とは

不二ではあるが、浄土門は衆生摂化を本とするから、大悲差別門によって西と指示するのであると述べるのである。寛寧は、まず『荘厳経』と『往生礼讃偈』とを対比して論じるのであり、また、先の慧海は平等を実智において語り、差別を権智において語るのに対し、寛寧は平等を智慧において語り、差別を慈悲において語るという相違はあるが、論理構成は同じである。

次に労謙院善譲師（一八〇六～一八八六）は、『真宗論要』に、

> 問、或は「広大無辺際」といふ、若し此無辺実ならば指方仮なるべし、如何。答、悲門に約するときは在西示《ママ》現小にて指方立相なり、方便法身の摂化是に於て立つ、智門に約するときは遍空威なり、法性法身の光寿の覚体二利不二の妙果なり、摂取不捨故名阿弥陀は自利を全うずるの為物身なり（十八願より之を談ず）、光寿無量故名阿弥陀は為物を全うずるの実相身なり（十二、十三より之を談ず）、此実相身より無辺際と談じ、為物身より西方等と談ず、此二不二広略相入、一異不可得なり、辺無辺互に相全うずる故に、辺は無辺の辺なり、無辺の辺の故に辺能く無辺に契はしむるが弥陀の妙果なり、諸仏自証の無辺際は体に即して辺なること能はず、乃て永く無辺にて、他受の辺際すなわち無辺なること能はず、無辺下りて他に応ずる辺際なるが故に、自証の無辺は実にして他受の辺際は仮なり、今は然らず、辺即無辺、無辺即辺、衆生は十八願の為物摂化の辺より、十二十三の仏自境界の無辺に入る、そこで周遍法界の如来度生の為に酬願の土を西方に現ず、是を以て辺無辺共に実なり、仮実相反するものに非ず。
> （真叢二・二〇六頁下）

と論じる。すなわち、天親の『浄土論』の偈文にある「広大無辺際」（浄聖全一・四三三頁、真聖全一・二六九頁）に基づき、無辺が実であるならば指方は仮であるのではないかとの問いを設けて、「在西示現小」（辺）は慈悲による方便法身の摂化であり、「遍空威」（無辺）は智慧による法性法身の覚体であるとする。そして、結局、辺の全体が

無辺であり、無辺の全体が辺であるから、辺と無辺とは共に真実であり、仮ではないと結論づける。善譲の所論の特徴的な点は、諸仏自証の無辺際は体に即して辺であることはできず、他受の辺際は無辺であることができず、自証の無辺は真実であるが、他受の辺際は仮であるのに対し、弥陀の無辺即辺がそのまま衆生の辺即無辺となると論じて、諸仏との対比によって、弥陀の超勝を示すところにある。(10)

次に、浄満院円月師（一八一八～一九〇二）は、『宗要百論題』に、

問、『礼讃』に「在西時現小」とあるに依れば、その土に疆域あるべし、然るに『本論』に「広大無辺際」とあるに依るときは然らざるに似たり、此義云何。答、『法華』に「諸法実相」と説き給ふ、万法一如にして所謂「魔界如、仏界如、一如無二如」、染浄迷悟の差別ありと雖もその体一如なり、然れば穢土と雖も其体は理なり、浄土と雖も亦理の外になし、喩へば水波の如し、千波万波の差別の諸相ありと雖も体は一の水なり、今弥陀の浄土、その相に就くときは穢土に対して建立し給ふ処なれば染法あることなし、浄穢差別分界なくんばあるべからず、而してその体に就いてこれを云ふときは、一の水に分界なきが如く真如の理体豈に浄穢の別あらんや、然るに是の如き義は悟界の所見に約してこれを云ふ、若し迷界の所見は一如の理体を知らず、只染浄の差別相のみを見るが故に波を知つて水を知らざるが如し、迷見に約するときは、浄土と雖も但の浄土にして、浄穢不二の浄土に非ず、故に真の浄を見るものに非ず、『真仏土巻』に『涅槃経』を引いて不苦不楽を大楽と名くとの給ふ、準じて知るべし、此土にあつては但の浄を見て真の浄を知らずと雖も、彼土に生ずるときはすなわち浄穢不二の大浄に達するを得べし、氷上燃火の喩以て例知すべし。

問、諸法実相仏之知見とあるに依れば、染浄不二万法一如を以て真実義として、その指方立相の説は釈迦如来真実義に入らしめんが為の方便説に非ずや。答、決して然らず、その久遠を談ずるものは絶対門にして弥陀を

> 以て本師本仏とする義を顕す、その十劫を談ずるは相対門にして諸仏の摂すること能はざる惑染の凡夫、此土に於て仏性を見ることを得ざる所の劣機を摂することを顕して比挍顕勝するものなり、三経の所説すなわち相対門に居して専ら十劫門に約して指方立相を説き顕し給ふ、高きことは法界諸仏の上に超絶し、卑きことは極悪の劣機を救済す、対絶相俟つてその義尽せりとす。
> （真叢二・二〇七頁下～二〇八頁上）

と論じる。すなわち、理体においては浄土と穢土とに差別はなく、広大無辺際の浄土となるが、事相においては浄土と穢土との差別があり、在西時現小の浄土になると論じ、久遠の弥陀[11]は本師本仏を顕す絶対門、十劫の弥陀は諸仏の摂化できない極悪の劣機を摂することを顕すとする。そして、絶対門からいえば法界諸仏に超絶し、相対門からいえば極悪の劣機を救済するのであり、相対絶対が相まって義が尽くされるとするのである。絶対門が理体の面、相対門は事相の面と考えられるが、浄穢不二の絶対門において本師本仏を顕すとする論理には疑問が残る。弥陀と諸仏との差別（弥陀を本師本仏とし諸仏を弟子仏末仏とする）を論じる本師本仏を、浄穢不二の平等において顕すということに対する疑問である。

次に、願海院義山師（一八二四～一九一〇）は、『真宗百題啓蒙』に、

> 問、『往生礼讃』に云く「已成窮理聖、真有遍空威、在西時現小、但是暫随機」と、宗師既に自ら方便権説なることを明言するものにあらずや。答、仏に権実の二智あり、実智の覚る所に就くときは、法界唯一如にして所謂「本来無東西、何処有南北」なれども、権智の照す所に約せば諸法無差別《ママ》（筆者註、意味からすれば差別が正しい）を見るが故に、乃ち方処亦定むることを得るなり、彼暫随機と云ふは、暫く権智《ママ》（筆者註、意味からすれば実智が正しい）の所照を隠して実智《ママ》（筆者註、意味からすれば権智が正しい）を以て直ちに凡夫所謂の方処に応ずる教相を評するものなり、若し凡夫の所謂を論ぜば有相隔歴の妄見と云ふも不可なかるべしと雖

も、其凡情に応じて故らに仏の実智の所覚を隠して、権智の所照のみを以て引接する、是れ弥陀五劫思惟の善巧方便なり、此義に依るときは、在西時現小は仏の権智、すなわち後得智の全現なれば、何の暫随機と云ふことかあらん、尽未来際廃止すべからざる真実の法軌たるなり、凡夫有相の執情は、臨終の一念之を捨て窮理の聖となり、遍空を証する辺あるが故に暫の字を用ひ給ふならん、凡そ『礼讃』中西方の言を用ふること百二十四箇の多きに及べり、之を読誦する毎に、何ぞ是れ方便語也実非西方也と想念するを得んや、凡夫出離の要術、方処を定めて一心専念ならしむるにあるが故に、弥陀西方過十万億に土を成じ、釈迦の垂教亦必ず之を宣べ、馬鳴、龍樹、世親等の論之に準則して背かざるなり、（中略）請ふ、同心同行の人、専ら西方不可思議尊を念じて共にかの安楽国に往生せん。（真叢二一・二一〇頁下～二一一頁上）

と論じる。すなわち、師である甘露院慧海師を承け、実智の所照が法界無差別であり、広大無辺際、権智の所照が浄穢差別であり、在西時現小と論じるが、特に暫の語に注目し、暫とは法界無差別を隠して凡夫の謂うところの方処に応ずるということであると述べる。そして、凡夫においては、西方浄土との方処への執着が、臨終の一念に仏果を開くと法界無差別の遍空を証するのであるから、在西時現小は暫くということができるが、仏の救済の立場からいえば、在西時現小は権智の全現であるから無限の未来まで廃止されることのない法軌であり。決して暫ではないと論じる。義山の論点は、特に暫の語の意義について考察しているところに特長を見ることができる。

最後に、専精院鮮妙師（一八三五～一九一四）は、『宗要論題決択編』に、辺無辺不二を論じた後、

問、然らば但是暫随機とは是れ方便随機を示し給ふの意ならん。答、辺無辺共に実理なり、真有遍空威の儘在西時現小なれば、辺なきの無辺なれば悪平等に堕し、無辺なきの辺なれば情計所変となる、此中但是暫随機とは、差別の一辺に着するの機に応ずるには無差別を以て応ずること能はざるのみならず、差無差不二を以て応

ずるも猶ほ堪ふる所に非ず、無辺を離れざる辺の方にて応同するが故に、その無辺及び辺に対して暫と云ふ、天台に所謂権とは暫用還廃と云ふが如き暫には非ず、得生者の情に応じて生と説くが如し、辺も実事、無辺も実理、理事常に相即するなり、此の如く不二融即は法体の所談、機辺より云へば十地の大士も亦至愚に似同し、普賢、文殊も西方を願生す、願生即無生の故に、氷上燃火の如し、故に摂化門は辺に約す、前に既に順世第一義を弁立するもの、知るべし。（真叢一・二一二頁下～二一三頁上）

と論じる。すなわち、辺と無辺との関係を理と事とで解釈し、どちらも真実であるから、在西時現小は権仮方便ではないとする。そして、辺即無辺（差即無差）に対して無辺を離れない辺を暫というのであり、暫用還廃の暫ではないと論じるのである。

以上、あるいは法性方便、あるいは実相為物、あるいは十劫久遠の関係を援用する等、それぞれ論理展開に小異はあるが、指方立相とは暫用還廃の権仮方便ではないという点では一致している。共通している論理構造は、

（1）凡夫には、無方・無辺・無相の浄土を願生することはできず、仏は有方・有辺・有相の浄土を建立・弁立して、凡夫の願生に応じる。

（2）仏の有方・有辺・有相の浄土の建立・弁立は、権智・大悲に基づいているのであり、その権智・大悲は、実智・大智と相即不二である。

（3）方即無方無方即方・辺即無辺無辺即辺・相即無相無相即相であって、無方無辺無相が真実、有方有辺有相が方便ということではない。

ということになるであろう。

このような先哲の種々の考察は、浄土三部経や曇鸞の『往生論註』、また親鸞の仏身仏土論を縦横に駆使して論

述するものであり、浄土三部経・七祖の論釈・親鸞の著作が一貫して凡夫救済の他力念仏法を示しているものという立場に立てば、それなりに首肯できる論理を構成しているが、善導そのものの浄土思想の考察としては問題を残すであろう。しかしながら、時代の制約もあり、方法論的問題をはらみながらも、なお、前項（1）（2）（3）に関していえば、凡夫の報土往生という善導の基本姿勢からして妥当な見解であるともいいうるのではなかろうか。

善導は、「玄義分」において、偈文によって三宝への帰依を表白した後、

竊以、真如広大五乗不測其辺。法性深高十聖莫窮其際。真如之体量、量性、不出蠢蠢之心。法性無辺。辺体則元来不動。無塵法界凡聖斉円、両垢如如則普該於含識、恒沙功徳寂用湛然。但以垢障覆深、浄体無由顕照。故使大悲隠於西化、驚入火宅之門、灑甘露潤於群萌、輝智炬則朗重昏於永夜。三檀等備、四摂斉収、開示長劫之苦因、悟入永生之楽果。不謂群迷性隔、楽欲不同。雖無一実之機、等有五乗之用、致使布慈雲於三界、注法雨於大悲。莫不等洽塵労、普沾未聞之益。菩提種子藉此以抽心、正覚之芽念念因茲増長。依心起於勝行、門余八万四千。漸頓則各称所宜、随縁者、則皆蒙解脱。然衆生障重、取悟之者難明。雖可教益多門、凡惑無由遍攬。遇因韋提、致請、我今楽欲往生安楽。唯願如来、教我思惟、教我正受、然娑婆化主因其請故即広開浄土之要門、安楽能人顕彰別意之弘願。

（浄聖全一・六五六～六五七頁、真聖全一・四四二～四四三頁）

ひそかにおもんみれば、真如広大にして五乗もその辺を測らず。法性深高にして十聖もその際を窮むることなし。真如の体量、量性、蠢々の心を出でず。法性無辺なり。辺体すなはちもとよりこのかた動ぜず。無塵の法界は凡聖斉しく円かに、両垢の如々すなはちあまねく含識を該ね、恒沙の功徳寂用湛然なり。ただ垢障

覆ふこと深きをもつて、浄体顕照するに由なし。ゆゑに大悲をもつて西化を隠し、驚きて火宅の門に入り、甘露を灑ぎて群萌を潤し、智炬を輝かせばすなはち重昏を永夜より朗らかならしむ。三檀等しく備はり、四摂をもつて斉しく収めて、長劫の苦因を開示し、永生の楽果に悟入せしむ。

群迷の性の隔たり、楽欲の不同をいはず。一実の機なしといへども、等しく五乗の用あれば、慈雲を三界に布き、法雨を大悲より注がしむることを致す。等しく塵労を洽すに、あまねく未聞の益を沾さざるはなし。菩提の種子これによりてもつて心を抽き、正覚の芽念々にこれによりて増長す。心によりて勝行を起すに、門八万四千に余れり。漸頓すなはちおのおの所宜に称ふをもつて、縁に随ふもの、すなはちみな解脱を蒙る。しかるに衆生障重くして、悟を取るもの明めがたし。教益多門なるべしといへども、凡惑遍攬するに由なし。たまたま韋提、請を致して、「われいま安楽に往生せんと楽欲す。ただ願はくは如来、われに思惟を教へたまへ、われに正受を教へたまへ」といふによりて、しかも娑婆の化主はその請によるがゆゑにすなはち広く浄土の要門を開き、安楽の能人は別意の弘願を顕彰したまふ。

と述べるが、これは善導浄土教の基本的な教学的立場を明らかにしたものといえよう。特に、

然衆生障重、取悟之者難明。雖可教益多門、凡惑無由遍攬。遇因韋提、致請、我今楽欲往生安楽。唯願如来、教我思惟、教我正受。然娑婆化主因其請故即広開浄土之要門、安楽能人顕彰別意之弘願。

（浄聖全一・六五七頁、真聖全一・四四三頁）

しかるに衆生障重くして、悟を取るもの明めがたし。教益多門なるべしといへども、凡惑遍攬するに由なし。たまたま韋提、請を致して、「われいま安楽に往生せんと楽欲す。ただ願はくは如来、われに思惟を教へたまへ、われに正受を教へたまへ」といふによりて、しかも娑婆の化主はその請によるがゆゑにすなはち広く

浄土の要門を開き、安楽の能人は別意の弘願を顕彰したまふ。

の部分は、先の（1）の論理と一致するものであり、まさしく指方立相の根拠となるものであるといいうる。

小　結

第五章においては、善導の往生思想を考察した。従来、善導の釈功は古今楷定といわれているが、その内容は凡夫入報である。すなわち、聖道諸師といわれる浄影寺慧遠等が、凡夫の往生可能な土は化土であり、報土往生が可能なのは聖者であると、自力往生の原則によって『観経』を解釈したのに対して、善導は、仏願力による凡夫の報土往生が説かれている経典として『観経』を解釈したのである。

その凡夫入報について、まず第一節において往生人が凡夫であるという九品唯凡について考察した。すなわち、諸師が九品について、往生後の利益を根拠として、上輩の三人を大乗の聖人、中輩の三人を小乗の聖人等、下輩の三人を大乗始学の凡夫とするのに対し、善導は此土における因行を根拠として、諸師の解釈を批判し、上輩の三人は大乗教に遇う凡夫、中品上生と中品中生の二人は小乗教に遇う凡夫、中品下生は世間の善に遇う凡夫、下輩の三人は悪に遇う凡夫であるという善導自身の見解を示して、九品全て凡夫と比定するのである。これは、また諸師が権者とする韋提希を実の凡夫と主張する点とともに、『観経』を凡夫往生の経とする趣旨を示すものである。

次に、第二節においては、弥陀の仏土を報仏・報土であるとする是報非化について考察した。弥陀の仏土を報仏・報土であるとする見解は、すでに道綽に見られるものであるが、善導の主張の特徴は、報の根拠を因願に置く、いわゆる因願酬報にある。すなわち、第十八願酬報の仏であるという主張は、「若不生者、不取正覚（もし生ぜずは正覚を取らじ）」という往生正覚一体の誓願成就の阿弥陀仏とする主張であり、阿弥陀仏を願力往生せしめる仏とする趣旨は、凡夫の報土往生の根拠を仏願力に見る主張に展開すると見なしうることを明らかにした。この仏願力による往生に関連して、善導の古今楷定の内容としては、『観経』下々品の十念往生を別時意とする摂論学派の主張に反論する六字釈も重要な論点であるが、本書の趣旨からして別時意に関する問題や、称名正定業の主張に関する問題等は、本章では割愛した。

第三節においては、指方立相を取り上げた。指方とは、釈尊が西方を指示することを意味し、立相とは、釈尊が有相の浄土と弁立することを意味するが、そもそもは阿弥陀仏が西方に有相の浄土を建立したことに基づくのは、いうまでもない。すでに、往生人を凡夫と規定した善導においては、十方浄土への均等の願生や、無相の浄土への願生のごときは凡夫不堪として退けられ、凡夫の願生の対象としての浄土は、方処が定められた有相の浄土であることは、けだし当然である。

この節においては、特に、指方立相は暫用還廃の権仮方便ではないかとの疑問について、先行研究として、先哲の中から甘露院慧海師・得法院寛寧師・労謙院善譲師・浄満院円月師・願海院義山師・専精院鮮妙師の六師の見解を瞥見した。先哲の説は、あるいは法性方便、あるいは実相為物、あるいは十劫久遠の関係を援用する等、それぞれ論理展開に小異はあるが、指方立相とは暫用還廃の権仮方便ではないという点では一致している。共通している論理構造は、

（1）凡夫には、無方・無辺・無相の浄土を願生することはできず、仏は有方・有辺・有相の浄土を建立・弁立して、凡夫の願生に応じる。

（2）仏の有方・有辺・有相の浄土の建立・弁立は、権智・大悲に基づいているのであり、その権智・大悲は、

実智・大智と相即不二である。

（3）方即無方無方即方・辺即無辺無辺即辺・相即無相無相即相であって、無方無辺無相が真実、有方有辺有相が方便ということではない。

というものである。先哲の種々の考察は、浄土三部経や曇鸞の『往生論註』、また親鸞の仏身仏土論を縦横に駆使して論述するものであり、浄土三部経・七祖の論釈・親鸞の著作が一貫して凡夫救済の他力念仏法を示しているものという立場に立てば、それなりに首肯できる論理を構成しているが、善導そのものの浄土思想の考察としては問題を残す。しかし、方法論的問題をはらみながらも、なお、前項（1）（2）（3）に関していえば、凡夫の報土往生という善導の基本姿勢からして妥当な見解であるともいいうる。

最後に、「玄義分」の、

然衆生障重、取悟之者難明。雖可教益多門、凡惑無由遍攬。遇因韋提、致請、我今楽欲往生安楽。唯願如来、教我思惟、教我正受、然娑婆化主因其請故即広開浄土之要門、安楽能人顕彰別意之弘願。

（浄聖全一・六五七頁、真聖全一・四四三頁）

しかるに衆生障重くして、悟を取るもの明めがたし。教益多門なるべしといへども、凡惑遍攬するに由なし。たまたま韋提、請を致して、「われいま安楽に往生せんと楽欲す。ただ願はくは如来、われに思惟を教へたまへ、われに正受を教へたまへ」といふによりて、しかも娑婆の化主はその請によるがゆゑにすなはち広く浄土の要門を開き、安楽の能人は別意の弘願を顕彰したまふ。

の部分は、（1）の論理と一致するものであり、指方立相の根拠となるものであることを指摘して本章を結んだ。

註

（1）諸師といわれているが、以下紹介される九品の判定は、善導と同時代の浄影寺慧遠（五二三～五九二）の『観無量寿経義疏』のものである。

初定其人、麁分為三、細分有九。麁分三者、謂上中下。大乗人中、種性已上説為上品。小乗人中、従凡至聖持戒無犯説為中品。大乗人中、外凡有罪説為下品。細分九者、上輩有三。所謂上上上中上下。大乗人中、四地已上説為上上。（中略）初二三地信忍菩薩説為上中。（中略）種性解行説為上下。（中略）中輩亦三。所謂中上中中中下。（中略）小乗人中、前三果人説為中上。（中略）見道已前内外二凡、精持浄戒求出離者説為中中。（中略）見道已前世俗凡夫修余世福求出離者説為中下。（中略）下輩亦三。所謂下上下中下下。於彼大乗始学人中、随過軽重分為三品。

（大正蔵三七・一八二頁上～一八二頁下）

初めにその人を定めて、麁分して三と為し、細分して九あり。麁分して三といふは、謂く上中下なり。大乗の人の中、種性已上を説きて上品と為す。小乗の人の中、凡より聖に至るの戒を持ちて犯無きを説きて中品と為す。大乗の人の中、外凡の罪有るを説きて下品と為す。細分して九といふは、上輩に三あり。所謂上上・上中・上下なり。大乗の人の中、四地已上を説きて上上と為す。（中略）初・二・三地の信忍の菩薩を説きて上中と為す。（中略）種性解行を説きて上下と為す。（中略）中輩にまた三。所謂中上・中中・中下なり。（中略）小乗の人の中、前三果の人を説きて中上と為す。（中略）見道已前の内外二凡にして、精に浄戒を持ちて出離を求むる者を説きて中中と為す。（中略）見道已前の世俗凡夫にして余の世福を修して出離を求むる者を説きて中下と為す。（中略）下輩に亦三。所謂下上・下中・下下なり。彼の大乗始学の人の中において、過の軽重に随ひて分ちて三品と為す。

（2）原文は、「中中者是内凡」であり、慧遠の『大乗義章』には、

一者外凡五停心観総別念処。事中安心未観諦理、名之為外。具足死凡鄙之法。故名為凡。二者内凡煖等四心。学観諦理、得聖人性故名為内。凡法未捨故称為凡。

（大正蔵四四・七九二頁中～七九二頁下）

一に外凡。五停心観・総別念処なり。事中の安心未だ諦理を観ぜざる、これを名づけて外とし、（生）死凡

鄙の法を具足す。ゆゑに名づけて凡とす。二に内凡。煗等の四心なり。諦理を学観し、聖人の性を得るがゆゑに名づけて内とす。凡法未だ捨てざるがゆゑに称して凡とす。

言外凡者善趣之人向外求理、未能息相内縁真性。故名為外。六道分段凡身未捨故名為凡。（中略）言内凡者、種性已上漸息縁。故内求真性。故名為内。六道分段、雖分断離、未有尽処。凡夫身未尽故、亦名凡。

（大正蔵四四・八一〇頁中~八一〇頁下）

外凡といふは善趣の人外に向かひて理を求め、未だ相を息めて内に真性を縁ずること能はざるがゆゑに名づけて外と為す。六道分段の凡身未だ捨てざるが故に凡と為す。（中略）内凡と言ふは、種性已上漸く縁を息む。ゆゑに内に真性を求む。ゆゑに名づけて内とす。六道の分段は、分に断離すといへども、未だ尽処あらず。凡夫の身未だ尽きざるがゆゑに、また凡と名づく。

と、内凡には、小乗の内凡（煗・頂・忍・世第一法の四善根位）と、大乗の内凡（十住・十行・十廻向の三賢位）とが示されるが、中品中生を内凡とする理由として、「由到彼得須陀洹」（浄聖全一・六六四頁、真聖全一・四四八頁）とされているので、当然小乗の内凡位である。

（3）『般舟讃』にも、「上品上生凡夫等」（浄聖全一・九九七頁、真聖全一・七一七頁）、「上品中生凡夫等」（浄聖全一・九九八頁、真聖全一・七一七頁）、「上品下生凡夫等」（浄聖全一・九九九頁、真聖全一・七一八頁）、「中品上生凡夫等」（浄聖全一・一〇〇〇頁、真聖全一・七二〇頁）、「中品中生凡夫等」（浄聖全一・一〇〇一頁、真聖全一・七二〇頁）、「中品下生凡夫等」（浄聖全一・一〇〇一頁、真聖全一・七二一頁）、「下品上生凡夫等」（浄聖全一・一〇〇二頁、真聖全一・七二二頁）、「下品中生凡夫等」（浄聖全一・一〇〇三頁、真聖全一・七二三頁）、「下品下生凡夫等」（浄聖全一・一〇〇四頁、真聖全一・七二三頁）と、九品全てを凡夫とする意が示されている。

（4）慧遠の『観無量寿経義疏』には、

韋提夫人実大菩薩。此会即得無生法忍。明知、不小亦化為凡。

（大正蔵三七・一七九頁上）

韋提夫人は実には大菩薩なり。この会にすなわち無生法忍を得。明らかに知んぬ、小ならずしてまた化して凡となる。

とある。

（5）　現に、慧遠の『観無量寿経義疏』には、

今此所観従寿為名。然仏寿命有真有応。真如虚空畢竟無尽。応身寿命有長有短。今此所論是応非真。故彼観音授記経云、無量寿仏命雖長久亦有終尽。故知、是応。此仏応寿長久無辺非余凡夫二乗能測。故曰無量。

（大正蔵三七・一七三頁下）

いまこの所観は寿に従ひて名とす。しかるに仏の寿命に真あり応あり。真は虚空のごとく畢竟じて無尽なり。応身の寿命に長あり短あり。いまここに論ずるところはこれ応にして真にあらず。ゆゑにかの『観音授記経』にいはく、「無量寿仏の命も長久なりと雖もまた終尽有り」と。ゆゑに知んぬ、これ応なりと。この仏の応寿は長久無辺にして余の凡夫・二乗の能く測るところにあらず。ゆゑに無量といふ。

といわれ、天台智顗の撰述と伝えられる『観無量寿仏経疏』には、

四種浄土、謂、凡聖同居土、方便有余土、実報無障礙土、常寂光土也。（中略）安養清浄、池流八徳、樹列七珍。次於泥洹、皆正定聚凡聖同居上品浄土也。

（大正蔵三七・一八八頁中）

四種の浄土とは、いはく、凡聖同居土、方便有余土、実報無障礙土、常寂光土なり。（中略）安養は清浄にして、池に八徳流れ、樹に七珍を列ぬ。泥洹に次くして、みな正定聚の凡聖同居の上品の浄土なり。

といわれている。

（6）　大正蔵三五・一五二頁上（訓読筆者）。なお、大正蔵とは若干文の出没がある。

（7）　『般舟讃』（浄聖全一・九八六頁、真聖全一・七〇六頁）訓読筆者。

（8）　娑婆世界と西方浄土との差別があるならば、西方浄土には娑婆世界や他の仏国土等の他の世界との境界があり、西方浄土は有限の世界となる。娑婆世界と西方浄土との差別がないのならば、全ての世界が西方浄土であるということができ、西方浄土は無限の世界である。

（9）　浄聖全一・三六〇頁、真聖全一・二一七頁（訓読筆者）。なお原文では、「現在西方」の前に、「但以酬願度生（ただ願に酬ひ生を度するをもつて）」とあり、時間・空間による限定が否定される存在（来無所来、去無所去、無

生無滅、非過現未来）が、時間内空間内の存在（現在西方）となる理由が示されている。

(10) このような論理は、信仰的な側面からは理解できるが、唯我独尊的（言うまでもなく一般的な用法として用いている）であり、仏教全体の共通理解に合致するか否か疑問であるといわなければならない。

(11) 久遠の弥陀とは、『浄土和讃』に、

弥陀成仏のこのかたは　いまに十劫とときたれど
塵点久遠劫よりも　ひさしき仏とみえたまふ
（浄聖全二・三六四頁、定親全二・和讃篇三六頁）

久遠実成阿弥陀仏　五濁の凡愚をあはれみて
釈迦牟尼仏としめしてぞ　迦耶城には応現する
（浄聖全二・三八二頁、定親全二・和讃篇五四頁）

と讃詠されているものであり、

弥陀成仏のこのかたは　いまに十劫をへたまへり
法身の光輪きはもなく　世の盲冥をてらすなり
（浄聖全二・三三六頁、定親全二・和讃篇八頁）

と讃詠されている十劫の弥陀と久遠の弥陀との関係について、先哲の間には種々の議論があるが、本書では煩雑になるので省略する。

結章　第一部の結び

第一部は、親鸞の往生思想が形成される背景を考察した。まず、第一章においては、往生思想とはいかなる思想なのかの検討を行うに際し、往生思想の源流についての諸説を考察した。往生思想の源流に関して、辻本鉄夫氏の生天思想、舟橋一哉氏の四沙門果思想、武邑尚邦氏の他方仏土思想・見仏思想を取り上げ、三氏の説を概観してきたのであるが、往生思想の源流に関する三者の考察を通じて往生思想の基本的性格を見るならば、それは「無仏の世における凡夫の成仏道」とまとめることができるということをもって、第一章における一応の結論とした。

浄土教の性格の考察に関して、辻本氏は、浄土教が為凡の教であるという点をその根拠の中心に置き、実体的な生死観を持つ凡夫のための教説という観点から、在家者の為の生天思想を往生思想の起源と見なしている。舟橋氏は、現世において成仏を達成できない修行者が来世以降に成仏を期するという出家者の生天思想（四沙門果思想）を遠い起源とし、直接には他方仏土思想から往生思想が生まれてきたと論じる。武邑氏は、成仏には見仏による授記が必須であり、無仏時の成仏道としては、一方では現世における三昧見仏を中心とする出家仏教（いわゆる聖道門）を形成し、他方では他方仏土に往生しての逢事仏を中心とする在家仏教（いわゆる浄土門）を形成してゆくと論じる。三者それぞれ、浄土教の特徴に視点を当てつつ、往生思想の源流を考察しているのであるが、辻本氏のいう実体的な他方世界観、船橋氏・武邑氏ともにいう成仏を期するために無仏世界（そこにおいての成仏は不可能）から有仏世界（そこにおいての成仏は可能）へという形式が、往生思想の源流とするならば、いずれにせよ現世・この世における往生という思想が成立してくる余地はない。往生思想の起源論という観点からいえば、現生・この世での往生という思想は、萌芽すら見られないということが明らかになったと思われる。

第二章においては、浄土三部経における往生思想を概観した。まず、浄土三部経の叙述を子細に検討すると、阿弥陀仏の浄土である極楽世界は、この娑婆世界とは別なる世界、すなわち他方世界として説かれ、また極楽世界から見ての他方世界が四方四維上下の十方に存在するとも説かれていることが理解できる。この娑婆世界から見て他方世界である極楽世界には、命終を契機として往生すると説かれるのであり、そこには現生往生思想は片鱗もうかがえないと結論することができることを明らかにした。

また、『荘厳経』の説示に示されるごとき、本来的には時間・空間を超えた存在（来無所来、去無所去、無生無滅非過・現・未来）が、衆生救済のために（但以酬願度生）、時間的・空間的存在となっている（現在西方）という点は、往生思想を考察するにあたって等閑に付してはならない問題であるとして、浄土三部経における浄土の荘厳相に関する説示には、

（1）浄土の荘厳相は、我々の認識の範囲内、また経験の範囲内で佳しとされる表現をとっていること。換言すれば、我々の欲望の対象もしくは、欲求を充足させるものとして説かれているのであり、

（2）場合によっては、我々の認識の範囲内、また経験の範囲内で佳しとされる例を挙げた後、それよりはるかに勝れているという表現がとられ、

（3）我々の欲望の対象もしくは、欲求を充足させるものとして説かれているものが、そのまま仏法を説いているとされ、涅槃の展開相もしくは涅槃に入らしむるための教化を行っているものとして表現されている、

という傾向が見られることを指摘した。すなわち、悟りそのものから迷いの存在を悟りに至らしめるべく働きかけてくるという構造を『荘厳経』の説示から読み取ることができるのであり、その具体的な相が、前記（1）（2）

(3)の構造であり、救済される衆生からいえば、自らの欲望が充足される浄土がそのまま自らを悟りに至らしめるべく働いているということになる。なお、このような構造が後の曇鸞の広略相入(二種法身)の論理として展開することをも示唆した。

第三章の曇鸞の往生思想においては、曇鸞の往生思想を二つの観点から考察した。

まず第一は、趣入の土である安楽浄土がどのような世界であるかの考察であり、第二は、その安楽浄土へどのように往生してゆくかの考察である。趣入の土である安楽浄土とは、広略相入の浄土であり、衆生救済の浄土である。広略相入の論理とは、浄土の本質に関する論理である。すなわち、三厳二十九種荘厳が広とされ、真実智慧無為法身が略とされ、この広と略とが相即互入するという構造を示すのが広略相入である。これは、種々の荘厳相で示される浄土、すなわち有相の浄土が、真如・一如といわれる無相の真理そのものの展開したものであり、略は広に展開し、広は略に摂入するという構造を示している。このような構造は、浄土への願生心がそのまま願作仏心であるということになり、また浄土に往生することがそのまま成仏であるとの論理へ展開する可能性を胚胎しているものであるということができよう。

第二は、その安楽浄土へどのように往生してゆくかの考察である。『往生論註』においては、往生浄土の大乗仏教的意義が考察されている。すなわち、大乗経論中に無生と説かれる意義と天親の願生の意義との関係が考察され、大乗経論中に無生と説かれる意義について、実体的な生死に対する凡夫の執着を否定するために無生と説かれるという意義と、因縁生であるから不生であり無生であるという意義との二義を示している。天親の願ずる生は、生＝仮名生＝因縁生＝無生というものであり、凡夫の実体的な生死への執着を基盤とした願生と同一視すべきではないことが明らかにされている。また曇鸞は、浄土への生が無生の生であることの意義を、迷界における輪廻の生の否定（無生）と、生の全面的な否定から生ずる虚無主義の否定（生）との両面から明らかにしている。先に論じた浄土の広略相入、すなわち極楽浄土の種々の差別荘厳相そのままが、寂滅平等の真如であり、寂滅平等の真如そのままが、極楽浄土の種々の差別荘厳相であるという、浄土のありようを意味していると考えられる。寂滅平等の真如の側面を抜きにした単なる種々の差別荘厳相のみの浄土への生であるならば、迷界における輪廻の生となんら異なることなく、種々の差別荘厳相の側面を抜きにした単なる寂滅平等のみの浄土への生であるならば、生の全面的な否定から生ずる虚無主義に陥ってしまう危険性が指摘されていると考えることができよう。

曇鸞が往生人として想定しているのは、下品の凡夫であるが、実体的な生に執着せず、生を仮名の生、無生の生ととらえることのできるような境地に達しているものは、すでに下品の凡夫とはいえず、実体的な生に執着している下品の凡夫の往生は不可能ではないかという疑問と、実体的な生に執着した願生によって往生しても、さらに迷いを生ずるのみであって、往生が転迷開悟の道とならないのではないか、という疑問とを挙げ、いかなる罪業の人も名号の力用によって往生が可能であると示し、また浄土の荘厳功徳成就と浄土が無生界であることをもって、往生後は実体的な生への執着が消滅することを示している。曇鸞は、生を仮名の生、無生の生ととらえることができず、実体的な生に執着している下品の凡夫のために建立された浄土であるが故に、下品の凡夫の往生が可能であり、その可能なる根拠を、名号法の力用及び無生界（略）なるままが種々の荘厳功徳成就の浄土（広）という浄土の広略相入に求めている。

すなわち、曇鸞の浄土観をまとめてみると、真如・一如の絶待界なるままが、顚倒・虚偽の三界に対する三厳二十九種の浄土すなわち彼土此土相対の世界であり、彼土此土相対に執着している顚倒・不浄の衆生の実体的な生に執着した願生による往生を受け入れて、彼土此土相対への執着、実体的な生への執着を離れさせるような世界こそ、阿弥陀仏の浄土であるといえよう。後に善導が、凡夫入報を主張するのに際して、根拠として仏願力を強調するのであり、曇鸞においても、「阿弥陀如来方便荘厳真実清浄無量功徳名号」（浄聖全一・四八五頁、真聖全一・三一〇頁）、「阿弥陀如来至極無生清浄宝珠名号」（浄聖全一・五〇六頁、真聖全一・三二八頁）等、名号法による往生、「然覈求其本、阿弥陀如来為増上縁。（中略）凡是生彼浄土、及彼菩薩人天所起諸行、皆縁阿弥陀如来本願力故。（しかるにまことにその本を求むるに、阿弥陀如来を増上縁とす。〈中略〉およそこれかの浄土に生ずると、およびかの菩薩・人・天の所起の諸行とは、みな阿弥陀如来の本願力に縁るがゆゑなり。）」（浄聖全一・五二八頁、真聖全一・三四七頁）等、仏願力による往生を明らかにする箇所も見られる。しかし一方、曇鸞においては、浄土のありようそのものについて、本来凡夫の往生が可能ならしむべく建立されている浄土であるということを明確にしているのが、その特徴と言いうるであろう。

第四章においては、道綽の往生思想を考察した。まず、『安楽集』の性格と道綽の基本姿勢であるが、『安楽集』は、「勧信求往」の書であり、道綽にとって浄土とはあくまでも、そこへの往生を求めるべきものであって、それ以外の観点から浄土を論ずることは何の意味もないことを、まず確認した。『安楽集』は、迦才が『浄土論』において「文義参雑、章品混淆」（大正蔵四七・八三頁中）と評するように、決して簡明ではなく、読むにあたっては、それぞれの部分における所顕に注意しなければならず、一部分の表現のみを取り上げて道綽の教学を語ることは、かえって道綽の真意を失することになることを明らかにした。

また、菩提心釈には、悟りを実体的に捉えることの非が示されるのであるが、無相であることに執する非が示される意趣も存することに注意しなければならないことを指摘した。

第二大門、「二、破異見邪執」を中心に、道綽の浄土観を考察すると、そこには、大乗菩薩道は利他を本意とすることからいえば、浄土を願生するより穢土を願生すべきであるとの論に対し、悪に逢っても変わらない不退の菩薩であるならばともかく、実の凡夫が穢土に生じても利他は不可能であり、自他ともに没するのみであると明かし、また、浄土に生ずれば多く楽に着すとの難に対し、着楽は煩悩であり、すでに浄土という以上そこには煩悩は存しない等、道綽の浄土観の一端が示されているのであるが、特に注目するべきは、「第一破妄計大乗無相（第一に大乗の無相を妄計するを破す）」の項、「第二会通菩薩愛見大悲（第二に菩薩愛見の大悲を会通す）」の項、「第三破繫心外無法（第三に心外無法と繫するを破す）」の項である。

ここにおいて示されている道綽の基本姿勢は、仏教の基本理念は空無相のみではなく因縁生による有の立場もあることを指摘し、空無相の立場あるいは有の立場の一方に偏執して他方を誹謗することの非を主張するのみならず、空見に偏執する害は、有見に偏執する害よりも甚だしいことを示すところにある。また、菩薩は、一方では六道生死に入っても塵染のために繫がれないために空慧般若を修し、一方では衆生救済のために仏国を願取するとし、また浄土を心外の法としても妨げないとする。道綽は、二諦の語を用いて、生仏および迷悟が不二而二であることを示す。不二而二とは、生仏および迷悟を実体的にとらえた二元論と、観念的にとらえた一元論とのいずれをも否定するものであるが、その筆勢からして、道綽は迷悟を観念的にとらえた一元論の否定に重点を置いていることは明らかであると結論できる。

次に、浄土願生における道綽の基本姿勢であるが、有名な聖浄二門判において、道綽自身の浄土願生が、内外の因縁（内因＝仏性、外縁＝値遇多仏）がそろい、理論的には当然すでに成仏しているはずであるにもかかわらず、現実の自己が現に生死に輪廻しているのは何故かという、極めて現実的な問いに対する答えであったことが示されている。道綽において、浄土願生とはあくまで出離を目的としたものであって、出離すなわち悟りとは本質的に迷悟染浄不二而二なるものであり、迷悟染浄不二而二なる悟りの而二なる面において、浄土願生という実践が成立するとされる。しかも、その願生において機は末法時の凡夫であるゆえ、願生の対象である浄土は機に応じた有相の浄土である。またその願生は実有の見解に執ずる願生であり、浄土もまたそのような実有の見解よりみられたものであろう。すなわち、道綽の浄土観は、あくまで自らの出離を目的とした願生の対象としての浄土であるという極めて実践的な要請と、願生者の時機に対する厳しい省察を根底としているとまとめることができる。

第五章においては、善導の往生思想を考察した。従来、善導の釈功は古今楷定といわれているが、その内容は凡夫入報である。すなわち、聖道諸師といわれる浄影寺慧遠等が、凡夫の往生可能な土は化土であり、報土往生が可能なのは聖者であると自力往生の原則によって『観経』を解釈したのに対して、善導は仏願力による凡夫の報土往生が説かれている経典として『観経』を解釈したのである。

その凡夫入報について、まず九品唯凡について考察した。すなわち、諸師が九品について、往生後の利益を根拠として、上輩の三人を大乗の聖人、中輩の三人を小乗の聖人等、下輩の三人を大乗始学の凡夫とするのに対し、善導は此土における因行を根拠として、諸師の解釈を批判し、上輩の三人は大乗教に遇う凡夫、中品上生と中品中生の二人は小乗教に遇う凡夫、中品下生は世間の善に遇う凡夫、下輩の三人は悪に遇う凡夫であるという善導自身の見解を示して、九品全て凡夫と比定するのである。これは、また諸師が権者とする韋提希を実の凡夫と主張する点とともに、『観経』を凡夫往生の経とする趣旨を示すものである。

次に、弥陀の仏土を報仏・報土であるとする是報非化について考察した。弥陀の仏土を報仏・報土であるとの見解は、すでに道綽に見られるものであるが、善導の主張の特徴は、報の根拠を因願に置く、いわゆる因願酬報にある。すなわち、第十八願酬報の仏であるという主張は、「若不生者、不取正覚（もし生ぜずは正覚を取らじ）」という往生正覚一体の誓願成就の阿弥陀仏とする主張であり、阿弥陀仏とは願力往生せしめる仏であるとする趣旨は、凡夫の報土往生の根拠を仏願力に見る主張に展開すると見なしうることを明らかにした。

次に、指方立相を取り上げた。指方とは、釈尊が西方を指示することを意味し、立相とは、釈尊が有相の浄土と弁立することを意味するが、そもそもは阿弥陀仏が西方に有相の浄土を建立したことに基づくのは、いうまでもない。すでに、往生人を凡夫と規定した善導においては、十方浄土への均等の願生や、無相の浄土への願生のごときは凡夫不堪として退けられ、凡夫の願生の対象としての浄土は、方処が定められた有相の浄土であることは、けだし当然である。

ここでは、特に、指方立相は暫用還廃の権仮方便ではないかとの疑問について、先行研究として、先哲の中から甘露院慧海師・得法院寛寧師・労謙院善譲師・浄満院円月師・願海院義山師・専精院鮮妙師の六師の見解を瞥見した。先哲の説は、あるいは法性方便、あるいは実相為物、あるいは十劫久遠の関係を援用する等、それぞれ論理展開に小異はあるが、指方立相とは暫用還廃の権仮方便ではないという点では一致している。共通している論理構造は、

（1）凡夫には、無方・無辺・無相の浄土を願生することはできず、仏は有方・有辺・有相の浄土を建立・弁立して、凡夫の願生に応じる。

（2）仏の有方・有辺・有相の浄土の建立・弁立は、権智・大悲に基づいているのであり、その権智・大悲は、実智・大智と相即不二である。

（3）方即無方無方即方・辺即無辺無辺即辺・相即無相無相即相であって、無方無辺無相が真実、有方有辺有相が方便ということではない。

というものである。先哲の種々の考察は、浄土三部経や曇鸞の『往生論註』、また親鸞の仏身仏土論を縦横に駆使して論述するものであり、浄土三部経・七祖の論釈・親鸞の著作が一貫して凡夫救済の他力念仏法を示しているものという立場に立てば、それなりに首肯できる論理を構成している。善導そのものの浄土思想の考察としては問題を残すが、方法論的問題をはらみながらも、なお、前項（1）（2）（3）に関していえば、凡夫の報土往生という善導の基本姿勢からして妥当な見解であるともいいうる。

最後に、「玄義分」の、

然衆生障重、取悟之者難明。雖可教益多門、凡惑無由遍攬。遇因韋提、致請、我今楽欲往生安楽。唯願如来、教我思惟、教我正受、然娑婆化主因其請故即広開浄土之要門、安楽能人顕彰別意之弘願。

（浄聖全一・六五七頁、真聖全一・四四三頁）

しかるに衆生障重くして、悟を取るもの明めがたし。教益多門なるべしといへども、凡惑遍攬するに由なし。たまたま韋提、請を致して、「われいま安楽に往生せんと楽欲す。ただ願はくは如来、われに思惟を教へたまへ、われに正受を教へたまへ」といふによりて、しかも娑婆の化主はその請によるがゆゑにすなはち広く浄土の要門を開き、安楽の能人は別意の弘願を顕彰したまふ。

の部分は、（1）の論理と一致するものであり、指方立相の根拠となるものであることを指摘して第五章を結んだのである。

第二部　親鸞の往生思想

第一章　往生即成仏義と現生正定聚義

第一節　往生即成仏義

親鸞教義が最も組織的・体系的に述べられているのは、『教行信証』であろう。すなわち、

ゐなかのひとびとの文字のこころもしらず、あさましく愚痴きはまりなきゆゑに、やすくこころえさせんとて、

（『一念多念文意』浄聖全二・六七八頁、定親全三・和文篇一五二頁）

（『唯信鈔文意』浄聖全二・七一六頁、定親全三・和文篇一八三頁）

と、著述された和語聖教や、特定の人物、乃至各地の念仏者集団に宛てられた種々の消息と比較して、『教行信証』は、仏教界の知識人を対象として、師法然から相伝された念仏往生義の真意の開顕を目的としたものであり、それは、論理化・体系化されることによって、おのずから教義の開顕書としての性格を帯びている。これが、『教行信証』撰述の時期として仮定される元仁元年（一二二四年）を立教開宗の年として規定される所以であろう。ゆえに親鸞教義の解明に関しては、『教行信証』を根幹として、適宜他の聖教を参照するのが、最も常識的な方法として用いてこられ、本書においても、まず『教行信証』における往生義の解明を根幹に据えたい。

さて、『教行信証』、特に自釈において示される「往生」は、「行文類」偈前の文に、

凡就誓願有真実行信、亦有方便行信。其真実行願者、諸仏称名願。其真実信願者、至心信楽願。斯乃選択本願

之行信也。其機者則一切善悪大小凡愚也。往生者則難思議往生也。仏土者則報仏報土也。斯乃誓願不可思議一実真如海。大無量寿経宗致、他力真宗之正意也。（浄聖全二・五九頁、定親全一・八四頁）

おほよそ誓願について真実の行信あり、また方便の行信あり。その真実の行の願は、諸仏称名の願なり。その真実の信の願は、至心信楽の願なり。これすなはち選択本願の行信なり。その機はすなはち一切善悪大小凡愚なり。往生はすなはち難思議往生なり。仏土はすなはち報仏・報土なり。これすなはち誓願不可思議一実真如海なり。『大無量寿経』の宗致、他力真宗の正意なり。

と、「誓願不可思議一実真如海・大無量寿経宗致・他力真宗之正意」であるところの、真実の行信・機・往生・仏土と並列される中に、往生とは難思議往生であると示される。

また、「真仏土文類」には、真仏・真土が示された後、

言往生者、大経言皆受自然虚無之身無極之体。以上　論曰如来浄華衆正覚華化生。又云同一念仏無別道故。以上　又云難思議往生是也。（浄聖全二・一八〇頁、定親全一・二六五～二六六頁）

往生といふは、『大経』には「皆受自然虚無之身無極之体」とのたまへり。以上　『論』には「如来浄華衆正覚華化生」といへり。また「同一念仏無別道故」といへり。以上　また「難思議往生」といへるこれなり。

と、往生＝「皆受自然虚無之身無極之体」（大経）＝「如来浄華衆正覚華化生」（浄土論）＝「同一念仏無別道故」（往生論註）＝難思議往生（法事讃）が示される。この中、『大経』の「皆受自然虚無之身無極之体」については、『浄土和讃』の「虚無之身無極体」に「ホフシンニヨライナリ（法身如来なり）[1]」（浄聖全二・三四六頁上、定親全二・和讃篇一八頁下）と左訓がある。この法身如来について、『唯信鈔文意』には、

「来」は浄土へきたらしむといふ、これすなはち若不生者のちかひをあらはす御のりなり。穢土をすてて真実

報土にきたらしむとなり。すなはち他力をあらはす御ことなり。また「来」はかへるといふ、かへるといふは、願海にいりぬるによりてかならず大涅槃にいたるを法性のみやこへかへるとまうすなり。法性のみやことい ふは、法身とまうす如来のさとりを自然にひらくときを、みやこへかへるといふなり。これを真如実相を証すともまうす、無為法身ともいふ、滅度に至るともいふ、法性の常楽を証すともまうすなり。

（浄聖全二・六八八頁上～六八九頁上、定親全三・和文篇一五九～一六〇頁）

とあり、法身とまうす如来のさとりを自然にひらく＝真如実相を証す＝無為法身＝滅度に至る＝法性の常楽を証す、と示されてある。

また、「証文類」の標挙には、

必至滅度之願　難思議往生

（浄聖全二・一三二頁、定親全一・一九四頁）

とあり、「証文類」の所顕であるところの「真実証」は、第十一願（必至滅度の願）に基づく「難思議往生」に外ならないと示され、以下本文冒頭に、

謹顕真実証者、則是利他円満之妙位、無上涅槃之極果也。

（浄聖全二・一三三頁、定親全一・一九五頁）

つつしんで真実の証を顕さば、すなはちこれ利他円満の妙位、無上涅槃の極果なり。

と、真実の証とは、利他円満の妙位・無上涅槃の極果であると示され、また、

必至滅度即是常楽。常楽即是畢竟寂滅。寂滅即是無上涅槃。無上涅槃即是無為法身。無為法身即是実相。実相即是法性。法性即是真如。真如即是一如。

（浄聖全二・一三三頁、定親全一・一九五頁）

かならず滅度に至るはすなはちこれ常楽なり。常楽はすなはちこれ畢竟寂滅なり。寂滅はすなはちこれ無上涅槃なり。無上涅槃はすなはちこれ無為法身なり。無為法身はすなはちこれ実相なり。実相はすなはちこれ

法性なり。法性はすなはちこれ真如なり。真如はすなはちこれ一如なり。

と、必至滅度を常楽・畢竟寂滅・無上涅槃・無為法身・実相・法性・真如・一如と転釈されている。すなわち、往生＝難思議往生＝真実証＝利他円満之妙位・無上涅槃之極果・滅度・常楽・畢竟寂滅・無上涅槃・無為法身・実相・法性・真如・一如という等値概念を形成していることが理解できる。これは、『末灯鈔』第二一通に、

安楽浄土に入りはつれば、すなはち大涅槃をさとるとも、また無上覚をさとるとも、滅度にいたるともまうすは、御名こそかはりたるやうなれども、これみな法身とまうす仏のさとりをひらくべき正因に、弥陀仏の御ちかひを、法蔵菩薩われらに廻向したまへるを往相の廻向とまうすなり。（浄聖全二・八一四頁、定親全三・書簡篇一二〇～一二一頁）

と示されるものや、また「信文類」横超釈の、

大願清浄報土不云品位階次、一念須臾頃、速疾超証無上正真道、故曰横超也。（浄聖全二・九六～九七頁、定親全一・一四一頁）

大願清浄の報土には品位階次をいはず、一念須臾のあひだに、すみやかに疾く無上正真道を超証す、ゆゑに横超といふなり。

に、阿弥陀仏の浄土においては、九品の差別はなく、「一念須臾頃、速疾（すなわち即時）」に「超証無上正真道（成仏）」と述べられているものも同様である。(2)

逆に往生以前（此土での存在）には、成仏が語れないことは、

惑染衆生、於此不能見性、所覆煩悩故。経言我説十住菩薩少分見仏性。故知、到安楽仏国、即必顕仏性。由本

願力廻向故。

惑染の衆生、ここにして性を見ることあたはず、煩悩に覆はるるがゆゑに。『経』には、「われ十住の菩薩、少分仏性を見ると説く」とのたまへり。ゆゑに知んぬ、安楽仏国に到れば、すなはちかならず仏性を顕す。本願力の廻向によるがゆゑに。

（「真仏土文類」浄聖全二・一七九頁、定親全一・二六四頁）

如来すなはち涅槃なり　　涅槃を仏性となづけたり

凡地にしてはさとられず　　安養にいたりて証すべし

（『浄土和讃』浄聖全二・三八五頁、定親全二・和讃篇五七頁）

と示されている。

以上論じた点は、従来「往生即成仏」といわれてきたことの確認である。往生即成仏は、真宗教義の常識とされるものであり、事新しく論じる必要もないと思われるが、序論において述べたように、親鸞の著作において、往生・成仏・正定聚・現生・命終の概念が、いかに関係づけられているかを整理することは、親鸞教義における往生の意義を解明するために、必要とされる作業の一つであろう。

すなわち、往生＝成仏であるとするならば、現身においての成仏が成立しない限り、往生もまた現生において成立し得ないのは当然である。逆に現生における往生の成立を主張することは、現身における成仏の成立を主張することになる。親鸞教義において往生即成仏義が成立していることの証明は、現身の成仏を否定しながら現生の往生を主張する説が、親鸞教義の開顕として成立し得ないことの証明となる。

しかしながら、以上の論は、親鸞教義において、往生の概念が前述の一義に統一されている限りにおいて成立するものであり、もし、往生＝難思議往生＝滅度という等値概念と別個の系統、たとえば、往生＝即得往生＝入正定聚という等値概念が成立するのならば、往生の概念は両義にまたがり、後者の意味において現生における往生を主張する説が成立可能となる。今章においては、親鸞の著述における、往生＝難思議往生＝滅度という等値概念の存在を提示することにとどめ、親鸞の著述において、他の等値概念が成立しているか否かについての検討は、後にゆずりたい。

さて、親鸞の著述における往生即成仏義の存在を明確にしたのであるが、往生即成仏義は、親鸞に至る浄土教の系譜の中には明文がない。第十一願文は、「国中人天、不住定聚必至滅度」（浄聖全一・二五頁、真聖全一・九頁）とあり、原意は浄土の聖衆が正定聚に住し、必ず滅度に至るとの意である。また七祖においても、たとえば、善導は『観経疏』「玄義分」において、まず成仏別時意について、

道理成仏之法、要須万行円備方乃剋成。豈将念仏一行。即望成者、無有是処。

（浄聖全一・六七一頁、真聖全一・四五五頁）

道理として成仏の法は、かならずすべからく万行円かに備へてまさにすなはち剋成すべし。あに念仏の一行をもつてせんや。すなはち成ずることを望まば、この処あることなからん。

と、念仏一行による成仏を否定し、次いで、往生別時意を会通した後、

然正報難期。一行雖精未剋。依報易求、所以一願之心未入。雖然、譬如辺方投化即易、為主即難。

（浄聖全一・六七四頁、真聖全一・四五七頁）

しかるに正報は期しがたし。一行精なりといへどもいまだ剋せず。依報は求めやすけれども、一願の心をもつてはいまだ入らざる所なり。しかりといへども、たとへば辺方化に投ずるはすなはち易く、主となることはすなはち難きがごとし。

と、浄土の聖衆となるのであって、主となるのではないことを明らかにしている。往生即成仏が親鸞の己証といわれる所以であろう。

しかしながら、己証は独断ではない。「愚禿勧むるところ更に私なし」（『御伝鈔』下巻第五段、浄聖全四・一〇〇頁、真聖全三・六五一頁）、「親鸞めづらしき法をもひろめず」（『御文章』一帖目一通、浄聖全五・六九頁、真聖全三・四〇二頁）と後に受けとめられている親鸞の姿勢からすれば、独断のあるはずがない。『御伝鈔』『御文章』は親鸞自身の著作ではなく、親鸞の姿勢を明確にするための資料として用いるのに疑義があるとすれば、

爰愚禿釈親鸞、慶哉、西蕃月支聖典、東夏日域師釈、難遇今得遇、難聞已得聞。（「総序」浄聖全二・七頁、定親全一・七頁）

ここに愚禿釈の親鸞、慶ばしいかな、西蕃・月支の聖典、東夏・日域の師釈に、遇ひがたくしていま遇ふことを得たり、聞きがたくしてすでに聞くことを得たり。

夫菩薩帰仏。如孝子之帰父母、忠臣之帰君后、動静非己、出没必由。（中略）爾者、帰大聖真言、閲大祖解釈、信知仏恩深遠、作正信念仏偈曰、（「行文類」浄聖全二・六〇頁、定親全一・八四～八五頁）

それ菩薩は仏に帰す。孝子の父母に帰し、忠臣の君后に帰して、動静おのれにあらず、出没かならず由あるがごとし。（中略）しかれば、大聖の真言に帰し、大祖の解釈に閲して、仏恩の深遠なるを信知して、「正信念仏偈」を作りていはく、

爰愚禿釈親鸞、信順諸仏如来真説、披閲論家釈家宗義。（「信文類」別序、浄聖全二・六五頁、定親全一・九五頁）

ここに愚禿釈の親鸞、諸仏如来の真説に信順して、論家・釈家の宗義を披閲す。

是以論主宣布広大無碍一心、普遍開化雑染堪忍群萌。宗師顕示大悲往還廻向、慇懃弘宣他利利他深義。仰可奉

持、特可頂戴矣。　（「証文類」浄聖全二・一五一頁、定親全一・二二三頁）

ここをもつて論主は広大無礙の一心を宣布して、あまねく雑染堪忍の群萠を開化す。宗師は大悲往還の廻向を顕示して、ねんごろに他利利他の深義を弘宣したまへり。仰いで奉持すべし、ことに頂戴すべしと。

経家論家之正説、浄土宗師之解義、仰可敬信、特可奉持也。可知。

（「真仏土文類」浄聖全二・一八〇頁、定親全一・二六六頁）

経家・論家の正説、浄土宗師の解義、仰いで敬信すべし、ことに奉持すべきなり。知るべしとなり。

選択本願念仏集者、依禅定博陸　月輪殿兼実、法名円照　之教命所令選集也。真宗簡要、念仏奥義、摂在于斯。見者易諭。誠是希有最勝之華文、無上甚深之宝典也。　（「化身土文類」浄聖全二・二五五頁、定親全一・三八二頁）

『選択本願念仏集』は、禅定博陸　月輪殿兼実、法名円照の教命によりて選集せしむるところなり。真宗の簡要、念仏の奥義、これに摂在せり。見るもの諭り易し。まことにこれ希有最勝の華文、無上甚深の宝典なり。

深知如来矜哀、良仰師教恩厚。　（「化身土文類」浄聖全二・二五五頁、定親全一・三八三頁）

深く如来の矜哀を知りて、まことに師教の恩厚を仰ぐ。

智慧光のちからより　本師源空あらはれて

浄土真宗をひらきつつ　選択本願のべたまふ　（『高僧和讃』浄聖全二・四五五頁、定親全二・和讃篇一二七頁）

等を見れば、相承の祖師に対する親鸞の姿勢が測知できるであろう。

このような親鸞の姿勢からして、往生即成仏義も、親鸞自身においては、決して己証との観念はなく、相承の上にその根拠を見ていたはずである。

まず、『大経』において、

彼仏国土、清浄安穏微妙快楽。次於無為泥洹之道。其諸声聞菩薩天人、智慧高明神通洞達。咸同一類、形無異状。但因順余方故、有天人之名。顔貌端正超世希有。容色微妙、非天非人。皆受自然虚無之身、無極之体。

（上巻、浄聖全一・三九頁、真聖全一・二二頁）

かの仏国土は、清浄安穏にして微妙快楽なり。無為泥洹の道に次し。そのもろもろの声聞・菩薩・天・人は、智慧高明にして神通洞達せり。ことごとく同じく一類にして、形に異状なし。ただ余方に因順するがゆゑに、天・人の名あり。顔貌端正にして超世希有なり。容色微妙にして、天にあらず人にあらず。みな自然虚無の身、無極の体を受けたり。

仏語阿難、生彼仏国諸菩薩等、（中略）従如来生解法如如、

（下巻、浄聖全一・四八～四九頁、真聖全一・二八～二九頁）

仏、阿難に語りたまはく、かの仏国に生ずるもろもろの菩薩等は、（中略）如より来生して法の如如なるを解し、

と、「上巻」において、浄土の声聞・菩薩・天・人は、智慧高明にして神通洞達し、自然虚無の身・無極の体を受けると説かれ、「下巻」において、浄土に往生した諸菩薩を讃嘆して、如より来生し、法の如如を解すと説かれる。「上巻」の文は、「証文類」（浄聖全二・一三四頁、定親全一・一九六頁）に引用され、また「証文類」冒頭の、

必至滅度即是常楽、（中略）真如即是一如。然者弥陀如来従如来生、示現報応化、種種身也。

（浄聖全二・一三三頁、定親全一・一九五頁）

必ず滅度に至るはすなわち是れ常楽なり、（中略）真如はすなわち是れ一如なり。然れば弥陀如来は如より

来生して、報・応・化、種々の身を示し現じたまふなり。

の「従如来生」は、前掲「下巻」の文に依ったと考えられ、親鸞が、往生即成仏義の根拠を『大経』に求めたと推測し得る、一つの証左となろう。

また、相承の上に、往生即成仏義の根拠を求めるとすれば、『往生論註』における広略相入が考えられる。広略相入については、すでに第一部、第三章、第一節において論じたところであるが、浄土の三厳二十九種荘厳が一法句涅槃に帰し、一法句涅槃が三厳二十九種荘厳に展開することを明らかにするのが、広略相入の所顕であろう。

さて、三厳二十九種荘厳の中、すでに国土荘厳十七種の中に眷属功徳が、仏荘厳八種の中に大衆功徳があり、菩薩荘厳四種（不動而至・一念遍至・無相供養・示法如仏）は、浄土の聖衆に関することである。三厳二十九種荘厳が涅槃の展開相であるとするならば、浄土の聖衆と示されるものも、実は涅槃の展開相であるということになる。浄土の一切が涅槃の展開相であるということは、浄土に往生し、浄土の住民となることは、従因向果の菩薩となるということではなく、従果降因の菩薩の相をとるのであると言えよう。親鸞の往生即成仏義の根拠の一つが、『往生論註』の広略相入にあると考えることは、あながち的外れではないであろう。

次に、先に引用した善導の『観経疏』「玄義分」の「道理成仏之法要須万行円備方乃剋成」（浄聖全一・六七一頁、真聖全一・四五五頁）は、念仏一行によって成仏が不可なる論拠として述べられるものであるが、逆に万行円備による成仏の論拠と見ることもできる。法然は、『選択集』「本願章」に諸行と念仏の勝劣を比較し、

名号者是万徳所帰也。然則弥陀一仏所有四智三身十力四無畏等一切内証功徳、相好光明説法利生等一切外用功徳、皆悉摂在阿弥陀仏名号之中。故名号功徳最為勝也。余行不然。各守一隅。是以為劣也。

（浄聖全一・一二七〇頁、真聖全一・九四三～九四四頁）

名号はこれ万徳の帰する所なり。しかればすなはち弥陀一仏の所有の四智・三身・十力・四無畏等の一切の内証の功徳、相好・光明・説法・利生等の一切の外用の功徳、みなことごとく阿弥陀仏の名号の中に摂在せり。ゆゑに名号の功徳最も勝と為すなり。余行はしからず。おのおの一隅を守る。これを以て劣と為すなり。

と述べ、屋舎の譬喩を示す(3)。親鸞は直接の師である法然の主著であり、念仏の奥義が摂在する「希有最勝之華文・無上甚深之宝典」（浄聖全二・二五五頁、定親全一・三八二頁）と讃嘆される『選択集』の論理について、熟知していたはずである。親鸞が、万徳の所帰たる名号、すなわち諸行が柱・椽・梁等に喩えられるのに対して、屋舎に喩えられる名号の一法は、成仏の因としての条件を充分に満たすものであると見て、往生即成仏を主張したのも、当然のことと考えられよう(4)。

第二節　現生正定聚義

親鸞は、

獲得金剛真心者、横超五趣八難道、必獲現生十種益。何者為十。一者冥衆護持益、二者至徳具足益、三者転悪成善益、四者諸仏護念益、五者諸仏称讃益、六者心光常護益、七者心多歓喜益、八者知恩報徳益、九者常行大悲益、十者入正定聚益也。（「信文類」浄聖全二・九四～九五頁、定親全一・一三八～一三九頁）

金剛の真心を獲得すれば、横に五趣八難の道を超え、必ず現生に十種の益を獲。何者をか十と為す。一には冥衆護持の益、二には至徳具足の益、三には転悪成善の益、四には諸仏護念の益、五には諸仏称讃の益、六には心光常護の益、七には心多歓喜の益、八には知恩報徳の益、九には常行大悲の益、十には正定聚に入る益なり。

発信称名光摂護　亦獲現生無量徳

信を発し称名すれば、光摂護したまふ、また現生無量の徳を獲。

（『浄土文類聚鈔』浄聖全二・二六八頁、定親全二・漢文篇一四一頁）

南無阿弥陀仏をとなふれば　この世の利益きはもなし

（『浄土和讃』浄聖全二・三八八頁、定親全二・和讃篇六〇頁）

と、現生の利益について、いわゆる現生十益、あるいは「現生無量の徳」、「この世の利益きはもなし」と種々説いているが、これは結局、入正定聚の益におさまるものであろう。正定聚は、「信文類」の標挙に「正定聚之機」（浄聖全二・六六頁、定親全一・九五頁）とあり、「化身土文類」の標挙の「邪定聚之機」「不定聚之機」（浄聖全二・一八二頁、定親全一・二六八頁）と対せられるものである。『六要鈔』には、

三定聚義、諸説不同。若依小乗『倶舎論』云、「正邪不定聚聖造無間余」已上本頌『頌疏』釈云、「上句標、下句釈。謂諸聖人名正性定聚、造五無間者名邪定聚、余即無間外余凡夫也」已上　若依大乗如『釈摩訶衍論』説者、有三種。「一者、十信前名邪定聚、不信業果報等故。三賢十聖名正定聚、不退位故。十信名不定聚、或進或退未決定故。二者、十信前幷十信名邪定、大覚果名正定、三賢十聖名不定。三者、十信前名邪定、十聖名正定、十信三賢名不定」已上

（浄聖全四・一一六八頁、真聖全二・三二二～三二三頁）

三定聚の義、諸説不同なり。もし小乗によらば『倶舎論』にいはく、「正と邪と不定との聚は、聖と無間を造ると余となり」と。已上本頌『頌疏』に釈していはく、「上の句は標し、下の句は釈す。いはく、もろもろの聖人を正性定聚と名づく、五無間を造る者を邪定聚と名づく、余はすなはち無間の外の余の凡夫なり」と。已上　もし大乗によらば『釈摩訶衍論』の説のごときは、三種あり。「一には、十信の前を邪定聚と名

づく、業果報等を信ぜざるがゆゑに。三賢・十聖を正定聚と名づく、不退の位なるがゆゑに。十信を不定聚と名づく、あるいは進みあるいは退し未だ決定せざるがゆゑに。二には、十信の前ならびに十信を邪定と名づく、大覚の果を正定と名づく、三賢・十聖を不定と名づく。三には、十信の前を邪定と名づく、十聖を正定と名づく、十信・三賢を不定と名づく」と。已上

と示され、正定聚・邪定聚・不定聚の三定聚の義は、諸説不同であるが、小乗の論書である『倶舎論』に依れば、初めて四諦の理を見る位である預流向以上の聖人が正定聚、五無間業を造る者が邪定聚、その他の者が不定聚であるとされ、大乗の論書である『釈摩訶衍論』に依れば、十信の前が邪定聚、三賢十聖が正定聚、十信位が不定聚（第一説）、十信の前と十信が邪定聚、大覚の果が正定聚、三賢十聖が不定聚（第二説）、十信の前が邪定聚、十聖が正定聚、十信三賢が不定聚（第三説）の三説があると紹介されている。

しかし、親鸞は、正定聚の語と不退転位（阿惟越致・阿毘跋致）・歓喜地・一生補処・便同弥勒・等正覚・与諸如来等などの語とを同義語として用いているため、『六要鈔』に紹介される諸説の配当にこだわる必要はないであろう。龍樹の「易行品」における阿惟越致は初地（四十一位）であり、曇鸞の『往生論註』における阿毘跋致はあるいは八地（四十八位）と考えられ、一生補処・等覚は弥勒の位である五十一位であり、本来の意味からいえば同義語とは考えられない。

正定聚とは、もともと成仏することが決定した位という意味の語であるとされ、親鸞は『一念多念文意』の「正定の聚に住す」という言葉に、「カナラスホトケニナルヘキミトナレルトナリ」（浄聖全二・六六四頁、定親全三・和文篇一二九頁）と左訓している。ところが、先に示したように、親鸞教義において成仏は往生浄土においてのみ可能であり、その意味では、正定聚の語が、往生が決定した位という意味にも用いられている。すなわち、同じく

『一念多念文意』の「正定聚」の語に、親鸞は「ワウシヤウスヘキミトサタマルナリ」[5]（浄聖全二・六六三頁、定親全三・和文篇一二八頁）と左訓している。まとめて言うと、正定聚とは、往生・成仏が決定した位という意味で理解することができる。そして、正定聚と同義語として用いられている「等正覚」に「マコトノホトケニナルヘキミトナレルナリ」（浄聖全二・六六三頁、定親全三・和文篇一二九頁）・「ホトケニナルヘキミトサタマレルヲイフナリ」（浄聖全二・六六四頁、定親全三・和文篇一二九頁）と、「不退転」に、「ホトケニナルマテトイフ」（浄聖全二・六六四頁、定親全三・和文篇一三〇頁）と左訓され、「阿毘跋致」に「ホトケニナルヘキミトナルトナリ」（浄聖全二・六六四頁、定親全三・和文篇一二九頁）と、「なるべき身」「すべき身」「なるまで」と、往生・成仏と正定聚とを区別していることは明らかである。すなわち、親鸞が、親鸞の説いた現生の利益は、入正定聚であり、それは、決して成仏そのものを意味せず、成仏とは往生するや否や、ただちにうる利益であるから、当然往生も現生において説かれたのではないといえよう。

親鸞は、獲信の行者を弥勒菩薩の位である一生補処・等覚に位置づけるが、その論拠は、「信文類」便同弥勒釈において、

真知、弥勒大士窮等覚金剛心故、龍華三会之暁、当極無上覚位。念仏衆生窮横超金剛心故、臨終一念之夕、超証大般涅槃。故曰便同也。加之獲金剛心者、則与韋提等、即可獲得喜悟信之忍。是則往相廻向之真心徹到故、籍不可思議之本誓故也。（浄聖全二・一〇三頁、定親全一・一五一頁）

まことに知んぬ、弥勒大士は等覚の金剛心を窮むるがゆゑに、龍華三会の暁、まさに無上覚位を極むべし。念仏の衆生は横超の金剛心を窮むるがゆゑに、臨終一念の夕、大般涅槃を超証す。ゆゑに便同といふなり。しかのみならず金剛心を獲るものは、すなはち韋提と等しく、すなはち喜・悟・信の忍を獲得すべし。これ

すなはち往相廻向の真心徹到するがゆゑに、不可思議の本誓によるがゆゑなり。

と示す。ここでは、弥勒菩薩も念仏の衆生も共に金剛心を窮め、必ず成仏することが決定しているので、便同というと示されるが(6)、念仏の衆生は「臨終一念之夕、超証大般涅槃」と、この世の命が終わるや否や、大般涅槃を超証することが示されている。これに対し、消息には、

浄土へ往生するまでは不退の位にておはしまし候へば、正定聚の位となづけておはしますことにて候ふなり。（中略）信心の定まるとまうすは摂取にあづかるときにて候ふなり。そののちは、正定聚の位にて、まことに浄土へ生るるまでは候ふべしとみえ候なり。（『末灯鈔』浄聖全二・七九五～七九六頁、定親全三・書簡篇九〇頁）

『阿弥陀経』には、「十方恒沙の諸仏護念す」とはまうすことにて候へ。安楽浄土へ往生してのちに、まもりたまふとまうすことにては候はず。娑婆世界に居たるほど護念すとまうすことなり。（『末灯鈔』浄聖全二・七八八頁、定親全三・書簡篇七八頁）

と、現生の利益である正定聚不退の位も浄土往生までの利益であることや、現生十益の一つである諸仏護念の益は、娑婆世界での利益であり、浄土での利益ではないことが示されている。すなわち、親鸞においては、現生にこの世においてうる利益と、命終わって浄土においてうる利益とは、はっきりと区別されているといわねばならない。

なお、親鸞は、正定聚に住するということについて、

この真実信心をえんとき、摂取不捨の心光に入りぬれば、正定聚の位に定まるとみえたり。（『尊号真像銘文』浄聖全二・六〇五頁、定親全三・和文篇七五頁）

真実信心の行人は、摂取不捨のゆゑに正定聚の位に住す。（『末灯鈔』浄聖全二・七七七頁、定親全三・書簡篇五九頁）

『大無量寿経』には、摂取不捨の利益に定まるものを正定聚と名づけ、『無量寿如来会』には等正覚と説きたまへり。

（『末灯鈔』浄聖全二・七八三頁、定親全三・書簡篇六九頁）

如来の誓願を信ずる心の定まるとまうすは、摂取不捨の利益にあづかるゆゑに不退の位に定まると御こころえ候ふべし。真実信心の定まるとまうすも、金剛の信心の定まるとまうすも、摂取不捨のゆゑにまうすなり。さればこそ、無上覚にいたるべき心のおこるとまうすなり。これを不退の位ともまうし、正定聚の位に入るともまうし、等正覚にいたるともまうすなり。

（『末灯鈔』浄聖全二・七八八頁、定親全三・書簡篇七七〜七八頁）

と、摂取不捨を理由としている。これは、仏因円満の法である名号を領受するのが信心であるゆえ、信心開発する信一念において、必ず仏と成るべき身に定まるという現生正定聚が成立するのであるが、『一念多念文意』に、

「凡夫」といふは、無明煩悩われらが身にみちみちて、欲もおほく、いかり、はらだち、そねみ、ねたむこころおほくひまなくして、臨終の一念にいたるまでとどまらず、きえず、たえず（以下略）

（浄聖全二・六七六頁、定親全三・和文篇一四九頁）

と示されるように、信心開発以後も煩悩具足の凡夫であり続けるのであり、決して自己自身の内的価値として正定聚と誇るべきものではなく、仏の光明に摂め取られ決して捨てられないという点からのみ正定聚と位置づけられることを明確にするものであると考えることができよう(7)。

往生即成仏義と同じく、現生正定聚義にも、経典乃至論釈等の親鸞に至る浄土教の系譜の中には明文がなく、逆に『大経』第十一願文の、

設我得仏、国中人天、不住定聚、必至滅度者、不取正覚。

（浄聖全一・二五頁、真聖全一・九頁）

たとひわれ仏を得たらんに、国中の人天、定聚に住し、かならず滅度に至らずは、正覚を取らじ。

や、同成就文の、

其有衆生、生彼国者、皆悉住於正定之聚。所以者何。彼仏国中無諸邪聚及不定聚。

（浄聖全一・四三頁、真聖全一・二四頁）

それ衆生ありて、かの国に生るるものは、みなことごとく正定の聚に住す。ゆゑはいかん。かの仏国のなかにはもろもろの邪聚および不定聚なければなり。

は、命終わって浄土に往生した後に正定聚に住することが説かれているのであり、この世において現生に正定聚に住することを否定しているとも考えられる。しかし、経典乃至論釈に現生正定聚の文証を求めれば、

若有衆生、聞此経者、於無上道終不退転。

（『大経』浄聖全一・六九頁、真聖全一・四六頁）

もし衆生ありて、この経を聞くものは、無上道においてつひに退転せず。

若有善男子善女人、聞是諸仏所説名及経名者、是諸善男子善女人、皆為一切諸仏共所護念、皆得不退転於阿耨多羅三藐三菩提。

（『小経』浄聖全一・一一〇頁、真聖全一・七一頁）

もし善男子・善女人ありて、この諸仏の所説の名および経の名を聞かんもの、このもろもろの善男子・善女人、みな一切諸仏のためにともに護念せられて、みな阿耨多羅三藐三菩提を退転せざることを得ん。

若有人、已発願、今発願、当発願、欲生阿弥陀仏国者、是諸人等、皆得不退転於阿耨多羅三藐三菩提、於彼国土、若已生、若今生、若当生。

（『小経』浄聖全一・一一〇頁、真聖全一・七一頁）

もし人ありて、すでに発願し、いま発願し、まさに発願して、阿弥陀仏国に生ぜんと欲はんものは、このもろもろの人等、みな阿耨多羅三藐三菩提を退転せざることを得て、かの国土において、もしはすでに生れ、もしはいま生れ、もしはまさに生れん。

人能念是仏無量力威徳、即時入必定。

人よくこの仏の無量力威徳を念ずれば、即時に必定に入る

（「易行品」浄聖全一・四一五頁、真聖全一・二六〇頁）

同一念仏無別道故。遠通夫四海之内皆為兄弟也。眷属無量。焉可思議。

（『往生論註』浄聖全一・五〇二頁、真聖全一・三三五頁）

同一に念仏して別の道なきがゆゑなり。遠く通ずるにそれ四海のうちみな兄弟たり。眷属無量なり。いづくんぞ思議すべきや。

二者聖衆荘厳、即現在彼衆及十方法界同生者是。（『観経疏』「玄義分」浄聖全一・六五九頁、真聖全一・四四五頁）

二には聖衆荘厳、すなはち現にかしこにある衆および十方法界同生のものこれなり。

等が挙げられるであろう。『大経』『小経』では、経を聞き、あるいは諸仏の所説の名及び経の名を聞けば、無上道または阿耨多羅三藐三菩提を退転しないと説かれ、『小経』では、続いて阿耨多羅三藐三菩提を退転しないことを得て後に浄土に生まれると説かれ、「易行品」では、阿弥陀仏の無量力威徳を念ずれば、即時に必定に入ると示されている。また、『往生論註』『観経疏』「玄義分」では、四海の内の念仏の衆生や、現に彼に在る衆と区別されているところの十方法界同生の者が、浄土の聖衆たる阿弥陀仏の眷属と位置づけられ、先の第十一願成就文に「彼仏国中無諸邪聚及不定聚」とすべて正定聚であると説かれているものと併せ考えてみると、いずれも現生正定聚の意が存する文と見なすことができよう。また、『往生論註』の「若人、但聞彼国土清浄安楽、剋念願生、亦得往生則入正定聚」（浄聖全一・五〇一頁、真聖全一・三三四頁）は、「もし人、但彼の国土の清浄安楽なるを聞きて、剋念して生ぜんと願ずれば、また往生を得てすなわち正定聚に入る」と訓むべきであろうが、親鸞は、「証文類」（浄聖全二・一三四頁、定親全一・一九七頁）に「もし人ただかの国土の清浄安楽なるを聞きて、剋念して生ぜんと願ぜんも

のと、また往生を得るものとは、すなはち正定聚に入る」と訓むべき訓点を付し、『一念多念文意』（浄聖全二・六六五頁、定親全三・和文篇一三一頁）においても、「もしひと、ひとへにかの国の清浄安楽なるを聞きて、剋念して生れんと願ふひとと、またすでに往生を得たるひとも、すなはち正定聚に入るなり」と、その意を示し(8)、同じく『一念多念文意』（浄聖全二・六六四頁、定親全三・和文篇一二九頁）において、「それ衆生ありて、かの国に生るれば、みなことごとく正定の聚に住す。ゆゑはいかん。かの仏国のうちにはもろもろの邪聚および不定聚なければなり」と訓ぜられるべき第十一願成就文の意を、「それ衆生あつて、かの国に生れんとするものは、みなことごとく正定の聚に住す。ゆゑはいかんとなれば、かの仏国のうちにはもろもろの邪聚および不定聚はなければなり」と示して、現生正定聚の典拠としている。その他、『如来会』の第十一願成就文には、

彼国衆生、若当生者、皆悉究竟無上菩提、到涅槃処。何以故、若邪定聚及不定聚、不能了知建立彼因故。

（浄聖全一・二二二頁、真聖全一・二〇三頁）

かの国の衆生、もしまさに生れんもの、みなことごとく無上菩提を究竟し、涅槃の処に到らしめん。なにをもつてのゆゑに。もし邪定聚および不定聚は、かの因を建立せることを了知することあたはざるがゆゑなり。

とあり、往生した者が必ず成仏するとの理由に「若邪定聚及不定聚、不能了知建立彼因故（もし邪定聚および不定聚は、かの因を建立せることを了知することあたはざるがゆゑなり）」が示されているが、ここで、「不能了知建立彼因」とは、不了仏智のことであって、仏願の生起本末を信知しないことであり、邪定聚・不定聚が「不能了知建立彼因」であるならば、明らかに、彼の因を建立せることを了知する他力信心の行者は正定聚であるということになる。

なお、先にも述べたように、第十一願文や同成就文そのものは浄土往生後の正定聚を示すものであり、七祖の論

釈もほとんどが同様である。また、親鸞は、『往生論註』妙声功徳の文を『一念多念文意』に、

もしひと、ひとへにかの国の清浄安楽なるを聞きて、剋念して生れんと願ふひとと、またすでに往生を得たるひとも、すなはち正定聚に入るなり。（浄聖全二・六六五頁、定親全三・和文篇一三二頁）

と、願生の行者とともに「すでに往生をえたるひと」が正定聚に入ると釈されている。また、「証文類」に『往生論註』の五果門を引用し、

復有五種門、漸次成就五種功徳、応知。何者五門。一者近門、二者大会衆門、（中略）初至浄土、是近相。謂、入大乗正定聚、近阿耨多羅三藐三菩提。（以下略）（浄聖全二・一四九〜一五〇頁、定親全一・二二〇頁）

また五種の門ありて、漸次に五種の功徳を成就す、知るべし。何者か五門。一には近門、二には大会衆門、（中略）初めに浄土に至るは、これ近の相なり。いはく、大乗正定聚に入りて、阿耨多羅三藐三菩提に近づくなり。

と示されるが、これらは、果後の広門示現相と見るべきであろう。広門示現相とは、先に曇鸞の項で広略相入を論じたように、浄土の聖衆（菩薩・人・天）も悟りそのものの展開相であることをいう。すなわち、浄土における正定聚とは外相に一生補処の大菩薩を現じたものであり、内徳は無上涅槃の極果を証している存在であるといえよう。また、『往生論註』の五果門[9]は還相廻向釈中に引用されるが、還相という面から言えば、従果還因の相であって、上仏果に向かう菩薩ではなく、仏果より因位に還り菩薩の相をとったものと考えることができる。

小　結

第一章の往生即成仏義と現生正定聚義においては、親鸞の往生思想を検討するにあたって、従来からの定説である往生即成仏と現生正定聚との検討を行った。すなわち、親鸞教義において往生即成仏であるならば、現生の成仏でなければ現生の往生は成立しないことになり、また、現生正定聚であるならば、正定聚と往生とが等値概念でなければ現生の往生は成立しないことになるからである。

第一節の往生即成仏義の検討においては、まず「行文類」偈前の文に「大無量寿経宗致、他力真宗之正意」と結ばれる真宗教義の各種概念が列挙される中、往生が難思議往生であると示されることを指摘し、「真仏土文類」真仮対弁において、仏の悟りそのものの法身如来であるところの「自然虚無の身、無極の体」を受けることが難思議往生であると示されていることを指摘して、親鸞の説示においては、往生がそのまま成仏であると見られると論じた。また、「難思議往生」と標挙される「証文類」において、真実証が「利他円満の妙位、無上涅槃の極果」と明示されること等からも往生即成仏が結論づけられると論じた。逆に、「真仏土文類」の真仏土結釈において、「惑染の衆生、ここにして性を見ることあたはず、煩悩に覆はるるがゆゑに」と、往生以前（此土での存在）に成仏が語れないことと説示されていることを指摘して、親鸞教義における往生即成仏を論証した。次いで、『大経』の「皆受自然虚無之身無極之体」の文、曇鸞の『往生論註』において国土荘厳・仏荘厳・菩薩荘厳の二十九種の荘厳相が真実智慧無為法身という悟りそのものの展開相と論じられていること（広略相入）、善導が万行円備しなければ成仏できないと論じたことと、法然が名号を「万徳の所帰」とし、阿弥陀仏の内証・外用の功徳が全て摂在していると釈していることとを併せ考えること等、親鸞に至る相承であるところの三経七祖において、往生即成仏義の萌芽が見られることを指摘した。

第二節の現生正定聚義の検討においては、まず「信文類」現生十益の第十に入正定聚の益が明確に示されていることを指摘し、現生正定聚が親鸞教義における利益論に重要な位置を占めていることを明らかにした。次いで、『六要鈔』に論じられる正定聚・不定聚・邪定聚の諸説不同を紹介し、親鸞においては、正定聚・不退転・阿惟越致・阿毘跋致・便同弥勒等の種々の位置づけの本来の相違とは無関係に、阿弥陀仏の本願力の摂取不捨による成仏決定にこそ現生正定聚の意義があると論じた。また、親鸞は消息において、正定聚を「浄土へ往生するまで」、「まことに浄土へ生るるまで」と説示していることを指摘して、親鸞教義においては現生正定聚が往生以前の利益とされていると論じた。続いて、現生正定聚義の根拠となりうる相承の文として、『大経』『小経』における聞経による不退転、発願による不退転、また得不退転後の往生の説示、龍樹「易行品」の「人能念是仏無量力功徳、即時入必定」の文、曇鸞『往生論註』と善導『観経疏』「玄義分」において、現在此土の衆生が浄土の聖衆・眷属と位置づけられている文を挙げた。そして、親鸞は、一方では正定聚を往生以前と説示しながら、他方では浄土における正定聚も示しているが、浄土における正定聚とは果後の広門示現相、すなわち内に無上涅槃の極果を証しながらも、外に大菩薩の相を現じたものであると論じた。

本章においては、往生即成仏義および現生正定聚義を明らかにし、現生の成仏でなければ現生の往生は成立せず、また正定聚と往生とが等値概念でなければ現生の往生は成立しないことを明らかにした。なお、正定聚と往生との関係については、親鸞が特に入正定聚・住不退転は往生以前の事態であると説示していると指摘したことは、本章の重要なポイントの一つである。

註

（1）「ホフシンニヨライ」とは法身如来である。親鸞において、報身は「ホウシン」と仮名遣いされる。

（2）「無上正真道」は、『大経』第二十二願に出る語であるが、親鸞においては、証が験と字註され（浄聖全二・一六頁、定親全一・一九頁）、因が果としてあらわになる意とされることと、また、『往生論註』下巻利行満足章に、

仏所得法名為阿耨多羅三藐三菩提。以得此菩提故名為仏。（中略）阿名無、耨多羅名上、三藐名正、三名遍、菩提名道。統而訳之、名為無上正遍道。（浄聖全一・五二七頁、真聖全一・三四六頁）

仏の所得の法を名づけて阿耨多羅三藐三菩提となす。この菩提を得るをもつてのゆゑに名づけて仏となす。（中略）「阿」は無に名づく、「耨多羅」は上に名づく、「三藐」は正に名づく、「三」は遍に名づく、「菩提」は道に名づく。統べてこれを訳して、名づけて「無上正遍道」となす。

と、阿耨多羅三藐三菩提を無上正遍道と訳するとされるのに準じれば、「超証無上正真道」は成仏を意味すると考えることができる。

（3）ちなみに、屋舎の譬喩は、『選択集』においては、念仏を往生の業として選択された願意について言われるのであり、諸行が柱・椽・梁等に喩えられ、名号が屋舎に喩えられるのであるが、名号の内徳としての万徳によって往生が可能となるのであれば、柱・椽・梁等に喩えられる諸行の総体は、屋舎に喩えられる名号と等価値となり、諸行往生が可能となる論拠となりやすい。しかし、弥陀一仏の所有の内証・外用の功徳が名号に摂在するのであって、因人の修する諸行の積み重ねとは質的に相違する。「行文類」の念仏と諸善の比校対論において、「因行果徳対」（浄聖全二・五七頁、定親全一・八一頁）と諸行（因人の行）・念仏（果上の徳）の質的相違を明確にしていることに注意をはらうべきであろう。

（4）『浄土文類聚鈔』に、名号を「万行円備嘉号」（浄聖全二・二六一頁、定親全二・漢文篇一三一頁）と表現されるのは、善導の「道理成仏之法要須万行円備方乃剋成」が意識されていると考えることができる。

（5）ただし、この左訓は異例の左訓であり、後に詳しく検討する。

（6）なお、「弥勒と同じ」とされるのは、弥勒も他力念仏の行者も、ともに現在の生を終えて次生に成仏するという

点からもいうことができる。しかし、親鸞は、『正像末和讃』に、

五十六億七千万　　弥勒菩薩はとしをへん
　まことの信心うるひとは　　このたびさとりをひらくべし

（浄聖全二・四八一頁、定親全二・和讃篇一七一頁）

と讃詠し、弥勒の成仏までは五十六億七千万年を経るが、他力信心の念仏者の成仏はこの度であると、成仏の遅速に関しては、他力念仏の行者の勝れていることを示している。

（7）言うまでもなく、仏因円満の法である名号を領受した信心は、衆生自身のものとなっているという点では、正定聚と位置づけられる内的価値を所有しているということもできるが、その信心は、衆生自身が発起したものではなく、衆生自身のものとなっていながら、あくまで仏廻向のものであるという性格を強調する表現が、「摂取不捨のゆゑに」であると言いうる。

（8）「証文類」所引の同文には、「もし人ただかの国土の清浄安楽なるを聞きて、剋念して生ぜんと願ぜんものと、また往生を得るものとは、すなはち正定聚に入る」と訓ずるべき訓点が付されている。

（9）『往生論註』においては五念門の因によって五果門の果を得るのであるが、親鸞は五念門を法蔵所修とし（『入出二門偈頌』の訓点等）、その法蔵所修の五念門によって円成された名号が回施された一心に体具されている徳を因として往生即成仏の果を得るのであるから、一因（一心）一果（往生即成仏）ということになる。そこで、五念門は一心に摂まり、五果門は往生即成仏を開いたものということになって、五果門中の近門（入大乗正定聚）は果後の広門示現相になる。

第二章　即得往生と与諸如来等

第一節　即得往生

親鸞が往生を命終において説くのは、『末灯鈔』に、

明法御房の往生のこと、おどろきまうすべきことにはあらねども、かへすがへすうれしく候ふ。鹿島・行方・奥郡、かやうの往生ねがはせたまふひとびとの、みなの御よろこびにて候ふ。またひらつかの入道殿の御往生のこときき候ふこそ、かへすがへすまうすにかぎりなくおぼえ候へ。めでたさ申しつくすべくも候はず。おのおのみな往生は一定とおぼしめすべし。（浄聖全二・八一〇頁、定親全三・書簡篇一一四頁）

と、「明法御房」や「ひらつかの入道殿」の死去を「往生」と表現し、また、

この身は、いまは、としきはまりて候へば、さだめてさきだちて往生し候はんずれば、浄土にてかならずかならずまちまゐらせ候ふべし。(1)（浄聖全二・七九五頁、定親全三・書簡篇八八〜八九頁）

と、自身が老境に至ったことを、きっと先に往生するであろうから浄土で必ず待っている、と述べていることから、明らかである。(2)

さて、親鸞の上には、「現世での往生」とも理解できる文や、「この世での成仏」と誤解しやすい文もある。まず、「現世での往生」と理解できる文としては、

「即得往生」といふは、「即」はすなはちといふ。ときをへず日をもへだてぬなり。また「即」はつくといふ。その位に定まりつくといふことばなり。「得」はうべきことをえたりといふ。真実信心をうれば、すなはち無礙光仏の御こころのうちに摂取して捨てたまはざるなり。摂はをさめたまふ、取はむかへとるとまうすなり。をさめとりたまふとき、すなはち、とき・日をもへだてず、正定聚の位につき定まるを往生をうとはのたまへるなり。

（『一念多念文意』浄聖全二・六六二～六六三頁、定親全三・和文篇一二七～一二八頁）

「即得往生」は、信心をうればすなはち往生すといふ。すなはち往生すといふは不退転に住するをいふ。不退転に住すといふはすなはち正定聚の位に定まるとのたまふ御のりなり、これを「即得往生」とはまうすなり。「即」はすなはちといふ、すなはちといふはときをへず日をへだてぬをいふなり。

（『唯信鈔文意』浄聖全二・六九〇頁上～六九一頁上、定親全三・和文篇一六一頁）

などである。

これらの文中、『一念多念文意』の「すなはち、とき・日をもへだてず、正定聚の位につき定まるを往生をうとはのたまへるなり」や、『唯信鈔文意』の「信心をうればすなはち往生すといふ」の文例からすれば、親鸞が現世で往生を説いたということも可能なように思える。

しかし、ここで注意すべき点が二点ある。まず第一点は、ここでの「往生」は「正定聚の位につき定まる（入正定聚）」「不退転に住する（住不退転）」を意味し、往生即成仏の難思議往生とは区別されるということである。それを確認した上ならば、親鸞が現生で往生を説いたというのも、必ずしも誤りとはいえない。

第二点は、入正定聚や住不退転を、親鸞が往生と言い換えたのではなく、経文（『大経』下巻の第十八願成就文）の「即得往生」は、入正定聚・住不退転の意味であるとの解釈を示したということである。つまり、往生＝入正定

聚・住不退転というのは、往生という言葉の概念規定ではなく、経典の「往生」という言葉の解釈例である。(3)

前出の「すなはち、とき・日をもへだてず、正定聚の位につき定まるを往生をうとはのたまへるなり」というのは、信一念同時に入正定聚の利益をうることを、釈尊は「即得往生」とおっしゃられた、という意味である。また、「即得往生は、信心をうればすなはち往生すといふ。すなはち往生すといふは不退転に住するをいふ。不退転に住すといふはすなはち正定聚の位に定まるとのたまふ御のりなり」は、まず、「信心をうればすなはち往生す」という意味であると解釈され――これは「信心をうれば」(成就文の信心歓喜乃至一念)が「即得往生」の前提であるとの説明であり、往生の解釈ではない――、次いで「すなはち往生す」というのは、同じく成就文の「住不退転」であると示し、「住不退転」とは「正定聚の位に定まる」という意味であり、これは釈尊がおっしゃられたお言葉であると示す。そして最後に「これを〈即得往生〉とはまうすなり」と、あくまでも第十八願成就文の「即得往生」の解釈であることを明確にするのである。

親鸞の本意は、入正定聚・住不退転のことを往生と表現するのだということにあるのではなく、第十八願成就文の「即得往生」は、信心が開け発ったまさにその時(信一念＝信心歓喜乃至一念)に、入正定聚・住不退転の利益をうるとの意味であるという、いわゆる信益同時を明らかにするところにあったと考えるべきであろう。もし、親鸞の本意が、入正定聚・住不退転を「往生」と言い換えるところにあるのならば、その用例が他にあるはずである。しかし、「即得往生」等の経・論・釈の語を離れて、親鸞が入正定聚・住不退転の意味で「往生」という言葉を用いたと断定できる用例はない。

これをまとめてみると、

(1) 親鸞には、「信心をうればすなはち往生すといふ」など、「現世での往生」を説かれたと解釈できる言葉があるが、この「往生」は、入正定聚・住不退転の意味であり、真実報土往生の意味ではない。

（2）親鸞は、入正定聚・住不退転を往生と言い換えたのではなく、経文の「即得往生」という言葉を、信一念同時に入正定聚・住不退転の利益をうる意味であると解釈した。

ということになろう。なお、親鸞の「即得往生」についての説示に関しては、次章にあらためて詳細に論じることにする。

第二節　与諸如来等

次に、「この世での成仏」と誤解しやすい親鸞の文は、

信心よろこぶそのひとを　如来とひとしとときたまふ
大信心は仏性なり　仏性すなはち如来なり
（『浄土和讃』浄聖全二・三八五頁、定親全二・和讃篇五七頁）

信心をうるをよろこぶ人をば、『経』には、「諸仏とひとしきひと」と説きたまへり。
（『一念多念文意』浄聖全二・六六八頁、定親全三・和文篇一三五～一三六頁）

この信心をうるを慶喜といふなり。慶喜するひとは諸仏とひとしきひととなづく。
（『唯信鈔文意』浄聖全二・七〇六頁上、定親全三・和文篇一七五頁）

などがある。[4] これは、信心をえた人について、「如来とひとし」「諸仏とひとし」と表現した例であり、これをもって、「この世での成仏」を説いたとの解釈が成り立つようにも見える。

しかし、これは誤解であって、

弥勒はすでに仏にちかくましませば、弥勒仏と諸宗のならひはまうすなり。しかれば弥勒におなじ位なれば、正定聚の人は如来とひとしともまうすなり。（『末灯鈔』浄聖全二・七八三頁、定親全三・書簡篇六九頁）

まことの信心をえたる人は、すでに仏に成らせたまふべき御身となりておはしますゆゑに、「如来とひとしき人」と経に説かれ候ふなり。弥勒はいまだ仏に成りたまはねども、このたびかならずかならず仏に成りたまふべきによりて、弥勒をばすでに弥勒仏と申し候ふなり。その定に、真実信心をえたる人をば、如来とひとしと仰せられて候ふなり。（『末灯鈔』浄聖全二・八〇〇頁、定親全三・書簡篇九八頁）

など、この一生を終えれば成仏することが決定している弥勒菩薩を弥勒仏というように、信心をえた人も、この命を終えれば成仏が決定しているので、「如来とひとしき人」というのであると示している。そして、「弥勒はすでに仏にちかくましませば」や「弥勒はいまだ仏に成りたまはねども」と、弥勒菩薩が未だ成仏していないことを示すのを見れば、「この世での成仏」という解釈が成り立たないのは、一目瞭然であろう。[5]

その他、すでに引用した、

念仏衆生窮横超金剛心故、臨終一念之夕、超証大般涅槃。（「信文類」浄聖全二・一〇三頁、定親全一・一五一頁）

念仏の衆生は横超の金剛心を窮むるが故に、臨終一念の夕べ、大般涅槃を超証す。

の文について、臨終来迎・臨終正念・臨終行儀等の熟語からすると、「臨終」とは未だ命終わっていない状態、言い換えればこの世の出来事に属するので、親鸞が「この世での成仏」を説かれた、とする説もあるが、これは「臨終」の「臨」に拘泥した解釈であろう。[6]「臨終一念の夕べ」とは、命終わる直前という意味ではなく、命終わるまさにその時という意味で理解すべきことは、『一念多念文意』に、

「凡夫」といふは、無明煩悩われらが身にみちみちて、欲もおほく、いかり、はらだち、そねみ、ねたむここ

ろおほくひまなくして、臨終の一念にいたるまでとどまらず、きえず、たえず（以下略）
（浄聖全二・六七六頁、定親全三・和文篇一四九頁）

とある「臨終の一念にいたるまで」は、「命終わるまさにその時まで」と解釈すべきことと併せ考えてみれば明らかである。そして、この世の命終わるまさにその時と浄土の命始まるまさにその時とは、別の時ではない。

以上、親鸞聖教を根拠とする限り、親鸞によって明らかにされた真宗教義の構造は、命終わって浄土に往生し、直ちに成仏する、というものであることが、明確になったと思われる。(7)

小結

本章においては、『大経』本願成就文の「即得往生」についての親鸞の解釈と『華厳経』の「与諸如来等」による親鸞の「如来とひとし」、「諸仏とひとし」の説示との検討を行った。前者は現生往生の理解を生みやすく、後者は現生成仏の誤解を生みやすいからである。

第一節においては、『一念多念文意』と『唯信鈔文意』における「即得往生」についての親鸞の説示を検討し、以下のまとめをえるとともに、これらの説示に関しては、次章に改めて詳細に論じることを示した。

（1）親鸞には、「信心をうればすなはち往生すといふ」など、「現世での往生」を説かれたと解釈できる言葉があるが、この「往生」は、入正定聚・住不退転の意味であり、真実報土往生の意味ではない。

（2）親鸞は、入正定聚・住不退転を往生と言い換えたのではなく、経文の「即得往生」という言葉を、信一念同時に入正定聚・住不退転の利益をうる意味であると解釈した。

第二節においては、『華厳経』の「与諸如来等（もろもろの如来と等し）」に基づく親鸞の「如来とひとし」、「諸仏とひとし」の説示の検討を行った。親鸞において「如来とひとし」、「諸仏とひとし」の説示は、弥勒と同じという位置づけを示すものであり、同時に弥勒が未成仏であることを示していることからすれば、現生成仏の理解が成り立ちえないことを明らかにした。

註

（1）『拾遺真蹟御消息』の、

かくねむばうの御こと、かたがたあはれに存じ候ふ。親鸞はさきだちまゐらせ候はんずらんと、まちまゐらせてこそ候ひつるに、さきだたせたまひ候ふこと、まうすばかりなく候ふ。かくしんばう、ふるとしごろは、かならずかならずさきだちてまたせたまひ候ふらん。（浄聖全二・七五五頁、定親全三・書簡篇二二～二三頁）

にも、往生という言葉こそ無いが、自分が先だつので待つだろうと思っていたのに、かくねむばう（覚念房か）が先だち、また先年、かくしんばう（覚信房か）が、きっと先だって待っていると述べられていることも、この消息と同趣旨である。

（2）その他、『高僧和讃』の、

本師源空命終時　建暦第二壬申歳

初春下旬第五日　浄土に還帰せしめけり（浄聖全二・四六四頁、定親全二・和讃篇一三六頁）

では、建暦二年（一二一二年）一月二十五日の法然の命終を「浄土に還帰」と表現している。

（3）この点については、嬰木義彦氏もすでに指摘している。『親鸞における「即得往生」の思想―用語の使用法からみた考察―』（龍谷大学仏教文化研究所紀要第十二号所収）参照。

（4）これらの言葉は、もともと『華厳経』（「信文類」引用、浄聖全二・八五頁、定親全一・一二四頁）の「聞此法歓喜信心無疑者速成無上道与諸如来等（この法を聞きて信心を歓喜して、疑なきものはすみやかに無上道を成らん。もろもろの如来と等し）」に基づくものであり、『浄土和讃』の前二句が、高田派専修寺蔵国宝本の和讃では、「歓喜信心無疑者をば　与諸如来等ととく」（浄聖全二・三八五頁中、定親全二・和讃篇五七頁上）となっていることから、それを和讃にしたものであることがわかる。また『末灯鈔』の文に「如来とひとしきひとと経（これは『華厳経』である）に説かれ」（浄聖全二・八〇〇頁、定親全三・書簡篇九八頁）とあり、「これは経の文なり。華厳経にのたまはく、信心歓喜者与諸如来等といふは、信心よろこぶひとはもろもろの如来とひとしといふなり」（浄聖全二・七八四頁、定親全三・書簡篇七一頁）とあるように、「如来とひとし」の表現は、『華厳経』に根拠があることを親鸞自身が示している。

（5）また、親鸞は、弥勒については「おなじ」「ひとし」と表現されるが、如来・諸仏については「ひとし」の表現のみで「おなじ」と表現されないことにも注意すべきである。

（6）第三部において詳説するが、もし「臨終の一念」の語をもって、現生における成仏を主張するのであれば、「臨終の一念」と「平生の一念」との質的相違は、どのように説明するのであろうか。

（7）その他、『末灯鈔』所収の慶信上状に、「滅度をさとらしむと候ふは、この度この身の終り候はんとき、真実信心の行者の心、報土にいたり候ひなば、寿命無量を体として、光明無量の徳用はなれたまはざれば、如来の心光に一味なり」（浄聖全二・七九七〜七九八頁、定親全三・書簡篇九二〜九三頁）とあり、往生（報土にいたる）も成仏（滅度をさとる）も「この身の終り候はんとき」と示されるのも、現生における往生・成仏を否定する証となる。

なお、慶信上状は親鸞自身の言葉ではないが、親鸞自身の手で加筆・訂正されたものであり、親鸞自身の消息に準じて取り扱われるべきであろう。

第三章　親鸞の和語聖教における本願成就文釈
―特に「即得往生」の解釈について―

第一節　本願成就文釈検討の意義

親鸞教義において第十八願成就文すなわち本願成就文の持つ意義の重要性は改めて論ずるまでもない。本願成就文の「一念」が信一念と解釈されることによって、本願成就文は唯信正因を顕す文となり、また「信心歓喜」は三心即一の信楽を意味し、「至心廻向」は弥陀の至心廻向、「願生彼国」は信楽（＝信心歓喜）の義別である「欲生」を意味すると見ることによって、「信心歓喜乃至一念」と「即得往生住不退転」とは直接して受法得益同時を顕すことになる。

ところで、本願成就文の「即得往生」についての親鸞の解釈は、現生往生という問題を提起してきた。第三部において改めて検討するが、上田義文氏が、昭和四十三年（一九六八年）「親鸞の『往生』の思想」（『親鸞教学』第一三号、『親鸞教学』第一四号、『同朋学報』第一八・一九合併号）[1]において、親鸞の往生思想は、死後の来世往生が中心ではなく、信心獲得の時点で往生するという現世往生が核心であると論じたことに端を発し、上田氏の論に対して賛否両論が紙上を賑わした。上田氏の論文は掲載されていないが、『親鸞大系（思想篇）』第十巻には、関係する論文の一部を掲載しつつ、その間の経緯がまとめられている。その後、平成元年（一九八九年）十二月に岩波書店から発行された『岩波仏教辞典』の「親鸞」の項における「他力信心による現世での往生を説き」（『岩波仏教辞典』四七四頁）の記述と、「教行信証」の項における「この世での往生成仏を説いた」（『岩波仏教辞典』一七三頁）の記述とに対する本願寺派の申し入れに端を発し、親鸞教義における往生と成仏について種々の論議がなされ、筆者も驥尾に付して数編の論文を発表した。(2) 親鸞における現生往生という問題は、種々の観点から論じられているが、問題の所在の一つとして、本願成就文の「即得往生」についての親鸞の解釈がある。親鸞の和語聖教において本願成就文の「即得往生」の解釈がなされるのは、『一念多念文意』と『唯信鈔文意』とであるが、両書において現生往生説の文献的根拠ともされうる親鸞の説示がなされている。前章第一節において、一応の検討は行ったが、改めて一章を設けて両書の「即得往生」に関する説示に就いて考察を加えてみたい。なお、第二節以下の検討においては、当然、前章の検討と重複する箇所が存在することを前もって述べておきたい。

第二節　『一念多念文意』の釈

第一項　「即得往生」釈の構造

まず、『一念多念文意』における「即得往生」の解釈は以下の通りである。

「即得往生」といふは、「即」はすなはちといふ。ときをへず日をもへだてぬなり。また「即」はつくといふ。その位に定まりつくといふことばなり。「得」はうべきことをえたりといふ。真実信心をうれば、すなはち無礙光仏の御こころのうちに摂取して捨てたまはざるなり。摂はをさめたまふ、取はむかへとるとまうすなり。をさめとりたまふとき、すなはち、とき・日をもへだてず、正定聚の位につき定まるを往生をうとはのたまへるなり。

（浄聖全二・六六二～六六三頁、定親全三・和文篇一二七～一二八頁）

ここでは、最初に「即得往生」の「即」の意味が述べられている。まず「即」の語は「すなはち」と訓じられる場合は時・日を隔てないという意、つまり直ちに、同時にとの意味であると示される。これは即を即時の意味とし、かつその即時を同時即とする。次いで「即」が「つく」と訓じられる場合は、その位に定まりつくという意味であると示される。前者と同様の「即」の解釈は、

「即」はすなはちといふ、信をうる人はときをへず日をへだてずして正定聚の位に定まるを即といふなり、

（『尊号真像銘文』浄聖全二・六五四頁上、定親全三・和文篇一一〇頁）

「即」はすなはちといふ、ときをへず、日をへだてず、正定聚の位に定まるを「即生」といふなり。

（『一念多念文意』浄聖全二・六七六頁、定親全三・和文篇一四八頁）

「即」はすなはちといふ、すなはちといふはときをへず日をもへだてぬをいふなり。

（『唯信鈔文意』浄聖全二・六九〇頁上～六九一頁上、定親全三・和文篇一六一頁）

に見られる。ただし、「即」を「すなはち」と訓じたからといって、それが必ずしも同時即を意味するとはいえない。『唯信鈔文意』には、

真実の三信心をえざれば、「即不得生」といふなり。「即」はすなはちといふ、「不得生」といふは、生るることをえずといふなり。三信かけぬるゆゑにすなはち報土に生れずとなり。

（浄聖全二・七一〇頁上、定親全三・和文篇一七八頁）

と述べられるが、この「即＝すなはち」は他力信心をえていないので、（すなはち）報土に生まれないという意であり、この「すなはち」が同時即の意味でないのは明らかであろう。(3) 後者と同様の「即」の解釈は、『一念多念文意』の、

また「即」はつくといふ、つくといふは位にかならずのぼるべき身といふなり。世俗のならひにも、国の王の位にのぼるをば即位といふ、位といふはくらゐといふ、これを東宮の位にゐるひとはかならず王の位につくがごとく、正定聚の位につくは東宮の位のごとし、王にのぼるは即位といふ、これはすなはち無上涅槃にいたるをまうすなり。信心のひとは正定聚にいたりて、かならず滅度に至ると誓ひたまへるなり。
（浄聖全二・六七六頁、定親全三・和文篇一四八～一四九頁）

に見られる。

次に「得」の意味が「うべきことをえたり」と示される。助動詞「べき」は、経験・道理から判断して、当然そうなるだろうと確信をもって述べる時に用いる語である。(4) また、助動詞「たり」は、動作・作用がすでに起き、現在も存続している意を表す場合と、動作・作用が完了したことを表す場合とがあるが、ここでは「即時」の意味との関係において、後者の意味ととるのが妥当であろう。つまり、「うべきことをえたり」とは、当然うるだろうことをえてしまったという意味となろう。ここで、「うるだろう」は未来であり、「えてしまった」は現在完了であり、「うる」ことについて二つの時制が見られるが、この問題については、後に論じたい。

「真実信心をうれば、」以下は、「即得往生」全体の解釈である。まず、「真実信心をうれば、」とは、「即得往生」が「信心歓喜」を承けるものであることを示している。すなわち、「信心歓喜」は「至心廻向」によって成立する。「至心」は「阿弥陀如来の御こころ」としての「真実」であり、その真実を「廻向」すなわち「十方の衆生にあた

へたまふ」のである。そのようにして成立した「信心歓喜」を承けた「即得往生」であるから、「即得往生」を説明するのに、「真実信心をうれば、」と始めるのである。「真実信心をうれば、すなはち無礙光仏の御こころのうちに摂取して捨てたまはざるなり」とは、他力信心が開発すると、摂取不捨の利益をうることを表している。その摂取不捨とは、親鸞において住正定聚の理由となっている。[5]これは、『教行信証』「行文類」に、

之数。
爾者、獲真実行信者、心多歓喜故、是名歓喜地。是喩初果者、初果聖者、尚睡眠懶堕不至二十九有。何況十方群生海、帰命斯行信者摂取不捨。故名阿弥陀仏。是曰他力。是以龍樹大士曰即時入必定。曇鸞大師云入正定聚

（浄聖全二・四八〜四九頁、定親全一・六七〜六八頁）

しかれば、真実の行信を獲れば、心に歓喜多きがゆゑに、これを歓喜地と名づく。これを初果に喩ふることは、初果の聖者、なほ睡眠し懶堕なれども二十九有に至らず。いかにいはんや十方群生海、この行信に帰命すれば摂取して捨てたまはず。ゆゑに阿弥陀仏と名づけたてまつると。これを他力といふ。ここをもつて龍樹大士は「即時入必定」といへり。曇鸞大師は「入正定聚之数」といへり。

と述べられるところであり、晩年の和語聖教や消息に、

この真実信心をえんとき、摂取不捨の心光に入りぬれば、正定聚の位に定まるとみえたり。

（『尊号真像銘文』浄聖全二・六〇五頁、定親全三・和文篇七五頁）

真実信心の行人は、摂取不捨のゆゑに正定聚の位に住す。

（『末灯鈔』第一通、浄聖全二・七七七頁、定親全三・書簡篇五九頁）

『大無量寿経』には、摂取不捨の利益に定まるものを正定聚となづけ、

（『末灯鈔』第三通、浄聖全二・七八三頁、定親全三・書簡篇六九頁）

如来の誓願を信ずる心の定まるとまうすは、摂取不捨の利益にあづかるゆゑに不退の位に定まると御こころえ候ふべし。（『末灯鈔』第七通、浄聖全二・七八八頁、定親全三・書簡篇七七頁）

と展開する。すなわち、親鸞教義においては、獲信→摂取不捨→住正定聚という定型が存在し、『一念多念文意』の「真実信心をうれば、すなはち無礙光仏の御こころのうちに摂取して捨てたまはざるなり」とは、獲信→摂取不捨を示したものであり、当然それは、→住正定聚と展開するべきものである。続く「摂はをさめたまふ、取はむかへとるとまうすなり」とは、「摂取」の解釈であり、次の、

すなはち、とき・日をもへだてず、正定聚の位につき定まるを往生をうとはのたまへるなり。

が、→住正定聚を示したものである。ここでは、「即」の二義、「すなはち」と訓じられて、時・日を隔てない、直ちに、同時にとの意味を表すものと、「つく」と訓じられて、その位に定まりつくという意味を表すものと、両義が用いられている。「とき・日をもへだてず」とは前者の意味であり、「位につき定まる」とは後者の意味である。つまり、獲信の即時（同時即）に正定聚の位に即く（即位）ことが示されている。しかしながら、ここで注目するべきは、「往生をうとはのたまへるなり」の言葉である。「往生をう」とは「得往生」の訓読であり、これは、「獲信の即時（同時即）に正定聚の位に即く（即位）」→「得往生」との意味なのであるが、「獲信の即時（同時即）に正定聚の位に即く（即位）」ことを、親鸞が「得往生」と表現するのではない。「のたまへるなり」と尊敬の語法が用いられているので、これは、釈尊が「獲信の即時（同時即）に正定聚の位に即く（即位）」のを「得往生」とおっしゃった、という意味である。所釈の本願成就文に戻れば、ここは「即得往生」が解釈される部分であり、まず、「即得」の二字について、「即」の語が即時と即位の意であり、「得」の語が当然うるだろうことをえてしまったという意であると示される。次いで「即得往生」全体の意味を解釈して、「信心歓喜乃至一念」を承けて「獲信の即

時（同時即）に正定聚の位に即く（即位）」ことを釈尊は「得往生」とおっしゃったのである、ということになる。言い換えれば、獲信の即時に正定聚に住するという、いわゆる信益同時が親鸞教義の特徴なのであるが、親鸞が、獲信即時に正定聚に住することを「即得往生」と言い換えたのではない。親鸞は、本願成就文の「即得往生」の語を、獲信即時に正定聚に住するとの意味であると示したのである。なお、先に問題として残した、「得」の解釈に「うべき（未来）ことをえたり（現在完了）」の二つの時制が用いられていることに関してであるが、この解釈中の正定聚の語に「ワウシヤウスヘキミトサタマルナリ（往生すべき身と定まるなり）」と左訓があることからすれば、「うべきこと」とは「当然往生するであろうということ」の意と見るべきであろう。つまり、「うべき（未来）ことをえたり（現在完了）」とは、未来に当然往生をうるであろうという必然性を、（獲信の一念である）今現在にえてしまったとの意であると考えられよう。(6)いずれにせよ、ここまでの検討においては、親鸞が現生往生を示したとは考えにくい。

第二項　『一念多念文意』所釈の文

その他、『一念多念文意』の本願成就文釈において、注目するべき点の一つは、「住不退転」の解釈が無いことである。『一念多念文意』における本願成就文釈は、まず、

『無量寿経』のなかに、あるいは「諸有衆生聞其名号信心歓喜乃至一念至心廻向願生彼国即得往生住不退転」と説きたまへり。

と所釈の本願成就文を出すことから始まり、以下、

「諸有衆生」といふは、……

「聞其名号」といふは、……

「信心歓喜乃至一念」といふは、……

　「信心」は……

　「歓喜」といふは、……

　　「歓」は……

　　「喜」は……

　「乃至」は……

　「一念」といふは、……

「至心廻向」といふは、……

　「至心」は……

　「廻向」は……

「願生彼国」といふは、……

　「願生」は……

　「彼国」は……

「即得往生」といふは、……

　「即」は……

　また「即」は……

「得」は……

と、順次解釈が示されている。ここには、「住不退転」といふは、と示される解釈は見られない。すなわち、「住不退転」の解釈は、おのずから「即得往生」の解釈に含められていると見るべきであろう。(7)

注目するべき点の第二は、前掲の文で本願成就文の解釈が終わっているのではないということである。いうまでもなく『一念多念文意』の体裁は、隆寛の『一念多念分別事』の要文の意を示すというものである。以下、『一念多念分別事』に引証されている文と『一念多念文意』の釈とを上下二段に分けて対照してみよう。

『一念多念分別事』と『一念多念文意』との対照

『一念多念分別事』	『一念多念文意』
（「恒願一切臨終時　勝縁勝境悉現前」の引用） 『無量寿経』のなかに、あるひは「諸有衆生　聞其名号　信心歓喜　乃至一念　至心廻向　願生彼国　即得往生　住不退転」とときゝ、	「恒願一切臨終時　勝縁勝境悉現前」といふは、「恒」はつねにといふ、………… 『無量寿経』のなかに、あるひは「諸有衆生　聞其名号　信心歓喜　乃至一念　至心廻向　願生彼国　即得往生　住不退転」と説きたまへり。 （以下、「諸有衆生」・「聞其名号」・「信心歓喜乃至一念」・「至心廻向」・「願生彼国」の釈が示される。） 「即得往生」といふは、「即」はすなわちといふ、ときをへず、日をもへだてぬなり。また「即」はつくといふ、そのくらゐにさだまりつくといふことばなり。「得」はうべきことをえたりといふ。真実信心をうれば、すなわち無礙光仏の御こころのうちに

摂取してすてたまはざるなり。摂はおさめたまふ、取はむかへとるとまうすなり。おさめとりたまふとき、すなわち、とき・日をもへだてず、正定聚のくらゐにつきさだまるを「往生を得」とはのたまへるなり。

（以下、正依『大経』と『如来会』の第十一願文、正依『大経』第十一願成就文が白文で引用され、正依『大経』と『如来会』の第十一願文が釈される。）

かくのごとく法蔵菩薩ちかひたまへるを、釈迦如来、五濁のわれらがために説きたまへる文のこゝろは、「それ衆生あて、かのくににむまれむとするものは、みなことごとく正定の聚に住す。ゆゑはいかんとなれば、かの仏国のうちにはもろもろの邪聚および不定聚はなければなり」とのたまへり。この二尊の御のりをみたてまつるに、「すなはち往生す」とのたまへるは、正定聚の位に定まるを「不退転に住す」とはのたまへるなり。この位にさだまりぬれば、かならず無上大涅槃にいたるべき身となるがゆゑに、「等正覚をなる」とも説き、「阿毘跋致にいたる」とも、「阿惟越致にいたる」とも説きたまふ。「即時入必定」ともまうすなり。

この真実信楽は他力横超の金剛心なり。しかれば、念仏のひとをば『大経』には「次如弥勒」とときたまへり。

（以下、弥勒が竪の菩薩であるとの釈）

横はよこさまにといふなり、超はこえてといふなり。これは、仏の大願業力のふねに乗じぬれば、生死の大海をよこさまにこえて、真実報土のきしにつくなり。

あるいは「乃至一念　念
於彼仏　亦得往生」（三

（以下、「次如弥勒」の釈）

「如」はごとしといふ。ごとしといふは、他力信楽のひとは、この世のうちにて不退のくらゐにのぼりて、かならず大般涅槃のさとりをひらかむこと、弥勒のごとしとなり。

『浄土論』にいはく、「経言〈若人但聞彼国土清浄安楽　剋念願生　亦得往生　即入正定聚〉　此是国土名字為仏事　安可思議」とのたまへり。この文のこころは、

（この釈については、後に別にあげる。

以下、王日休の「念仏衆生便同弥勒」の文の釈があり、中に「信心の方便によりて、すなわち正定聚の位に住せしめたまふがゆゑにとなり」の文がある。）

以下、『観経』の「若念仏者　当知此人是人中分陀利華」の釈があり、次に、『観念法門』の「但有専念　阿弥陀仏衆生彼仏心光　常照是人　摂護不捨　総不論照　摂余雑業行者　此亦是現生護念増上縁」が釈され、念仏者は仏の心光に照らされるが、雑業の行者は照摂されないと述べる。中に、念仏者について、「この世にてまもらせたまふとなり」といわれる。

源信和尚の『往生要集』の「我亦在彼　摂取之中　煩悩障眼　雖不能見　大悲無倦常照我身」の釈

輩段の文）とあかし、あるいは「其有得聞　彼仏名号　歓喜踊躍　乃至一念　当知此人　為得大利即是具足　無上功徳」と、たしかにをしへさせたまひたり。

「其有得聞彼仏名号」といふは、…………

一見してわかることは、『一念多念文意』の「しかれば必至滅度の誓願を『大経』に説きたまはく」から始まる正依『大経』の第十一願文、異訳『如来会』の第十一願文、正依『大経』の第十一願成就文、正依『大経』の「次如弥勒」の文、『往生論註』の文、王日休の文（龍舒浄土文）、『観経』の文、『観念阿弥陀仏相海三昧功徳法門』（以下『観念法門』と略称）の文、『往生要集』の文は、『一念多念分別事』には引証されていないということと、逆に『一念多念分別事』の『大経』三輩段の「乃至一念、念於彼仏、以至誠心、願生其国。此人臨終、夢見彼仏、亦得往生」（浄聖全一・四四頁、真聖全一・二五頁）の解釈が『一念多念文意』に見られないということである。

後者については、親鸞が『大経』三輩段を第十九願成就文と見ていることから[8]、第十八願が一念往生、多念往生いずれに偏するものでもないということを表そうとする本書の性格からして首肯できる。前者については、正依『大経』の第十一願文から始まり、『往生要集』の文に至る九文の解釈は、本願成就文の解釈、就中「即得往生」の解釈の継続として見るべきであることを示している。その「即得往生」の解釈中、傍線を施した「この世のうちにて不退のくらゐにのぼりて」、「この世にてまもらせたまふとなり」の文には、浄土と別した「この世」の事態が示されていることに注意を払わされる。(9)

また、正依『大経』と異訳『如来会』の第十一願文（弥陀）と、正依『大経』の第十一願成就文（釈迦）とを連引し、解釈を施した後、

この二尊の御のりをみたてまつるに、「すなはち往生す」とのたまへるは、正定聚の位に定まるを「不退転に住す」とはのたまへるなり。（浄聖全二・六六四頁、定親全三・和文篇一二九頁）

と述べられているが、ここに「すなはち往生す（即得往生）」の言葉が出るのは、まさしく本願成就文、就中「即得往生」の解釈が継続していることを示している。そして、

「すなはち往生す」とのたまへるは、正定聚の位に定まるを「不退転に住す」とはのたまへるなり。この位に定まりぬれば、かならず無上大涅槃にいたるべき身となるがゆゑに、「等正覚を成る」とも説き、（以下略）

と、（釈尊が本願成就文において）「即得往生」とおっしゃるのは、正定聚の位に定まることであり、それをまた「住不退転」ともおっしゃる。その正定聚の位に定まるということは、必ず無上大涅槃に至るべき身となるのであるから、「等正覚を成る（『如来会』第十一願文）」と説かれ、（以下略）と示される。ここにおいても、「即得往生」（釈尊の言葉）→「正定聚の位に定まる」（親鸞の解釈）であって、決して「住正定聚」（獲信即時の利益）→「即得往生」（親鸞の表現）ではない。「住正定聚」（獲信即時の利益）→「即得往生」（親鸞の表現）であれば、親鸞が現生の往生を主張したといいうるが、「即得往生」（釈尊の言葉）→「正定聚の位に定まる」（親鸞の解釈）であるので、親鸞が経文を解釈したというに過ぎない。しかも、その解釈の意図は、獲信の即時に入正定聚・住不退転の利益をうることを示すところにあり、決して現生の往生を主張せんとすることではなかったと考えられよう。それ

はまた、「信心歓喜乃至一念」（獲信の一念）と「住不退転」（現生の利益）との間にあるゆえ、現生の事態と解釈せざるをえない「即得往生」の「即」に着目した解釈であるということもできよう。

第三項　引意と左訓

さて親鸞が、「即得往生」の意を示すにあたって、正依『大経』の第十一願文より『往生要集』の文に至る九文を引用し、それぞれに解釈を施した意図を検討してみよう。

①　正依『大経』の第十一願文、異訳『如来会』の第十一願文、正依『大経』の第十一願成就文

以上三文は漢文が連引され、それぞれの訓読が示され、その解釈もまとめて行われる。その解釈は、「この二尊の御のりをみたてまつるに」より「他力横超の金剛心なり」に至る先に掲げたものであり、その検討は先に述べた通りである。

②　正依『大経』の「次如弥勒」の文

他力信楽の念仏者は、聖道自力の金剛心の菩薩である弥勒と同様、大涅槃にちかづくのである。「ちかづく」とは、この世で不退の位にのぼって、必ず大涅槃のさとりをひらくことをいうのである。

③　『往生論註』の文

訓み変えを行うことによって、現生正定聚の意を表そうとする。

④　王日休の文（龍舒浄土文）

金剛の信心をえた念仏者は、正定聚の位に住するのであり、弥勒と同じく必ず無上涅槃に至ることを表す。

⑤『観経』の文

念仏者は分陀利華に喩えられ、この華は、上上華・好華・妙好華・希有華・最勝華とほめたたえられ、善導はまた念仏者を上上人・好人・妙好人・希有人・最勝人とほめたたえることを示す。

⑥『観念法門』の文

他力信心の人は、阿弥陀如来の心光に、常に照らされ、護られ、決して捨てられることはない。雑行雑修の自力行者は摂取の利益にあずからない。他力信心の人は、『華厳経』に「諸仏とひとしきひと」と説かれることを示す。

⑦『往生要集』の文

阿弥陀如来の光明の中に摂取されていても、煩悩に眼障えられてその光明を見ることはできない。しかし、大悲の光明は倦むことなく常に照らしてくださることを表す。

以上九文、いずれも獲信の利益としての住正定聚を示すということにおさまるであろう。『観経』の文は、前文の「便同弥勒」を承け、そこで念仏者はほめたたえられるとの意を示し、次文の『観念法門』の摂取不捨の利益へと続いてゆくと見ることができ、『観念法門』の文における摂取不捨の利益は、先に論じたように現生正定聚の理由である。それはまた最後の『往生要集』の文の摂取の光明へと続いてゆく。

ところで、ここで第十一願成就文と『往生論註』の文とに注目したい。第十一願成就文は、「其有衆生生彼国者皆悉住於正定之聚所以者何彼仏国中無諸邪聚及不定聚」であるが、親鸞はその意を、

それ衆生あて、かの国に生れんとするものは、みなことごとく正定の聚に住す。ゆゑはいかんとなれば、かの仏国のうちにはもろもろの邪聚および不定聚はなければなり

と述べる。しかし、親鸞が同じ文を「証文類」に引用するに際して付した訓点による訓読は、

それ衆生ありて、かの国に生るれば、みなことごとく正定の聚に住す。ゆゑはいかん。かの仏国のうちにはもろもろの邪聚および不定聚なければなり

である。「証文類」引用にあたっては「かの国に生るれば、みなことごとく正定の聚に住す」と訓読するべき訓点を付したのに、『一念多念文意』においては、「かの国に生れんとするものは、みなことごとく正定の聚に住す」とその意を示している。すなわち、「証文類」引用においては、往生後の正定聚を示しているのに対し、『一念多念文意』においては往生前の正定聚を示している。

同様の訓みかえは、『往生論註』の文にも見られる。『往生論註』の文は、

若人但聞彼国土清浄安楽、剋念願生、亦得往生則入正定聚。（浄聖全一・五〇一頁、真聖全一・三二四頁）

であり、普通に訓めば、

もし人、ただかの国土の清浄安楽なるを聞きて、剋念して生ぜんと願ずれば、また往生を得てすなはち正定聚に入る。

との訓読が普通であると考えられよう。しかし、この文を「証文類」（浄聖全二・一三四頁、定親全一・一九七頁）に引用するにあたっての親鸞の訓点に従えば、

もし人、ただかの国土の清浄安楽なるを聞きて、剋念して生ぜんと願ぜんものと、また往生を得るものとはすなはち正定聚に入る。

という訓読となる。『一念多念文意』の、

もしひと、ひとへにかの国の清浄安楽なるを聞きて、剋念して生れんと願ふひとと、またすでに往生を得たる

ひとも、すなはち正定聚に入るなり。（浄聖全二・六六五頁、定親全三・和文篇一三一頁）

との解釈が、「証文類」の訓点と同意であることは明らかである。これは、すでに論じたように、本来、彼土正定聚を示している文を、訓点をかえることによって、此土正定聚・現生正定聚をも示す文として位置づけたことになる。原漢文に「得往生」とあるので、「往生を得」と訓ぜざるをえず、「すでに往生を得たるひと」と示さざるをえないが、原漢文の「剋念願生」を「得往生」と区別して現生此土においての往生をも示す文としたところに、親鸞の苦心が存すると考えられる。親鸞がこの文を示したのは、「即得往生」の解釈の継続中においてである。

ここで、現生往生を主張する一部論者に対して一つの疑問を提出したい。もし、一部論者の所論のごとく、親鸞が「即得往生」の解釈において現生の往生を述べたいのであれば、なぜわざわざ第十一願成就文や『往生論註』の文を訓みかえてまで此土正定聚を示さなくてはならないのであろうか。なぜ、第十一願成就文における「生彼国者」を「かの国に生れんとするもの」と釈し、「剋念願生、亦得往生」を「剋念して生ぜんと願ぜんものと、また往生を得るものと」と訓みかえたのであろうか。すなわち、なぜ往生以前において正定聚を示さなくてはならないのであろうか。信一念往生を主張したいのであれば、信一念の即時に住不退転であり、不退転＝正定聚を示し、そして彼土正定聚を示したならば、信一念即時の往生がおのずから明確であるはずである。つまり、信一念即時の往生であれば、信一念入正定聚であるから、当然住正定聚は彼土においてであるはずである。此土での正定聚は現生往生を表現するのにマイナスでしかない。にもかかわらず親鸞が訓みかえをしてまで此土正定聚を示したのは、親鸞の理解においては、信一念における入正定聚・住不退転は往生以前の事態であることを示しているといえよう。

第十一願成就文の釈と『往生論註』の文の訓みかえについては、親鸞が信一念における現生往生を主張したいのであれば解釈不可能な釈や訓みかえであり、親鸞が入正定聚・住不退転を往生以前の事態と受けとめていたことを示す証左であると理解することができる。

なお、親鸞において彼土正定聚の説示は、「証文類」における第十一願成就文の訓点等いくつかがあるが、これは原文の訓みかえが不可能な場合等であり、かつその場合は果後の広門示現相と見るべきであろう。「しのぶの御房の御返事」とある十月六日付の真蹟消息（『末灯鈔』第一三通に当たる）に、

浄土へ往生するまでは不退の位にておはしまし候へば、正定聚の位となづけておはしますことにて候ふなり。まことの信心をば、釈迦如来・弥陀如来二尊の御はからひにて発起せしめたまひ候ふとみえて候へば、信心の定まるとまうすは摂取にあづかるときにて候ふなり。そののちは正定聚の位にてまことに浄土へ生るるまでは候ふべしとみえ候ふなり。

（浄聖全二・七九五頁、定親全三・書簡篇九〇頁）

と記され、正定聚を特に「浄土へ往生するまでは」、「まことに浄土へ生るるまでは」と示しているのは、此土現生の住正定聚こそが親鸞教義の本義であることを示している。

いま一つ注目したいことは、正定聚の左訓についてである。『一念多念文意』の即得往生釈、「即得往生といふは、」（浄聖全二・六六二頁、定親全三・和文篇一二七頁）より「わがみをてらしたまふとのたまへるなり」（浄聖全二・六六八頁、定親全三・和文篇一三六頁）までの文には、正定聚・等正覚・不退転・阿毘跋致等の語が頻出し、しかもその大部分に左訓が付されている。以下、順序に従ってその左訓を示そう。

正定聚　ワウシヤウスヘキミトサタマルナリ　（浄聖全二・六六三頁、定親全三・和文篇一二八頁）

等正覚　マコトノホトケニナルヘキミトナレルナリ　（浄聖全二・六六三頁、定親全三・和文篇一二九頁）

正定の聚　カナラスホトケニナルヘキミトナレルナリ　（浄聖全二・六六四頁、定親全三・和文篇一二九頁）

不退転　ホトケニナルマテトイフ　（浄聖全二・六六四頁、定親全三・和文篇一二九頁）

等正覚　ホトケニナルヘキミトサタマレルヲイフ　（浄聖全二・六六四頁、定親全三・和文篇一二九頁）
阿毘跋致　ホトケニナルヘキミトナルナリ　（浄聖全二・六六四頁、定親全三・和文篇一三〇頁）
阿惟越致　左訓無し　（浄聖全二・六六四頁、定親全三・和文篇一三〇頁）
次如弥勒　ネムフチノヒトハミロクノコトクホトケニナルヘシトイフ　（浄聖全二・六六四頁、定親全三・和文篇一三〇頁）

その他「正定聚」に左訓の無いもの三例

一見して気がつくことは、最初の左訓が異例であるということである。すなわち、その他の左訓はすべて成仏決定を示す左訓であるにもかかわらず、最初の左訓のみが往生決定を示している。言うまでもなく正定聚の本来の意味は成仏決定であり、正定聚を往生決定とするのは原意を転じた解釈というべきであろう。とすれば、親鸞が正定聚と同義に用いている等正覚・不退転・阿毘跋致等の語が成仏決定と示されているのは当然であるといえよう。その他、『末灯鈔』に、

（第二通）

この人は正定聚の位に定まれるなりと知るべし。しかれば弥勒仏とひとしき人とのたまへり。

（浄聖全二・七八一頁、定親全三・書簡篇六七頁）


（第三通）

信心をえたるひとは、かならず正定聚の位に住するがゆゑに等正覚の位とまうすなり。（中略）弥勒とおなじく、このたび無上覚にいたるべきゆゑに、弥勒とおなじと説きたまへり。

（浄聖全二・七八三頁、定親全三・書簡篇六八頁）

（第七通）

されぱこそ、無上覚にいたるべき心のおこるとまうすなり。これを不退の位ともまうし、正定聚の位に入るともまうし、等正覚にいたるともまうすなり。（浄聖全二・七八八頁、定親全三・書簡篇七七頁）

（第一八通）

金剛心になるときを正定聚の位に住すともまうす。弥勒菩薩とおなじ位になるとも説かれて候ふめり。（浄聖全二・八〇四頁、定親全三・書簡篇一〇四頁）

と述べ、いずれも成仏決定の意が示されている。ただし、第一通には、

真実信心の行人は、摂取不捨のゆゑに正定聚に住す。このゆゑに臨終まつことなし、来迎たのむことなし。信心の定まるとき往生また定まるなり。（浄聖全二・七七七頁、定親全三・書簡篇五九頁）

と往生決定の意で述べられているが、これは自力願生行者の期する臨終来迎との関わりにおいて正定聚が述べられているのであり、往生決定と示されるべき当然の理由があると考えられる。とすると、『一念多念文意』において、正定聚に往生決定の意が示される左訓が付されているのにも、何等かの理由がなくてはならない。往生決定の左訓が付されているのは、

すなはち、とき・日をもへだてず、正定聚の位につき定まるを往生をうとはのたまへるなり。

の正定聚である。この文は先に論じたように、信一念即時の住正定聚を釈尊は「得往生」とおっしゃられた、との意であるが、「往生をう」との語があるので、信一念即時の往生と誤解されるおそれもある。その誤解をあらかじめ否定するために、往生決定、言い換えれば未だ往生していないことを意味する左訓が付されたと考えるのは、牽強付会の非難を受けるだろうか。先にも論じたように、正定聚を往生決定で示すのは異例に属し、何等かの必然性

があると考えられる。ところが、この正定聚に成仏決定の左訓を付しても、特に不整合が感じられるということはない。にもかかわらず、親鸞があえて往生決定の左訓を付したということの理由を考える時、前述の考察は必ずしも不当とはいえないであろう。

第三節　『唯信鈔文意』の釈

次に、『唯信鈔文意』における「即得往生」の解釈は以下の通りである。

「即得往生」は、信心をうればすなはち往生すといふ。すなはち往生すといふは不退転に住するをいふ。不退転に住すといふはすなはち正定聚の位に定まるとのたまふ御のりなり、これを「即得往生」とはまうすなり。「即」はすなはちといふ、すなはちといふはときをへず日をもへだてぬをいふなり。

（浄聖全二・六九〇頁、定親全三・和文篇一六一頁）

この文の解釈に先だって確認しておきたいことは、『一念多念文意』においては、『一念多念分別事』に出る本願成就文の解釈に続いて、『一念多念分別事』に出ない第十一願文等の解釈が続いたのであるが、『唯信鈔文意』に解釈されている本願成就文は、『唯信鈔』には見当たらないということである。『唯信鈔文意』における本願成就文釈は、『唯信鈔』に引用される法照の『五会念仏法事讃』の偈文、

如来尊号甚分明　十方世界普流行
但有称名皆得往　観音勢至自来迎

の解釈の中、最後の「迎」についての釈から、

「迎」といふはむかへたまふといふ、まつといふこころなり。選択不思議の本願・無上智慧の尊号をきゝて、一念も疑ふこころなきを真実信心といふなり、金剛心ともなづく。この信楽をうるときかならず摂取して捨てたまはざれば、すなはち正定聚の位に定まるなり。このゆゑに信心やぶれず、かたぶかず、みだれぬこと金剛のごとくなるがゆゑに、金剛の信心とはまうすなり。これを「迎」といふなり。『大経』には「願生彼国即得往生住不退転」とのたまへり。「願生彼国」は、かのくにうまれんとねがへとなり。

（浄聖全二・六八九頁、定親全三・和文篇一六〇頁）

と述べるのに続いて、本願成就文の「願生彼国即得往生住不退転」の解釈が示されるのである。ここで注意を払っておきたい第一点は、「この信楽をうるときかならず摂取して捨てたまはざれば、すなはち正定聚の位に定まるなり」を承けて「願生彼国即得往生住不退転」が出されるということである。すなわち、『一念多念文意』と同様、獲信→摂取不捨→住正定聚という親鸞教義の定型が示され、その説明として示される文の中にあるのが「即得往生」であることには注意を払っておく必要がある。次に第二点は、同じく『一念多念文意』と同様、『唯信鈔文意』においても、所釈の文に存在する「住不退転」についての特別の解釈はなく、「即得往生」の解釈の中に含められているということである。この二点をまず指摘しておきたい。

さて、『唯信鈔文意』における「即得往生」の解釈の検討に移ろう。まず、

「即得往生」は、信心をうればすなはち往生すといふ。

と述べられる。一見すると信一念即時の往生が示されているかのようであるが、果たしてそうであろうか。この文は、「即得往生」の解釈にあたって、まず所釈の文としては挙げられていない「信心歓喜」を承けるものであることを示したものであろう。先にも述べたように、この「即得往生」の解釈は、獲信→摂取不捨→住正定聚という親

鸞教義の定型が示された後に、その説明あるいは論証のために本願成就文の「願生彼国」以下が引用され、解釈されるのであり、「即得往生」の解釈にあたって、獲信を意味する「信心をうれば」の言葉をもって「すなはち往生す（即得往生）」の前提を示すことは蓋し当然といえよう。この文は、成就文の「即得往生」の前提をまず示したものであって、「即得往生」そのものの解釈ではないと考えられる。「即得往生」そのものの解釈は、以下の文であろう。まず、

すなはち往生すといふは不退転に住するをいふ。

と、「即得往生」を言い換えた「すなはち往生す」とは、そのまま本願成就文で「即得往生」に続く「住不退転」と同義であると示す。そして、

不退転に住すといふはすなはち正定聚の位に定まるとのたまふ御のりなり、

と、住不退転とは正定聚の位に定まるということをおっしゃった（釈尊の）お言葉であると示される。その住不退転、正定聚の位に定まるということこそが、本願成就文の「即得往生」の意味であることを、

これを「即得往生」とはまうすなり。

と述べ、次いで、その住不退転、正定聚の位に定まることが、獲信の一念即時であることを示すために、

「即」はすなはちといふ、すなはちといふはときをへず日をもへだてぬをいふなり。

と結ぶのである。

小結

本章においては、前章第一節において一度は検討を行った親鸞の和語聖教における本願成就文釈の中、特に「即得往生」の解釈について、再度詳細な検討を行った。

まず、第一節においては、本願成就文釈検討の意義を述べた。すなわち現生往生説の主要な根拠の一つと見なしうる本願成就文の「即得往生」について、詳細な検討を行うことの意義を明確にした。

第二節においては、『一念多念文意』の釈を取り上げたが、まず第一項においては本願成就文釈の構造の検討を行った。すなわち、親鸞教義においては、獲信↓摂取不捨↓住正定聚という定型が存在し、『一念多念文意』の「即得往生」の釈もその定型に則っていることを指摘した。その釈は「すなはち」と「つく」の「即」の二義を用いて、「獲信の即時（すなはち＝同時即）に正定聚の位に即く（つく＝即位）」ということを釈尊が「得往生」とおっしゃったとの意味であると論じた。続いて、第二項においては、『一念多念文意』の所釈の文について検討し、『一念多念分別事』に引証されている経釈の文と『一念多念文意』とを対照することによって、『一念多念分別事』には引証されていない正依『大経』の第十一願文から『往生要集』の文に至るまでの九文についての釈は、「即得往生」の釈の継続であり、これらの文はいずれも現生正定聚を証する文と見なしうることを指摘した。そして、これらの文の釈において、本願成就文の「かの国」に対する「この世」という語を用いて現生正定聚の事態を説示していることに注意すべきであると論じた。

第三項においては、親鸞が、正依『大経』の第十一願文より『往生要集』の文に至る九文それぞれに解釈を施した意図を検討し、九文いずれも獲信の利益としての住正定聚を示すということにおさまることを明らかにした。

また、第十一願成就文の釈や『往生論註』の文の訓みかえによって親鸞は現生正定聚を示しているが、親鸞が信一念即時の往生を示したいのであれば不要な釈、訓みかえであることを指摘した。

さらに、「即得往生」の釈における種々の左訓について、「とき・日をもへだてず、正定聚の位につき定まるを往生をうと」の「正定聚」の左訓のみ往生決定（往生以前）を意味するものであり、他の左訓は全て成仏決定を意味するものであることを指摘し、わざわざ異例の左訓を付したのは、現生往生との誤解を否定するためであると見なしうると論じた。

第三節においては、『唯信鈔文意』の釈を検討した。

まず、「即得往生」の釈は、法照の『五会念仏法事讃』の偈文の解釈の中、最後の「迎」についての釈、

この信楽をうるときかならず摂取して捨てたまはざれば、すなはち正定聚の位に定まるなり。

を承けて「願生彼国即得往生住不退転」が出されているということと、『一念多念文意』と同様、『唯信鈔文意』においても、所釈の文に存在する「住不退転」についての特別の解釈はなく、「即得往生」の解釈の中に含められているということを指摘した。

続いて、『唯信鈔文意』において、信一念即時の往生が示されているかのごとき、「即得往生は、信心をうればすなはち往生すといふ」について、「即得往生」の解釈は、獲信→摂取不捨→住正定聚という親鸞教義の定型が示された後に、その説明あるいは論証のために本願成就文の「願生彼国」以下が引用され、解釈されるものであろうことを再度示した。そして、この文は、「即得往生」の解釈にあたって、獲信を意味する「信心をうれば」の言葉をもって「すなはち往生す（即得往生）」の前提を示す釈、すなわち成就文の「即得往生」は「信心歓喜」を承けて

いることをまず示したものであって、「即得往生」そのものの解釈ではないと論じた。「即得往生」そのものの解釈は、「すなはち往生すといふは不退転に住するをいふ」以下の文であり、そこでは、住不退転とは正定聚の位に定まるということを釈尊が教示したものであり、住不退転、正定聚の位に定まるということこそが、本願成就文の「即得往生」の意味であることを「これを即得往生とはまうすなり」と示されていると述べた。次いで、その住不退転、正定聚の位に定まることが、獲信の一念即時であることを示すために、

「即」はすなはちといふ、すなはちといふはときをへず日をもへだてぬをいふなり。

と結ぶと理解できると論じたのである。

以上、『一念多念文意』と『唯信鈔文意』の本願成就文釈における親鸞の「即得往生」の解釈を検討した結果、以下の諸点が明らかになったと思われる。

(1)『一念多念文意』においても、『唯信鈔文意』においても、「即得往生」と「住不退転」とは個々別々に解釈されず、「住不退転」の解釈は「即得往生」の解釈におのずから含まれてしまっていると見られる。これは、即得往生と住不退転とが全く同義であることを示している。

(2)『一念多念文意』において、普通に訓めば往生後の住正定聚を、往生以前とする訓みかえが行われている。

(3)同じく『一念多念文意』において、正定聚の左訓としては異例の往生決定（往生以前）を意味する左訓が付されている。

(4)『一念多念文意』では、「即」に「すなはち」と「つく」との二つの訓が示されるが、「つく」の訓では、

東宮の位にゐるひとはかならず王の位につくがごとく、正定聚の位につくは東宮の位のごとし、王に

正定聚の位につき定まる

のぼるは即位といふ、これはすなはち無上涅槃にいたるをまうすなり。信心のひとは正定聚にいたりて、かならず滅度に至ると誓ひたまへるなり。

と、正定聚の位につくという意味であると解釈されている。

（5）結局、親鸞の本願成就文釈は、基本的に信一念同時に入正定聚・住不退転の益をうることを示すことにあり、その同時を示すために「即」の語が「ときをへず日をもへだてぬ」との意であると釈されるが、それは決して信一念即時の往生を意味するのではない。（2）や（3）に見られるように、逆に、往生以前すなわち未だ往生していないことが、わざわざ示されている。

以上の諸点を本章の結論とする。

註

（1）上田論文に先立って曽我量深氏は、昭和四十二年（一九六七年）の講演（後に金子大榮氏の講演とともに『往生と成仏』と題して出版されている）において、「往生はこの煩悩具足の身をもって達するのであり、……往生は現生に得る益」と述べている。

（2）「宗祖教義における往生と成仏―『岩波仏教辞典』の記述を縁として―」（『中央仏教学院紀要』第七号）
「宗祖の往生観」（『真宗研究』第三十八輯）
「親鸞における往生と成仏―松野純孝氏の『親鸞における往生と成仏』に就いての疑問―」（中西智海先生還暦記念論文集『親鸞の仏教』）
現世往生説の検討―上田義文博士の「親鸞の往生思想」について―（『真宗学』第一一五号）
親鸞聖人における往生（『真宗研究』第四十五輯）平成十三年一月等。

（3）その他、第二部第一章第二節参照。

（4）久保田篤・斎藤文俊「古典語主要助動詞辞典」（『別冊国文学』第三八号所収）一一九頁参照。
なお、推量、意志、適当・当然、命令・勧誘、可能の分類は、現代語に解釈する場合の便宜上の分類であるとされる。

（5）『尊号真像銘文』（浄聖全二・六三一頁、定親全三・和文篇九八頁）や『末灯鈔』第三通（浄聖全二・七八三頁、定親全三・書簡篇六九頁）、『末灯鈔』第七通（浄聖全二・七八八頁、定親全三・書簡篇七七頁）には「摂取不捨の利益」の語がある。

（6）『一念多念文意』（浄聖全二・六七六頁、定親全三・和文篇一四八頁）において、「即」を「つく」と訓じて、即位を王の位につくと示しながら、王＝無上涅槃、東宮＝正定聚と喩えて、東宮は必ず王の位につくのと同様、正定聚の位につく信心のひとは、必ず滅度に至ると述べられている。ここにも、未来の必然性をすでにえているという形を見ることができる。

（7）「往生」の解釈も無いが、
「すなはち往生す」とのたまへるは、正定聚の位に定まるを「不退転に住す」とはのたまへるなり。（これについては後述した）
がそれに当たるとも考えられる。なお、親鸞の和語聖教において、往生の語の解釈と見なしうるのは、『尊号真像銘文』の「往生といふは浄土にうまるといふなり」（浄聖全二・六二六頁、定親全三・和文篇九四頁）のみであろう。

（8）「化身土文類」には、『大経』第十九願文及び『悲華経』の同趣旨の文が引用された後、
此願成就文者、即三輩文是也、観経定散九品之文是也。
この願成就の文は、すなはち三輩の文これなり、『観経』の定散九品の文これなり。
といわれている。

（9）親鸞は、『末灯鈔』第六通において、「安楽浄土」と「娑婆世界」とを明確に区別している。本書一六九頁参照。

第四章　親鸞教義における往生の意義

第一節　絶対界としての浄土と相対界としての浄土

親鸞教義、すなわち、信一念に正定聚に住し、命終わって浄土に往生し、直ちに成仏する、というものは、ややもすれば、未来に優位性を認める未来中心主義、したがって現実軽視の教えと受けとられるきらいがある。現世において往生や成仏を語る人々の意図は、親鸞教義が、決して未来中心主義ではなく、したがって現実軽視の教えでもなく、逆に現実の人生の確かな拠りどころとなり、現実の人生を充実させるべき教義であることを明確にしようとするところにあると思われる。

しかし、命終を契機とする往生・成仏の教義は、ただ未来にのみ希望を抱かせ、現実の苦悩から逃避させるような教えでしかないのだろうか。現世において、往生・成仏が語れなければ、本当の救済が成立しないとの主張もまま見受けられるが、このような主張は、序論において述べたような二つの前提（広げれば三つ）が背景となっているであろう。

すなわち、

（1）科学的実証主義と矛盾しない往生観

（2）現在において、すべての問題を解決し終わらなければ満足しないという姿勢であり、(1) の科学的実証主義と矛盾しない往生観は、他方世界としての極楽浄土の否定と命終を契機とする極楽浄土への往生に対する不信感である。

まず、第一に、他方世界としての浄土の意義について考察してみよう。浄土の存在は、現代人にとって簡単には受け入れ難い概念であるが、浄土とは、

安養浄土の荘厳は　唯仏与仏の知見なり
究竟せること虚空にして　広大にして辺際なし(『高僧和讃』浄聖全二・四〇九頁、定親全二・和讃篇八一頁)

と讃詠されるように、本来的には、ただ仏と仏のみが知ることのできる世界であって、迷いの中に生きる凡夫である私たちの認識や理解を超えた世界である。すでに見たように、曇鸞の『往生論註』には、浄土往生とは「無生の生」であり、「生といふは、得生のひとの情ならくのみ」であり、「因縁生のゆゑに仮に生と名づく」と示されるように、浄土往生とは、まさしく浄土に往き生まれることを意味するが、我々が考えているような生まれ方ではない。しかも、無生の生の理を理解できず、無生の生として往生を願うのではなく、往生を実体的にとらえて願生する凡夫も、本願力によって往生せしめられるとも説かれる。また、これもすでに見たように、この世界に対して、西方に、極楽浄土有りと説かれるのであるが、天親の『浄土論』には、

観彼世界相、勝過三界道。究竟如虚空、広大無辺際。(浄聖全一・四三三頁、真聖全一・二六九頁)

かの世界の相を観ずるに、三界の道に勝過せり。究竟して虚空のごとし、広大にして辺際なし。

と説かれる。この「無辺際(辺際なし)」との表現は、浄土が絶対界であることを示している。此の世界に対する浄土(彼の世界)であるならば、此の世界と彼の世界との境界が存在するはずである。すなわち、此の世界の辺際のあちら側に彼の世界があり、彼の世界の辺際のこちら側に此の世界があるはずである。ところが、彼の世界には

辺際がないのであるから、此の世界に対して彼の世界があるのではなく、此の世界と彼の世界という対立を超えたところに彼の世界が存在していることを示している。それは、此の世界を内に含む彼の世界とも表現することができよう。このように、ある意味では相反する二様の表現、此の世界と対立する彼の世界という表現と、此の世界を内に含む彼の世界という表現とが存在するのであるが、以下、この問題に関する先哲の解釈を瞥見してみよう。(1)

まず、浄満院円月師は、『宗要百論題』において、

『法華』に「諸法実相」と説き給ふ。万法一如にして所謂「魔界如、仏界如、一如無二如」、染浄迷悟の差別ありと雖も其体一如なり。然れば穢土と雖もその体は理なり。浄土と雖も亦理の外に無し。喩へば水波の如し。千波万波の差別の諸相ありと雖も体は一の水なり。今弥陀の浄土、その相に就くときは穢土に対して建立し給ふ処なれば染法あることなし。浄穢差別分界なくんばあるべからず。而してその体に就いてこれを云ふときは、一の水に分界なきが如く、真如の理体豈浄穢の別あらんや。然るに是の如きの義は悟界の所見に約してこれを云ふ。若し迷界の所見は一如の理体を知らず、只染浄の差別相のみを見るが故に波を知って水を知らざるが如し。迷見に約するときは、浄土と雖も但の浄土にして浄穢不二の浄土に非ず。故に真の浄を見るものに非ず。(中略)此の土にあっては但の浄土を見て真の浄土を知らずと雖も、彼の土に生ずるときはすなわち浄穢不二の大浄に達するを得べし。氷上燃火の喩以て例知すべし。(2)

と論じ、専精院鮮妙師は『宗要論題決択編』において、

辺なきの無辺なれば悪平等に堕し、無辺なきの辺なれば情計所変となる。此中但是暫随機とは、(3)差別の一辺に着する機に応ずるには無差別を以て応ずること能はざるのみならず、差無差不二を以て応ずるも猶ほ堪ふる所に非ず。無辺を離れざる辺の方にて応同するが故に、その無辺及び不二に対して暫と云ふ。天台に所謂、権と

は暫用還廃と云ふが如き暫に非ず。得生者の情に応じて生と説くが如し。辺も実事、無辺も実理、理事常に相即するなり。此の如き不二融即は法体の所談、機辺より云へば十地の大士も至愚に似同し、普賢・文殊も西方を願生す。願生即無生の故に氷上燃火の如し。故に摂化門は辺に約す。(4)

と論じる。

両師の所論で注意されるべきは、浄土の絶対性、いわば此の世界（穢土）と彼の世界（浄土）という対立を超えた真の浄土の存在を認めながらも、それは「悟界の所見に約する」、「法体の所談」であるとして、衆生の認識の対象ではないことが強調される点である。確かに彼此の相対を離れた絶対の浄土こそが真実の浄土であるかもしれないが、その絶対の浄土を彼此相対の世界の内に生きている衆生の認識の場において論ずることはできない。彼此相対の世界の内に生きている衆生は、彼此相対の認識しかできず、それを超えた絶対の認識は不可能である。それゆえ、彼此相対の衆生の認識の内において浄土の絶対性を論じても、そこには「絶対性」という言葉のみがあり、それによって生ずる概念は、絶対の浄土とは似而非なるものといわざるをえない。それは却って浄土の観念化を招き、形而上的な戯論を弄ぶことになろう。それ故、衆生の認識の場においては、「迷見に約するときは、浄土と雖も但の浄土にして浄穢不二の浄土に非ず」と論じられ、「摂化門は辺に約す」として、彼此相対の浄土こそが衆生救済のはたらきであることが明らかにされるのである。

先にも論じたように、浄土＝悟りの世界、穢土＝迷いの世界として、浄土と穢土とを対立させることができる。しかし、悟りの世界は単に迷いの世界と対立するのみならず、迷いの世界を内に含んでしまうものでもある。その迷いの世界を内に含む悟りのみがある世界が、迷いの世界と対立して表現されてくるところに浄土教の立場がある。それは対立の世界に生き、すべての存在を対立の内にしか認識できない迷いの衆生にとって、最も現実的な、具体的な教えであるといえよう。

大乗仏教においては、迷悟染浄不二而二であるが、親鸞は「証知生死即涅槃」（正信偈）や「煩悩菩提体無二」（『高僧和讃』曇鸞讃）等、迷悟染浄不二をふまえつつも、『尊号真像銘文』には、

「至心」は真実と申すなり、真実と申すは如来の御ちかひの真実なるを至心と申すなり。煩悩具足の衆生は、もとより真実の心なし、清浄の心なし、濁悪邪見のゆゑなり。（浄聖全二・六〇三頁、定親全三・和文篇七三頁）

と、迷悟染浄而二を強調する表現が見られる。これは、『正像末和讃』において、衆生のありようを、

劫濁のときうつるには　有情やうやく身小なり
五濁悪邪まさるゆゑ　毒蛇・悪竜のごとくなり（浄聖全二・四七二頁、定親全二・和讃篇一六一頁）

無明煩悩しげくして　塵数のごとく遍満す
愛憎違順することは　高峰岳山にことならず（浄聖全二・四七二頁、定親全二・和讃篇一六二頁）

悪性さらにやめがたし　こころは蛇蝎のごとくなり
修善も雑毒なるゆゑに　虚仮の行とぞなづけたる（浄聖全二・五一八頁、定親全二・和讃篇二〇九頁）

と悲歎しているところにも見られる。

親鸞には、「誓願不可思議」（「行文類」浄聖全二・五八頁、定親全一・八二頁）、「不可思議願海」（「化身土文類」浄聖全二・一九九頁、定親全一・二九三頁）との言葉があり、また名号法を「難信之法」（「化身土文類」浄聖全二・一九九頁、定親全一・二九三頁）と示すが、「信文類」に引用される元照の『阿弥陀経義疏』では以下のようにいわれている。

元照律師云、他不能為故甚難。挙世未見故希有。

又云、念仏法門不簡愚智豪賤、不論久近善悪、唯取決誓猛信、臨終悪相、十念往生。此乃具縛凡愚、屠沽下類、刹那超越成仏之法。可謂世間甚難信也。（浄聖全二・九二頁、定親全一・一三四頁）

元照律師のいはく、「他のなすことあたはざるがゆゑに甚難なり。世挙つていまだ見たてまつらざるがゆゑに希有なり」と。

またいはく、「念仏法門は愚智・豪賤を簡ばず、久近・善悪を論ぜず、ただ決誓猛信を取れば、臨終悪相なれども、十念に往生す。これすなはち具縛の凡愚、屠沽の下類、刹那に超越する成仏の法なり。世間甚難信といふべきなり」と。

すなわち、一般的には最も成仏が困難な存在とされる「具縛の凡愚、屠沽の下類」が「刹那に超越する成仏の法」であるから、「甚難信」といわれると述べられているのである。敷衍すると、成仏不可能な存在を成仏せしめる法であるから「誓願不可思議」、「不可思議願海」、「難信之法」であるということになる。親鸞の「誓願不可思議」等の表現は本願名号法の讃歎であり、それは成仏不可能と実感した自己を成仏決定の存在とせしめられていることによる歓喜であるということができる。親鸞の歓喜は、悟りの存在である仏と自己とを真反対の存在であるとしたところに成立するものであり、迷悟染浄生仏が対立的に把握されているのが親鸞教義の大きな特徴である。すなわち、浄土と穢土とが対立的に把握されている親鸞教義においては、現生穢土の存在である衆生がそのまま浄土の存在であるということは考えられないことであるということができる。(5)

次に、命終を契機とする極楽浄土への往生に対する不信感は、死後の否定でもある。私たちの生命とは、誕生から死亡までの生命であり、それ以前の生もそれ以後の生も存在しない、という思想は、断見あるいは無の邪見といわれ、思想としては古くから見られるが、特に近代の科学的実証主義の影響下に育った現代人の陥りやすい思想でもある。しかし、誕生以前の生や死亡以後の生は、現在のところ科学的に実証不可能ということであって、いうまでもなく、実証不可能ということと存在しないということとは同義ではない。

親鸞教義が、死後を否定し、現世のみを説く教えでないことは、

命終その期ちかづきて　本師源空のたまはく

往生みたびになりぬるに　このたびことにとげやすし

（『高僧和讃』浄聖全二・四六一頁、定親全二・和讃篇一三三頁）

本師源空命終時　建暦第二壬申歳

初春下旬第五日　浄土に還帰せしめけり

（『高僧和讃』浄聖全二・四六四頁、定親全二・和讃篇一三六頁）

と、法然の入滅について「往生」「浄土に還帰」と讃詠されるのを見れば明らかであろう。親鸞教義においては、この世の命の終わりは、決して全面的なほろびではなく、より高次な真実の生に生きることを意味するのであることを、今一度確認しておく必要があろう。同時に、先に論じたように、浄土教の教相においては浄土が他方世界として説示され、また、我々は説示されたごとく他方世界として受け取ってこそ、浄土を観念化することなく浄土の真相に触れることができるのであるとすれば、他方世界としての浄土への往生は、必然的に命終後である。彼此相対の認識しかできない我々にとっては、悟りの世界である浄土は、迷いの世界である穢土と対立した世界であり、空間的には他方世界であり、そこへの往生は、時間的には命終を契機とするものであるといわなくてはならない。

次に、現生正定聚に対する不満は、正定聚を未完成なものとし、正定聚のみでは満足できず、その欠けたところを補完しようとして、往生または成仏を説こうとすると考えられる。親鸞教義は、あくまでも現生に正定聚に住し、命終わって浄土に往生して直ちに成仏する、というものであり、ここで正定聚とは、先に述べたように、まさしく

往生・成仏が決定した聚（ともがら）という意味であって、往生・成仏に対していえば、未完成であるともいえよう。

さて、龍樹の「易行品」においては、難行の難たる理由を、諸・久・堕の三で示される。親鸞の比叡山における二十年の修行について詳細な資料は残されていないが、求道心に燃える親鸞が筆舌に尽くしがたい難行苦行の毎日をすごしたことは想像にかたくない。しかしながら、その難行苦行による結果、以前と少しも変わらぬ罪悪深重・煩悩具足、地獄一定の自己を発見したところに、親鸞の下山の動機があったと考えられよう。その意味では、数多くの行を長期間にわたって修行しなければならないという困難性よりも、向上が保証されず、常に堕落の危険性をはらんでいるという堕の難こそが、自力難行の困難性の最たるものといえる。悟りに向かって一歩も前進していないという焦躁の中にあった親鸞において、住正定聚の利益がどれほど重いものであったかという点を見失ってはならない。

第二節　親鸞のよろこび

親鸞は、処々に自らのよろこびを述べている。たとえば、

噫、弘誓強縁、多生叵値、真実浄信、億劫叵獲。遇獲行信、遠慶宿縁。（中略）爰愚禿釈親鸞、慶哉、西蕃月支聖典、東夏日域師釈、難遇今得遇、難聞已得聞。

（「総序」浄聖全二・七頁、定親全一・六頁）

ああ、弘誓の強縁、多生にも値ひがたく、真実の浄信、億劫にも獲がたし。たまたま行信を獲ば、遠く宿縁を慶べ。（中略）ここに愚禿釈の親鸞、慶ばしいかな、西蕃・月支の聖典、東夏・日域の師釈に、遇ひがた

くしていま遇ふことを得たり、聞きがたくしてすでに聞くことを得たり。

爾者獲真実行信者、心多歓喜故、是名歓喜地。是喩初果者、初果聖者、尚睡眠懶堕不至二十九有。何況十方群生海、帰命斯行信者摂取不捨。故名阿弥陀仏。是曰他力。是以龍樹大士曰即時入必定。曇鸞大師云入正定聚之数。仰可憑斯。専可行斯也。

（「行文類」浄聖全二・四八頁、定親全一・六七頁）

しかれば、真実の行信を獲れば、心に歓喜多きがゆゑに、これを歓喜地と名づく。これを初果に喩ふることは、初果の聖者、なほ睡眠し懶堕なれども二十九有に至らず。いかにいはんや十方群生海、この行信に帰命すれば摂取して捨てたまはず。ゆゑに阿弥陀仏と名づけたてまつると。これを他力といふ。ここをもつて龍樹大士は「即時入必定」といへり。曇鸞大師は「入正定聚之数」といへり。仰いでこれを憑むべし。もつぱらこれを行ずべきなり。

爰久入願海、深知仏恩。為報謝至徳、摭真宗簡要、恒常称念不可思議徳海。弥喜愛斯、特頂戴斯也。

（「化身土文類」浄聖全二・二一〇頁、定親全一・三〇九頁）

ここに久しく願海に入りて、深く仏恩を知れり。至徳を報謝せんがために、真宗の簡要を摭うて、恒常に不可思議の徳海を称念す。いよいよこれを喜愛し、ことにこれを頂戴するなり。

等である。これらの文を見れば、親鸞のよろこびは、基本的には法との出遇いによるよろこびであることが理解できよう。親鸞は、今すでに教法に出遇い、本願に出遇えたことをよろこんでいるのである。そして、

真実信心の行人は、摂取不捨のゆゑに正定聚の位に住す。

（『末灯鈔』浄聖全二・七七七頁、定親全三・書簡篇五九頁）

信心をえたるひとは、かならず正定聚の位に住するがゆゑに等正覚の位とまうすなり。『大無量寿経』には、

摂取不捨の利益に定まるものを正定聚と名づけ、『無量寿如来会』には等正覚と説きたまへり。

（『末灯鈔』浄聖全二・七八三頁、定親全三・書簡篇六八頁）

等と、摂取不捨によって正定聚に住すると示し、まさしく阿弥陀如来の光明に摂め取られ、決して捨てられることのないことこそを、無上のよろこびとするのである。

親鸞はまた、

然煩悩成就凡夫、生死罪濁群萌、獲往相廻向心行、即時入大乗正定聚之数。住正定聚故必至滅度。

（「証文類」浄聖全二・一三三頁、定親全一・一九五頁）

しかるに煩悩成就の凡夫、生死罪濁の群萌、往相廻向の心行を獲れば、即の時に大乗正定聚の数に入るなり。正定聚に住するがゆゑに、かならず滅度に至る。

真実信をえたる人は大願業力のゆゑに、自然に浄土の業因たがはずして、かの業力にひかるるゆゑにゆきやすく、無上大涅槃にのぼるにきはまりなしとのたまへるなり。しかれば「自然之所牽」とまうすなり。他力の至心信楽の業因の自然にひくなり。これを「牽」といふなり。「自然」といふは行者のはからひにあらずとなり。

（『尊号真像銘文』浄聖全二・六一〇頁、定親全三・和文篇八〇頁）

と、ひとたび阿弥陀如来の光明に摂め取られて正定聚に住したならば、無上大涅槃をうることは必然の結果であると示す。すなわち、焦眉の急は本願に出遇うことであり、阿弥陀如来の光明に摂め取られて捨てられないことであり、正定聚に住することである。親鸞が、

然常没凡愚、流転群生、無上妙果不難成、真実信楽実難獲。

（「信文類」浄聖全二・六七頁、定親全一・九六頁）

しかるに常没の凡愚、流転の群生、無上妙果の成じがたきにあらず、真実の信楽まことに獲ること難し。

然薄地凡夫、底下群生、浄信叵獲、極果叵証也。（中略）信知、無上妙果不難成、真実浄信実難得。

（『浄土文類聚鈔』浄聖全二・二六三頁、定親全二・漢文篇一三四頁）

しかるに薄地の凡夫、底下の群生、浄信獲がたく、極果証しがたし。（中略）まことに知んぬ、無上妙果の成じがたきにはあらず、真実の浄信まことに得ること難し。

と示すのは、信楽（浄信）をうることこそが肝要であって、無上妙果はその必然的な結果として自然にえられることを意味している。特に、『浄土文類聚鈔』において、いったん「浄信叵獲極果叵証（浄信獲がたく極果証しがたし）」と示しながら、後に「無上妙果不難成、真実浄信実難得（無上妙果の成じがたきにはあらず、真実の浄信まことに得ることかたし）」と、結局真実の浄信をうることこそが難であると示すものを、「総序」の「慶哉、（中略）難遇今得遇。難聞已得聞（慶ばしいかな、（中略）遇ひがたくしていま遇ふことを得たり。聞きがたくしてすでに聞くことを得たり）」と併せ考えてみれば、遇いがたき法に出遇えたというよろこびこそが親鸞のよろこびであることが、より明確に理解できよう。そこにはもはや埋められるべき空虚さはなく、親鸞においてすでに救いは完成していたといえるのではないだろうか。

親鸞の生涯は、遇いがたき本願に出遇っているというよろこびにあふれ、現に阿弥陀如来の光明に摂め取られているという光に満ちあふれた生涯であった。決して、命終われば必ず浄土に生まれることができると、未来のみを見つめ、現実の苦悩から目を背けて生きる現実逃避の生涯ではなかった。その光とよろこびにあふれた生涯は、現生に正定聚に住するということに充足されたものであり、未だ往生・成仏していないから満足していないというものではなかったということを指摘しておきたい(6)。

小結

本章においては、親鸞教義における往生の意義を検討した。すなわち、序論の問題の所在において論じたように、命終を契機とする他方世界への往生に対する不信感や現在中心主義という現今の風潮があり、現生往生説はそのような風潮に応えようとしたものであると考えることができるが、科学的実証主義と矛盾しない往生観や現在において全ての問題を解決し終わらなければ満足しないという姿勢に基づいて親鸞の往生観を考察することについて、検討したのである。

まず、第一節においては、浄土と穢土との関係として、穢土をもその内部に含む絶対界としての浄土と、穢土と対立的に把握される相対界としての浄土とについて考察した。すなわち、まず大乗仏教においては、迷悟染浄生仏は不二而二とされるが、絶対界としての浄土は、迷悟染浄生仏不二でとらえられた浄土であり、相対界としての浄土は迷悟染浄生仏而二でとらえられた浄土であることを明らかにした。ついで、為凡の教である浄土教の教相は、迷悟染浄生仏不二をふまえつつも迷悟染浄生仏而二を強調するものであり、親鸞教義も同様であると論じた。

第二節においては、親鸞のよろこびを取り上げ、親鸞の生涯は、遇いがたき本願に出遇っているというよろこびにあふれ、現に阿弥陀如来の光明に摂め取られているという光に満ちあふれた生涯であり、決して、命終われば必ず浄土に生まれることができると、未来のみを見つめ、現実の苦悩から目をそむけて生きる現実逃避の生涯ではなかったことを指摘した。そして、その光とよろこびにあふれた生涯は、現生に正定聚に住するということによって充足されたものであり、現生において往生を語らなければ満足できないという一部論者の姿勢が、いかに親鸞の宗教世界と異なるものであるかを明らかにしたのである。

註

（1）以下、引用する浄満院円月師と専精院鮮妙師の所論は、すでに第一部第五章第四節において引用した文の中、本章において問題とする箇所のみを再び引用したものである。なお、同じ文を引用しても、第一部第五章第四節において問題とする視点と本章において問題とする視点は異なっている。

（2）真叢二・二〇七頁下。

（3）『往生礼讃偈』に「在西時現小、但是暫随機。（西に在りて時に小を現ずるは、但是れ暫く機に随ふのみ。）」（浄聖全一・九四〇頁、真聖全一・六七〇頁）とある。

（4）真叢二・二一二頁下。

（5）第四章第三節において、道綽は、仏教の基本理念は空無相のみではなく因縁生による有の立場もあることを指摘し、空無相の立場あるいは有の立場の一方に偏執して他方を誹謗することの非を主張するのみならず、空見に偏執する害が有見に偏執する害よりも甚だしいと示すのであるが、これは浄土教の基本理念であるとも考えられ、親鸞はまさしくその理念を継承しているということができる。

（6）親鸞のよろこびについては、村上速水氏の「親鸞のよろこび（現生正定聚の理解について）」（龍谷大学論集四〇〇・四〇一合併号所収・『続親鸞教義の研究』所収）から多大の示唆を受けた。

結章　第二部の結び

第二部においては、親鸞の往生思想そのものを検討した。まず、第一章において従来定説とされている往生即成仏義と現生正定聚義とについて、親鸞自身の言葉に基づき検討を行った。親鸞において往生即成仏義が成立しているのであれば、現生往生を主張することが、そのまま現生成仏を主張することになるからである。また、現生正定聚義が親鸞において成立し、同時に正定聚と成仏とが区別されているのならば、やはり現生往生義が成立しがたいと考えられるからである。

往生即成仏義は、親鸞の著作の上に充分に根拠があり、かつ経釈に論拠が存在することを明らかにした。現生正定聚義についても、親鸞の著作における明確な根拠の存在とともに、正定聚と成仏とが区別されていること、往生即成仏義と同様、経釈に文拠が存在することを明らかにした。

第二章においては、『大経』本願成就文の「即得往生」についての親鸞の解釈と『華厳経』の「与諸如来等」による親鸞の「如来とひとし」、「諸仏とひとし」の説示との検討を行った。前者は現生往生の理解を生みやすく、後者は現生成仏の誤解を生みやすいからである。

本願成就文の「即得往生」の検討においては、一応の結論として、親鸞には、「信心をうればすなはち往生すといふ」など、「現世での往生」を説かれたと解釈できる言葉があるが、この「往生」は、入正定聚・住不退転の意味であり、真実報土往生の意味ではなく、また親鸞が入正定聚・住不退転を往生と言い換えたのではなく、経文の「即得往生」という言葉を、信一念同時に入正定聚・住不退転の利益をうる意味であると解釈したということを明らかにした。なお、この問題に関しては、次章において再度詳しい検討を行った。

　また、親鸞において「如来とひとし」、「諸仏とひとし」の説示は、弥勒と同じという位置づけを示すものであり、同時に弥勒が未成仏であることを示していることからすれば、現生成仏の理解が成り立ちえないことを明らかにした。

　第三章においては、まず、現生往生説の主要な根拠の一つと見なしうる本願成就文の「即得往生」について詳細な検討を行うことの意義を明確にし、続いて、『一念多念文意』と『唯信鈔文意』における「即得往生」の釈についての検討を行った。

　親鸞教義においては、獲信→摂取不捨→住正定聚という定型が存在し、『一念多念文意』及び『唯信鈔文意』の「即得往生」の釈もその定型に則っていることを指摘した。また、特に『一念多念文意』においては、「即得往生」の釈以降の経・釈の文についての釈も、実は「即得往生」の釈の継続であり、それらの文はいずれも現生正定聚を証する文と見なしうるとともに、その釈において、本願成就文の「かの国」に対する「この世」という語を用いて現生正定聚の事態を説示していることを明らかにした。

　また第十一願成就文の釈や『往生論註』の文の訓みかえによって親鸞は現生正定聚を示しているが、親鸞が信一念即時の往生を示したいのであれば不要な釈、訓みかえであり、親鸞の意図は信一念即時の往生を示すところにはなく、「即得往生」の釈の「とき・日をもへだてず、正定聚の位につき定まるを往生をうと」（浄聖全二・六六三頁、定親全三・和文篇一六一頁）の「正定聚」にのみ往生決定（未往生）を意味する左訓を付したことについても、現生往生との誤解を否定するためであるとの解釈に妥当性を認めうると論じた。

　第四章においては、序論において論じたように、現生往生説は、命終を契機とする他方世界への往生に対する不信感や現在中心主義という現今の風潮に応えようとしたものであると考えることができることから、科学的実証主義と矛盾しない往生観や現在においてすべての問題を解決し終わらなければ満足しないという姿勢に基づいて親鸞の往生観を考察することについて検討した。

大乗仏教においては、迷悟染浄生仏は不二而二とされるが、迷悟染浄生仏を不二でとらえ、穢土をもその内部に含む絶対界としての浄土と、迷悟染浄生仏を而二でとらえた相対界としての浄土について、為凡の教である浄土教の教相は、迷悟染浄生仏の不二をふまえつつも迷悟染浄生仏の而二を強調するものであり、親鸞教義においても虚妄なる存在としての衆生と真実なる存在としての仏とを対立する存在である説示される等、而二を強調するものであると論じた。

続いて、親鸞のよろこびを取り上げ、親鸞の生涯は、遇いがたき本願に出遇っているというよろこびにあふれ、現に阿弥陀如来の光明に摂め取られているという光に満ちあふれた生涯であり、決して、命終われば必ず浄土に生れることができると、未来のみを見つめ、現実の苦悩から目を背けて生きる現実逃避の生涯ではなかったことを指摘した。その光とよろこびにあふれた生涯は現生に正定聚に住するということによって充足されたものであり、現生において往生を語らなければ満足できないという一部論者の姿勢が、いかに親鸞の宗教世界と異なるものであるかを明らかにした。

結局、親鸞教義を云々する場合、自らの死に目をふさぎ、死をできるだけ遠ざけようとする姿勢から、死後の浄土も信じられないとしたり、科学的世界観と宗教的世界観とを混同し、他方世界としての浄土の存在や死後に往生すべき浄土の存在を否定する等の現代人の感覚や、往生・成仏こそが救済の完成であり、現世で往生・成仏が語れなければ救済は未完成である等の恣意的な前提から出発すべきではなく、最終的に拠りどころとするべきものは、親鸞によって著された聖教や、敬重された聖教のみであるという基本的姿勢こそが、最も重要であると思われる。そして、親鸞の文を素直に読む限り、親鸞が現生における浄土往生や、この世における往生成仏を説いたとはとても考えられず、また、常に彼此相対の分別的な思惟から脱却できない我々が、観念論の陥穽に陥ることなく悟りを求め得るのは、空間的には此の娑婆世界と対立する他方世界、時間的には現世に対立する死後の世界として浄土を位置づけることによってのみ可能であるという浄土教の綱格、すなわち為凡の教という浄土教の特質をふまえているものこそ親鸞教義であることを確認したのである。

第三部　親鸞の往生思想についての諸説とその検討

――特に現生往生説について――

第一章　親鸞の往生思想についての諸説概観

第一節　上田義文氏による問題提起と『岩波仏教辞典』の記述

親鸞の往生思想に関しては、臨終における往生が常識であり、ほとんど異論は存しなかったといってよいであろう。[1] しかし、現在は、往生の時期を平生と考えるべきか、臨終と考えるべきか、必ずしも、見解が統一されてはおらず、論者によって意見が分かれている。この問題について、大きな契機となったのが、上田義文氏によって提示された「即得往生」に関する論究である。[2] 現在から回顧してみると、上田氏の所論は、その後展開される親鸞の往生思想における往生の時期に関する種々の論義を惹起する一つの契機となったものであり、この問題に関していえば、歴史的な意義を有しているということができよう。従来、往生は命終において語るべきものとされてきた通説に対して、上田氏は、『一念多念文意』や『唯信鈔文意』における「即得往生」に関する説示に基づき、親鸞には信一念における往生、すなわち現生において往生を語るとの思想が見られるとの説を提示したのであった。上田氏の説は大いに学界を賑わし、多方面から批判・反論がなされたのであるが、すでに論じたように、現代人の問題意識に合致した説であるということからか、現在に至るまで上田説の信奉者は絶えない。

その後、『岩波仏教辞典』の記述が契機となって、往生の時節についての論議が再燃する。すなわち、平成元年（一九八九年）十二月に岩波書店から発行された『岩波仏教辞典』の「親鸞」の項における「他力信心による現世での往生を説き」（『岩波仏教辞典』四七四頁）の記述と、「教行信証」の項における「この世での往生成仏を説いた」（『岩波仏教辞典』一七三頁）の記述とに対する本願寺派の申し入れに端を発して、種々の論議がなされてきた。これについては、『東方』第六号には、中村元氏の「極楽浄土にいつ生れるのか？—『岩波仏教辞典』に対する西本願寺派からの訂正申し入れをめぐっての論争—」と題した一文が掲載され、本願寺派の申し入れと、それに対する種々の意見とが紹介されている。

その後、『岩波仏教辞典』の第二刷（一九九一年七月十五日）においては、「教行信証」の項の最後に、親鸞の往生・成仏思想については、「親鸞」の項を参照するべく指示があり、「親鸞」の項の最後に、

なお、親鸞の往生・成仏思想について、浄土真宗本願寺派や高田派の教義では、（中略）さらに、親鸞の難思議往生＝成仏には①死と同時に成仏、②臨終一念の夕に成仏、③この世で心が成仏、④この世での成仏の四つの時期が見られるとした上で、④を重視する近年の学説がある。（『岩波仏教辞典』四七四頁）

との記述が付加された。この近年の学説とは、同じく先に紹介した中村元氏の一文に紹介されている松野純孝氏の『親鸞聖人における往生と成仏』（永田文昌堂刊『浄土教の研究—石田充之博士古稀記念論文集—』所収）において主張されているものである。

第二節　曽我量深氏の方法論

後に紹介するように、上田氏の論文は多く真宗大谷派系統の学術誌に掲載され、その影響からか、大谷派には、現生往生説に左袒する教学者が多い[(3)]が、近代大谷派教学者の二大巨星ともいうべき曽我量深・金子大榮両氏の間に

は、往生に関して見解の相違が見られる。

曽我氏は、

往生はこの煩悩具足の身をもって達するのであり、（中略）往生は現生に得る益(4)

（『歎異抄講座』一八六頁）

信心生活というものを往生と言う

もうすでに、現生において、開かれたる心が開かれたる浄土に往生せしめていただくわけである。

（『歎異抄講座』一九〇頁）

と述べ、現生における往生を主張する。一方金子氏は、

私には後の世というものがあるのであります。死ねばお浄土へ行けるのであると。人間の生涯の終わりには浄土へ行けるのであり、死の帰するところを浄土におくことによって、かくて来世の往生、それが現在安住の根拠になるのではないでしょうか。未来往生を拒否しては現在安住がなく、未来往生という立場にたって、はじめて現在安住というものが感じられてくるといいたいのです。

（『往生と成仏』一七一頁）

（『往生と成仏』一七三頁）

と述べ、あくまでも死後の往生（厳密に言えば命終時の往生）を主張する。しかし、現在においては曽我氏の影響力が勝っているのか、大谷派において、臨終往生を主張する教学者は、ほとんど見られない。

ところで、現生の往生を主張する曽我氏には、注目すべき立場の表明が見られる。すなわち曽我氏は、

お聖教に対して言うならば、私の言葉などは多少お聖教のお言葉を拡大して解釈しておるものと言わなければならぬと思うのでありますけれども、しかしながら、如来の思召し、また親鸞聖人の本当の思召しと、そういうものを案ずるときになれば、今の時代には、やはり拡大して解釈するということは、これはやむをえないこ

とではなかろうかと、こう私は思う。「お前の言うことはお聖教と違う」と、―それはあるいは違うのであろうと思いますけれども、（以下略）　（『歎異抄講座』一八六頁）

（『教行信証』について言えば、）往生、成仏という点にも多少未完成の所がありはしないかと思います。それなら蓮如さまは完成されなかったのであろうか。どうもそれもはっきり完成をなされたというわけにもいかぬであろう。そうすると、親鸞聖人のみ法というものは、今日我々が完成しなければならぬと思う。これは我々の責任であるといっても差支えないと思います。　（『往生と成仏』二六頁）

と述べる。ここに表明されている曽我氏の立場は、親鸞の教えは必ずしも完成されたものではなく、その未完成の部分の完成は後世の我々の責任であり、現代においては、親鸞の著作に対する拡大解釈もやむをえない、というものである。この立場は、真宗教義とは親鸞によって開顕されたものであり、その構造を明らかにするためには、親鸞の著作全般の検討が必須であると考える立場とは、明らかに異なっている。この両者は、いわば方法論を含む土俵を異にしているので、対話の成立がはなはだ困難であるといえよう。ただ、両者の土俵の相違は明確にしておくべきである。

先に述べたように、平成元年（一九八九年）十二月に岩波書店から発行された『岩波仏教辞典』の記述について、『東方』第六号には、中村元博士の「極楽浄土にいつ生れるのか？―『岩波仏教辞典』に対する西本願寺派からの訂正申し入れをめぐっての論争―」と題した一文が掲載され、本願寺派の申し入れと、それに対する種々の意見とが紹介されているが、この問題に即して言えば、曽我氏の立場に立った記述は、「親鸞」や「教行信証」の説明には不適切であるといわねばならない。なぜなら、親鸞の教えの未完成の部分を後人が完成したものを親鸞その人の思想として記述することや、拡大解釈したものを『教行信証』そのものの思想として記述することは、明らかに誤りであるからである。その意味で、中村元氏が、『東方』第六号の論文（中村氏自身は報告と位置づけているようである）において、『岩波仏教辞典』の記述が正当化される根拠として曽我氏の説を挙げられることについては、疑問を感じる。また、同論文に紹介される諸意見の中、『南御堂』掲載のものは、編集主幹の言も論文も、基本的には曽我氏の説を一つの根拠とするものであり、辞書における「親鸞」や「教行信証」という項目に関する記述についての論義の一環として適切なものかどうか、筆者としては首をかしげざるをえない。

現代において、現生往生説を主張する代表的な教学者が寺川俊昭氏である。寺川氏は、特に『浄土三経往生文類』（『三経往生文類』）における「難思議往生」に関する親鸞の説示を根拠として、現生の往生を主張する。

この第三部においては、上田義文、松野純孝、寺川俊昭の三氏の学説を取り上げ、綿密に検討を加えて、疑問点等を指摘したい。

第三節　往生の時節に関する諸説の分類

なお、ここで親鸞の往生思想に関する説を分類してみると、大別して三つに分かれる。すなわち、

A説　親鸞における往生は、臨終往生のみである。

B説　親鸞における往生は、現生往生のみである。

C説　親鸞における往生には、臨終往生と現生往生とがある。

以上の三説であるが、寺川俊昭氏はB説であり、上田義文、松野純孝の両氏はC説である。上田・松野両氏は、臨終往生をも認めているのであるが、親鸞の往生思想は現生往生にその特質があると見なしているので、三氏とも

に、現生往生説の教学者(5)と位置づけておきたい。

小結

本章においては、親鸞の往生思想についての諸説を概観した。まず、上田義文氏による現生往生説を契機として往生の時期に関する種々の論義が惹起され、その後、上田氏の論文が多く真宗大谷派系統の学術誌に掲載された影響からか、大谷派には、現生往生説に左袒する教学者が多いことを指摘した。曽我量深、金子大榮両氏は大谷派近代教学の二大巨星ともいうべき存在であるが、金子氏は臨終往生義をとり、曽我氏は上田氏の論文に先立って現生往生義をとることを述べている。ただし、曽我氏は親鸞の法義は未完成であるとし、それを完成するためには、聖教の拡大解釈もやむを得ないとの立場を表明している。その後、『岩波仏教辞典』の記述が契機となって、往生の時節についての論議が再燃する。その論義において、現生往生義をとる教学者としてしばしば曽我氏の論が示されたが、先に述べた曽我氏の立場からすれば、親鸞その人の思想や『教行信証』そのものの記述を問題にする辞書の記述に関する議論に、曽我氏の論を示すことは不適切であることを指摘した。それはまた、親鸞その人の往生思想を検討する本書に曽我氏の説を検討する章を設けなかった理由でもある。第三部においては、前記上田義文氏と、『岩波仏教辞典』第二版に、近年の学説として追加で紹介された松野純孝氏と、現代において現生往生説を主張する代表的な教学者である寺川俊昭氏との三氏の所論を取り上げ検討を加えることを示した。

最後に、親鸞の往生思想に関する説を分類してみると、

A説　親鸞における往生は、臨終往生のみである。

B説　親鸞における往生は、現生往生のみである。
C説　親鸞における往生には、臨終往生と現生往生とがある。
の三説となり、寺川俊昭氏はB説であり、上田義文、松野純孝の両氏はC説ではあるが、親鸞の往生思想は現生往生にその特質があると見なしているので、三氏ともに、現生往生説の教学者と位置づけたことを示した。

註

（1）　ただし、歴史上しばしば出現する一益達解（滅度密益）の異安心は、浄土教の彼土入聖の綱格からして、必然的に現生での往生を主張しているであろう。たとえば、長州円空の『疑雲永晴弁』中、正意に背くものとして十六件が挙げられているが、その一つに「有量有相の西方と、無辺不思議の西方ありと云ふ新名目を立て、その無辺不思議の西方を領解するを信心なりと談ずる事」（大原性実氏『真宗異義異安心の研究』三四八頁）にあるとされる。すでに論じたように、無辺の浄土は此土を包含し、娑婆即寂光土となり、その領解をもってすれば、現生往生という主張になるはずである。ただし、一益達解（滅度密益）の異安心たる所以としては、現生における成仏を説くことに焦点が当てられ、必ずしも現生往生に関する検討は行われていない。よって、円空が現生往生を唱えたか否かは不明であるが、一益達解（滅度密益）において往生を論じるならば、当然、現生往生となるはずである。
（2）　次章に紹介するが、「親鸞の『往生』の思想（1）」（『親鸞教学』第一三号　一九六八年十一月）を嚆矢とする数点の論文。
（3）　一方、本願寺派においては、臨終往生説が正統な流れとされ、この説を主張する教学者が大勢を占めている。
（4）　曽我量深氏が、このように述べるのは、昭和四十二年（一九六七年）の講演（後に金子大榮氏の講演とともに『往生と成仏』と題して出版されている。なお、この文は『往生と成仏』二七頁）においてであり、これは上田氏の論文に先立つものである。
（5）　寺川氏は教学者と位置づけるのが適切であろうが、上田・松野の両氏は、筆者の独断ではあるが、教学者というより、研究者との位置づけが適切であろう。

なお、教学者とは、自らの仏道として親鸞の開顕した本願念仏の道を歩むという場において、親鸞の真意を探求するとの姿勢を持つ者であり、研究者とは、ある意味、客観的な立場から親鸞思想を研究するという姿勢を持つ者であると定義しておく。姿勢に相違はあるが、学的方法論という点からいえば、教学者といえども恣意的な方法論をとるわけではなく、親鸞の真意を探求するためには、客観的（万人が首肯しうるという意味で）な方法論をとらなくてはならず、筆者も教学者として、常に自戒しているところである。

第二章　上田義文氏の説とその検討

第一節　上田氏の所説に関する資料

本章は、前章で述べたような意義を持つ上田氏の所論について検討を加えることを通して、往生の時期に関する考察を進めることを意図するものである。

この問題に関する上田氏の論文等は以下の通りである[1]。

「親鸞の『往生』の思想（1）」『親鸞教学』第一三号　一九六八年十一月
「親鸞の『往生』の思想」『同朋学報』第一八・一九合併号　一九六八年十二月
「親鸞の『往生』の思想（2）」『親鸞教学』第一四号　一九六九年　六月
「親鸞の往生の思想について」『浄土教の思想と文化―恵谷隆戒先生古希記念―』一九七二年　二月
「往生の思想」『親鸞の思想構造』一九九三年　十月

この内、『親鸞教学』第一三号・第一四号所載の論文と、『同朋学報』第一八・一九合併号所載の論文とは、ほぼ同じ内容である。詳しくいえば、『親鸞教学』第一三号所載の論文と、『同朋学報』第一八・一九合併号所載の論文の前半部分とは全く同じであり、『親鸞教学』第一四号所載の論文は、『同朋学報』第一八・一九合併号所載の論文の後半に若干の加筆訂正が行われたものである。

『浄土教の思想と文化—恵谷隆戒先生古希記念—』所収のものは、『親鸞教学』第一三号・第一四号、『同朋学報』第一八・一九合併号所載の論文への批判（その他『中外日報』所載のものへの批判も含む）に応ずるものである。[2]『親鸞の思想構造』中、「往生の思想」と題された一章は、『同朋学報』所載の論文とはほぼ同じであり、その章の前書きに当たる部分には、『同朋学報』所載の論文に若干の加筆訂正を加えたことが述べられた後、

この論文はかなり前のものであり、思想の未熟な所があちこち眼につくが、それを訂正し始めると、むしろ全体を収録しない方がましだという気持ちになるので、問題の論文を自分の手で訂正することができたということで満足したいと考えた。（『親鸞の思想構造』九八頁）

と述べられている。『親鸞の思想構造』が上田氏逝去（一九九三年四月）直後の出版であることを考えると、「未熟なところがある」と述べられているものの、この問題に関する上田氏の一応の最終的な結論と位置づけても大過ないであろう。

その意味で、本章においては、基本的には『親鸞の思想構造』中の「往生の思想」に依拠し、必要に応じて他の論文を参照するという方法で、上田氏の所論の検討を行っていきたい。

第二節　往生の二義

「往生の思想」は以下の六部構成となっている。[3]

一　往生の二義

二　真　如

三　証
四　大乗仏教の根本思想
五　「臨終」の立場と「平生」の立場
六　「かたち」あるものから「かたち」なきものへ

以下、順を追って検討を加えてゆきたい。

「一　往生の二義」の論点は、親鸞の往生に二義があるというものである。すなわち、

イ　浄土へ往生するまでは、不退のくらゐにておはしましさふらへば、正定聚のくらゐとなづけておはしますことにてさふらふなり。
（『末灯鈔』第一三通[4]、浄聖全二・七九五頁、定親全三・書簡篇九〇頁）

ロ　真実信心の行人は、摂取不捨のゆへに正定聚のくらゐに住す。このゆゑに臨終まつことなし、来迎たのむことなし。信心のさだまるとき往生またさだまるなり。
（『末灯鈔』第一通、浄聖全二・七七七頁、定親全三・書簡篇五九頁）

ハ　正定聚のくらゐにつきさだまるを往生をうとはのたまへるなり。
（『一念多念文意』浄聖全二・六六三頁、定親全三・和讃篇一二八頁）

ニ　不退転に住する《ママ》といふはすなはち正定聚のくらゐにさだまるなり。これを即得往生といふなり。
（『唯信鈔文意』[5]浄聖全二・六九〇頁、定親全三・和文篇一六一頁）

の四文を挙げ、イ・ロにおける往生の語については、往生すること[6]＝成仏することという意味では伝統的な意義とは異なっているが、此土（穢土）に命終して彼土（浄土）に生まれるという意味で用いられている点では、インド以来の伝統的な用法と一致するとされる。一方、ハ・ニにおける往生の語は、ともに正定聚の位にさだまることを

意味すると論じる。そして、

これらの二義は、二つの別のこと—滅度を証すること（無上菩提を成ずること）と、正定聚の位に定まること—を「往生する」という同一の語が意味している。（『親鸞の思想構造』一〇〇頁）

として、正定聚という因と、滅度という果とが、どちらも「往生する」といわれているのであり、

往生の二義を同時に生かせば、往生しているもの（信心決定して正定聚の位についているもの＝因に到達したもの）は往生していない（滅度—果—に至っていない）ということになる。これは次のように云いかえてもよい。現に往生しているもの（正定聚位の人）は必ず未来に往生するであろう（必至滅度）と。現に、すでに浄土に往生していることが真実ならば、まだ往生していないということは真実ではない。その逆も同じように云える。これらの二つの命題は、両方が同時に真なる命題として成立することのできない関係にあるところのものである。（『親鸞の思想構造』一〇一頁）

と続け、イ・ロに示される往生の概念と、ハ・ニに示される往生の概念とは、互いに矛盾していると論じる。

この矛盾に関して、イ・ロに示される往生の意義が往生の本義であり、ハ・ニで用いられる往生の語は往生決定を意味しているとする、伝統的解釈が紹介される。しかし、親鸞は、ロにおける「往生定まる」と、ハにおける「往生を得」と表現を使い分けているので、その表現の区別を無視して、ハ・ニにおける往生を往生決定と解釈するのは無理であると論評する。これに関連し、ハ・ニは特別の場合、すなわち『大経』本願成就文の「即得往生、住不退転」という言葉の解釈として述べた場合であり、親鸞の著作全体について一般的にあてはまるものではないとの解釈も紹介される。この解釈に対して、親鸞が、経文の「即得往生」を正定聚の位につくことを意味し、滅度を証することを意味していないと解したのは、仏が経の中で「正定聚の位にさだまること」を「すなわち往生を

得」とのたまっているという事実を親鸞は見逃さなかったことを意味すると論じる。そのように論じる根拠として、経文や祖師たちの著作の中に、「正定聚の位にさだまることが往生をうと説かれている」と考えられるような文句がある場合は、つとめてこの解釈を行っていると思われるとして、以下の文を挙げる。

『観念法門』の「命欲終時、願力摂得往生」（『尊号真像銘文』浄聖全二・六二六頁、定親全三・和文篇九四頁）

『法事讃』の「致使凡夫念即生」（『一念多念文意』浄聖全二・六七八頁、定親全三・和文篇一四八頁）

『往生礼讃偈』の「前念命終、後念即生」（『愚禿鈔』浄聖全二・二八八頁、定親全二・漢文篇六六頁）

そして、親鸞は『法事讃』の「念即生」に注目して、念（信心発起）即（直ちに）生（往生）と示し、『愚禿鈔』において、「即得往生　後念即生」とするのは、経の文を根拠として、善導の文を解釈する一例であるとする。(7) また、『唯信鈔文意』においては、『唯信鈔』に引用されていない本願成就文をわざわざ引用して「即得往生」を現生で語っているのであるから、現生の往生こそが親鸞の強調したいことであったと論じられる。

そして、上田氏は、因（正定聚）に至ることをも、果（滅度）に至ることをも「往生する」という一つの語で表しているのは、因と果という二つのものが何らかの意味で一つであるという意味があるからであるとされ、その意味について、

因（正定聚）のところにすでに果の意味がある―因のところにおいて、果と因とが無差別である―ということを意味している。（『親鸞の思想構造』一〇六頁）

とされる。その因と果とが無差別であるという思想が真如という言葉によっても説かれているとされ、以下「二真如」にと展開してゆく。

さて、上田氏の所論についての検討であるが、もし親鸞の意図が、往生を現生と命終との両義で語り、かつ現生

往生を強調することにあったとするならば、以下三点の疑問が生じる。

まず、第一の疑問点は、イにおいて、往生以前と往生以後とが峻別されていることについてである。イの文は、単に現生正定聚・命終往生が述べられているのみならず、不退位・正定聚位は「浄土へ往生するまでは」と往生以前と限定されている(8)。同様の意趣は、イの後には、

信心の定まるとまうすは摂取にあづかるときにて候ふなり。そののちは、正定聚の位にて、まことに浄土へ生るるまでは候ふべしとみえ候なり。

の文があり、そこにも「まことに浄土へ生るるまでは」といわれていることや、『末灯鈔』第七通に、

安楽浄土に往生してのちは、まもりたまふとまうすことにては候はず。娑婆世界に居たるほど護念すとはまうすことなり。（浄聖全二・七八八頁、定親全三・書簡篇七八頁）

と、現生十益の一つとされる諸仏護念の益（「信文類」浄聖全二・九五頁、定親全一・一三八頁）が、浄土における利益ではなく娑婆における利益であると示されていることからも知られる。すなわち、親鸞は利益について往生以前と往生以後とを峻別しているということができよう。もし、親鸞の意図が往生を現生と命終との両義で語り、かつ現生往生を強調することにあったとするならば、入正定聚や諸仏護念を現生において語るに際して、これらの利益をわざわざ往生以前の利益に限定する必要があるだろうか。現生の利益が往生以前の利益と限定されているということは、上田氏の所論に反して、親鸞には往生を命終に限定する意図があったと見なさざるをえないのではないであろうか。第一の疑問点として提示したい。

第二の疑問点は、ハにおいて、正定聚に往生決定（未往生）という左訓が付されている理由についてである。正定聚の意味は成仏決定であり、往生決定ではない。いうまでもなく、親鸞においては往生＝成仏であるから、成仏

決定を意味する正定聚が、そのまま往生決定を意味すると考えることには何の不都合もない。しかし、ハの文の後に出される正定聚とその同義語（等正覚・不退転・阿毘跋致・阿惟越致・次如弥勒）に付されている左訓は成仏決定を意味するものばかりである(9)。すなわち、ハの文中の正定聚における「往生決定」の左訓は異例の左訓であるということができる。親鸞が異例の左訓を付したのであれば、それは意図的なものであると考えざるをえない。では、その意図は奈辺にあったのであろうか。「往生決定」が意味するのは、未往生ということである。上田氏が論じるように、ここで親鸞が現生の往生を強調したいのであれば、わざわざ未往生を意味する「往生決定」の左訓を付する必要はない。親鸞が、未往生を意味する「往生決定」の左訓を付したのは、『大経』に説かれる「即得往生」の語が、決して往生という事態そのものを意味するのではないことに注意を喚起する意図があると解するべきではないであろうか。第二の疑問点として提示したい。

第三の疑問点は、同じく『一念多念文意』における第十一願成就文を釈する文と『往生論註』（下巻）の妙声功徳釈の文についての親鸞の解釈についてである。すなわち、通常の釈や訓読であれば、入正定聚は浄土においてのみの事態であるが、親鸞の訓読や『一念多念文意』の解釈では、願生者（未往生者）において入正定聚という事態が語られるということである。もし、正定聚の位に定まることと往生を得ることとが同じ事態であることを示すのが親鸞の意図であるならば、通常の訓読こそが適切であろう。通常の訓読では、入正定聚は浄土における事態であるから、まさに、往生を得ることと正定聚の位に定まることとが同じ事態であることを示すことになる。わざわざ、未往生者において入正定聚という事態を語るべく訓点を付したり、そのように釈する必要はないであろう。第三の疑問点として提示したい。

なお、第二・第三の疑問点は、後に取り上げる寺川氏の所論に対する疑問点と共通し、当該箇所で再論する。

第三節　真如・証

「二　真如」において、上田氏は、

親鸞は因である信心をも、果である涅槃すなわち証をも、ともに真如であると説いている。

（『親鸞の思想構造』一〇七頁）

と始め、その例として、

ホ　大信心者則……真如一実之信海也。

（「信文類」浄聖全二・六七頁、定親全一・九六頁）

へ　この信心すなはち仏性なり、この仏性すなはち法性なり、法性すなはち法身（＝真如）なり。

（『唯信鈔文意』浄聖全二・七〇二頁、定親全三・和文篇一七一頁）

ト　謹顕真実証者則……無上涅槃之極果也……無上涅槃即是無為法身……法性即是真如真如即是一如

（「証文類」浄聖全二・一三三頁、定親全一・一九五頁）

を挙げ、

真如という見地からすれば「衆生と仏」という差別はない。一切のものが真でないものはない。（中略）衆生と仏との間に差別がないということは、因と果という差別がないことである。真如という点から云えば因（正定聚＝信心）と果（涅槃・証）という差別はない。

と続ける。このような大乗仏教の思想を示すものとして『大乗荘厳経論』の、

真如は一切にとって無差別であっても、清浄（真如）に達したものは如来である。そして、それ故に一切の有

身者はそれを胎としているもの（如来蔵）である。

を引用する。そして、このような思想は『般若経』、龍樹の空の思想、天台、華厳、『起信論』にも通じる大乗仏教を一貫する根本的な思想であると述べ、

因（信）も真如、果（証）も真如ということは、因と果との無差別をあらわし、それは大乗仏教一般の根本思想であるが、伝統的解釈では、この無差別を見ないで、ここに差別のみを見ようとする。因（信）も果（証）も同じように真如と云われていても、因位の真如は果位のそれとは異なると考え、この差別をあらわすために、伝統的解釈は「内徳」という概念を考えた。因位（信心）の真如は、信心または名号に内在している徳であると考えた。この信心に内在している徳が、往生と同時に顕現して証となると考える。このように考えて因位の真如と果位の真如とを差別する。しかしこのように差別のみを見て無差別を見ないことは、真如という概念を正しく理解したことにならぬであろう。親鸞は真如についてこのような区別をしていない。

（『親鸞の思想構造』一〇九頁）

と伝統的解釈が批判される。そして、真如とは法性法身であり、名号とは方便法身に属するので、「かたち」のない法性法身が、「かたち」をもった方便法身の名号やそれを体とする信心に内在せしめられることは不可能であろう。無限者は自己を限定することによって初めて有限者と一つになることができる。有限者の中に無限者がそのままで入ることは不可能である。名号の中に法性法身の万徳が具わっていると言われるが、それを言うときは同時に、有限者の中に入ってしまうことができないという無限者の特質を伴ったままであることが忘れられてはならない。

（『親鸞の思想構造』一〇九〜一一〇頁）

と、名号乃至信心の内徳としての真如という概念が批判される。

このような上田氏の所論に対する疑問であるが、まず、一切が無差別であるから因と果とは無差別であるという論理が、そのまま信心・正定聚という因と往生・滅度という果とが無差別であるということにはならない、ということを指摘しておきたい。なぜなら、一切が無差別であるという論理は、他力信心と自力信心との区別も見ないという論理である。一方、たとい正定聚（因）のところで往生（果）が語られているとしても、それは当然、他力信心と自力信心とを区別した場面においてのことである。親鸞は全く無差別に往生を語っているのではない。親鸞は少なくとも信前・信後の区別は厳密に行っており、その例は枚挙に暇がない。とすると、一切が無差別であるという論理と、因である信心と果である滅度との両者において同じく真如が語られるという論理とは、別の論理であるといわざるをえない。大乗仏教の根本思想である因果無差別（一切が無差別）が、親鸞において因（正定聚）と果（滅度）とが共に「往生を得」という言葉で語られるところに表れているという上田氏の所論には、大きな疑問があるといわざるをえない。

次に、上田氏は「信心に内在している徳が、往生とともに顕現して証となる」という伝統的解釈について、「親鸞は真如についてこのような区別をしていない」と否定しているが、「真仏土文類」の、

惑染衆生、於此不能見性、所覆煩悩故。経言、我説十住菩薩少分見仏性。故知、到安楽仏国、即必顕仏性。由本願力廻向故。（浄聖全二・一七九頁、定親全一・二六四頁）

惑染の衆生、ここにして性を見ることあたはず、煩悩に覆はるるがゆゑに。『経』には、「われ十住の菩薩、少分仏性を見ると説く」とのたまへり。ゆゑに知んぬ、安楽仏国に到れば、すなはちかならず仏性を顕す。本願力の廻向によるがゆゑに。

には「於此不能見（中略）性到安楽仏国、即必顕仏性（ここにして性を見ることあたはず（中略）安楽仏国に到れ

ば、すなはちかならず仏性を顕す。)」とあり、親鸞は明らかに「不見仏性」と「顕仏性」とを区別している。すなわち、仏性に関して、少なくとも不見と顕との区別が存在しているのであり、仏性と同じものとされる真如にもそのような区別があると言いうるであろう。問題は、仏性・真如を一切に遍満しているものと考えるのか、名号・信心にのみ内在しているものと考えるべきなのかということなのであるが、上田氏が、

教行信証の中で名号や信心に関して云われている真如を、直ちに大乗仏教における真如の意味に理解したことは誤りであったと思う。教行信証における真如も、一般大乗における真如と別な何かであるわけではなく、真如に二つあるわけではないが、しかし、一般大乗と同じ意味に理解したのでは、大行としての名号や信心の意味を現すことができないであろう。

(「親鸞の往生の思想について」五七頁)

といわれ、一般仏教でいわれる真如は親鸞のいう法性法身にあたり、名号や信心で語られる真如は直接には方便法身のことであるとされ、その真如は「法性を完うして成就された功徳」といわれるのであるから、一切に遍満している真如ではなく、名号・信心においてのみ語られる真如ということになろう。上田氏が、このように名号・信心において語られる真如と大乗仏教でいう真如との相違を認められたことについては、

しかしこのように元来因・果の別を越えている概念である真如を差別の立場で見ることは、真如という概念を正しく理解したことにならぬであろう。

(『親鸞教学』第一三号一〇五頁、『同朋学報』第一八・一九合併号三四四頁)

との記述が

しかしこのように差別のみを見て無差別を見ないことは、真如という概念を正しく理解したことにならぬであろう。

(『親鸞の思想構造』一〇九頁)

と訂正されているところに、その意図を見ることができるのであるが、上田氏は、なぜ伝統的解釈について「無差別を見ない」とされるのであろうか。たとえば、浄満院円月師は『宗要百論題』において、

『法華』に「諸法実相」と説き給ふ。万法一如にして所謂「魔界如、仏界如、一如無二如」、染浄迷悟の差別ありと雖も其体一如なり。然れば穢土と雖もその体は理なり。浄土と雖も亦理の外に無し。喩へば水波の如し。千波万波の差別の諸相ありと雖も体は一の水なり。今弥陀の浄土、その相に就くときは穢土に対して建立し給ふ処なれば染法あることなし。浄穢差別分界なくんばあるべからず。而してその体に就いてこれを云ふときは、一の水に分界なきが如く真如の理体豈浄穢の別あらんや。（真叢二・二〇七頁下）

と真如の無差別性を論じている。一方では無差別性を論じながら、名号・信心で語られる真如は、曇鸞の『往生論註』八番問答において、衆生の一生造悪と十念との軽重を論じて、

彼造罪人自依止虚妄顛倒見生。此十念者依善知識方便安慰聞実相法生。一実一虚。（浄聖全一・四八四頁、真聖全一・三一〇頁）

かの造罪の人はみづから虚妄顛倒の見に依止して生ず。この十念は善知識の方便安慰によりて実相の法を聞きて生ず。一は実なり、一は虚なり。

彼造罪人自依止妄想心、依煩悩虚妄果報衆生。生此十念者依止無上信心、依阿弥陀如来方便荘厳真実清浄無量功徳名号生。（浄聖全一・四八九頁、真聖全一・三一〇頁）

かの造罪の人はみづから妄想の心に依止し、煩悩虚妄の果報の衆生によりて生ず。この十念は無上の信心に依止して、阿弥陀如来の方便荘厳真実清浄無量の功徳の名号によりて生ず。

と述べられる中、「虚妄顛倒の見」や「煩悩虚妄の果報の衆生」に対比される「実相の法」や「阿弥陀如来の方便

荘厳真実清浄無量の功徳の名号」ということであり、他方では差別を見ているということになる。上田氏自身が、「法性を完うして成就された功徳」と位置づけるのは、差別の上で語られる真如である。これこそが伝統的解釈といわれるものであり、上田氏が、すでに伝統的解釈に依っていながら伝統的解釈を批判するのは、理解しがたい態度というべきであろう。

また、上田氏は、「『かたち』のない法性法身が、『かたち』をもった方便法身の名号やそれを体とする信心に内在せしめられることは不可能であろう」と、名号に内在する真如ということに関して批判的であるが、果たしてこの批判は妥当であろうか。先の浄満院円月師の所論では、理体としての真如（法性法身）が水（かたちのないもの）に喩えられ、浄穢（浄は方便法身、穢は衆生）が波（かたちのあるもの）に喩えられている。方便法身（波）の本質としての法性法身（水）という関係を内在という言葉で表現すれば、かたちのある方便法身にかたちのない法性法身が内在している（法性法身を本質としている）といっても全く不都合はない。本来、二種法身は、「異而不可分、一而不可同」であり、広（方便法身）と略（法性法身）との関係が相入（相即互入）と表現されるのであるから、法性法身が方便法身に入っている、すなわち内在していると表現することは、妥当な表現であるといえよう。

また、上田氏は、

無限者は自己を限定することによって初めて有限者と一つになることができる。有限者の中に無限者がそのままで入ることは不可能である。（『親鸞の思想構造』一〇九～一一〇頁）

と論じている。おそらく、法性法身を無限者といい、方便法身を有限者、といっているのであろうが、先の水と波との関係という譬喩でいえば、波のままが水、水のままが波であるから、無限者のままが有限者、有限者のままが無限者ということになり、必ずしも上田氏の論理が妥当であるとはいえない。法性法身＝無限者、方便法身＝有限者と規定することへの疑問もあるが、親鸞が「こころもおよばれず」（『唯信鈔文意』浄聖全二・七〇二頁、定親全三・和文篇一七一頁）と表現した法性法身について「……は不可能である」と、我々の知見によって限定を加えることの妥当性については、大きな疑問を持たざるをえない。[10]

「三　証」における上田氏の所論は、「証文類」の、

然煩悩成就凡夫、生死罪濁群萌、獲往相廻向心行、即時入大乗正定聚之数。住正定聚故、必至滅度。必至滅度即是常楽。常楽即是畢竟寂滅。寂滅即是無上涅槃。無上涅槃即是無為法身。無為法身即是実相。実相即是法性。法性即是真如。真如即是一如。

（浄聖全二・一三三頁、定親全一・一九五頁）

しかるに煩悩成就の凡夫、生死罪濁の群萌、往相廻向の心行を獲れば、即の時に大乗正定聚の数に入るなり。正定聚に住するがゆゑに、かならず滅度に至る。かならず滅度に至るはすなはちこれ常楽なり。常楽はすなはちこれ畢竟寂滅なり。寂滅はすなはちこれ無上涅槃なり。無上涅槃はすなはちこれ無為法身なり。無為法身はすなはちこれ実相なり。実相はすなはちこれ法性なり。法性はすなはちこれ真如なり。真如はすなはちこれ一如なり。

に依っている。すなわち、「獲往相廻向心行、即時入大乗正定聚之数。住正定聚故、必至滅度」が因を示し、「（必至滅度即是）常楽。……真如即是一如」が果を意味する。そして、因を結ぶ「必至滅度」を承けて「必至滅度即是常楽。……」と果が展開されるのは、まさしく親鸞が、正定聚という因と滅度という果との無差別を述べているのであるとされる。上田氏は、「必至滅度」が「必ず滅度に至れば」と訓ずるのであれば、必ずしも因果無差別を意味するとはいえないが、真蹟本の訓点に従えば、「必ず滅度に至るは」となるので、「必ず滅度に至る」という因と、

「常楽」以下の果とが、「即是」で結ばれているので、因果無差別を意味するといわざるをえないと主張する。

さて、上田氏の所論は、「至」に「ルハ」と付されているという一点のみを根拠として成立している。これは親鸞真蹟本の訓点が一点の過誤もない正確無比のものであるという前提に立って、初めて論拠となりうるものであろう。しかしながら、親鸞真跡本において、「先王無辜横興逆害」（『信文類』浄聖全二・一〇八頁、定親全一・一五九頁）の「辜」の右には「ミツ」（正しくは「ツミ」）と付され、「大王汝昔已於毗婆尸仏」（『信文類』浄聖全二・一二〇頁、定親全一・一七七頁）の「昔」の右には「カムシ」（正しくは「ムカシ」）と付されている。また、「仏告慈氏」（『化身土文類』浄聖全二・一八五頁、定親全一・二七二頁）の「告」と「氏」とのどちらにも二点が付されている等、その訓点は必ずしも完璧ではない。[11] いうまでもなく、訓点の全てについて過誤の可能性を考慮していては、そもそもどのような立論も不可能になる。しかしながら、ただ一か所の訓点のみに基いての立論は、はなはだ危険であるというべきではないであろうか。[12] 立論には、親鸞思想全体の総合的考察をふまえることが必要である。もちろん、上田氏の所論自体は、親鸞思想全体の総合的考察を意図したものであり、「証文類」の訓点に基づく立論は、傍証とでも位置づけられるものであろう。その意味で、「三　証」における上田氏の立論に疑問があるからといって、上田氏の所論全体が成立しないということではない。しかし、逆に上田氏の所論の他の部分に疑問が生じた場合、「三　証」における立論のみをもって上田氏の所論の正当性を主張することはできないであろう。「三　証」における上田氏の所論については、反証を挙げるというよりも、必ずしも「至」に付されている「ルハ」の仮名のみに拘泥する必要はないということを指摘しておきたい。

第四節　大乗仏教の根本思想及び「臨終」の立場と「平生」の立場

「四　大乗仏教の根本思想」における上田氏の所論は、ある意味では「二一　真如」の論旨とほぼ同様であるといいうる。上田氏は、『華厳五教章』の因分・可説と果分・不可説との無二、『大乗起信論』の不覚・始覚と本覚、天台の六即や道元の修証一等などを挙げて、因分と果分との無二は大乗仏教の根本思想であることを論じ、

親鸞において、滅度を証することだけでなく、正定聚の位につくことをも往生をうと云われるのは、滅度を証すること（往生をうること）が正定聚の位につくことと無二であるということをあらわしている。正定聚の位につくこと（因の決定）と滅度を証すること（果をうること）という別の二つのことが、一つの「往生する」という語で云われているのは、往生することが単に浄土に生れることではなくて仏に成ることであるからである。（中略）往生思想が親鸞において二義をもつようになったことは、「往生する」ことが「さとる」ことと実質的に変らないもの、ある意味ではそれに優るものとなったことにほかならない。

（『親鸞の思想構造』一二一頁）

と述べる。しかし、「二一　真如」におけるとほぼ同様の疑問点が存在するのではないだろうか。

すなわち、まず、親鸞の往生思想が、大乗仏教の「因分と果分との無二」を意味するということであれば、なぜ信決定においてのみ「往生」が語られるのか説明できない。なぜなら、因分が果分と無二であるとすると、凡夫から仏への道程のどの地点にいる者をとっても、みなそれぞれ果分と無二であるわけである。一番仏から遠いところ、換言すればこの道程の最初の一歩のところでも果分と無二で

ある。

（『親鸞の思想構造』一一七頁）

のであるから、三願転入でいえば第十九願位、また『正像末和讃』に、

三恒河沙の諸仏の　出世のみもとにありしとき
大菩提心おこせども　自力かなはで流転せり

（浄聖全二・四七七頁、定親全二・和讃篇一六六頁）

とうたわれるような、三恒河沙の諸仏の出世のみもとにおいて大菩提心を起こした時点で「往生」を語ることができるはずである。しかし現生で往生を語るとの上田氏の所説に従っても、親鸞は、因決定でしか「往生」を語っていないのであるから、「因分と果分との無二」との思想とはいえないのではないか。

次に、往生即成仏であるから「因分と果分との無二」が語られるということであれば、往生決定（因分）において往生すること（果分）を語るよりも、成仏決定（因分）において成仏（果分）を語る方が自然ではないだろうか。しかし、親鸞は「諸仏とひとし」・「如来とひとし」の語の説明に際して未成仏を強調している。[13]この二点を疑問点として指摘しておきたい。

「五『臨終』の立場と『平生』の立場」における上田氏の所論は、『尊号真像銘文』の「命欲終時、願力摂得往生」の釈に基づいて展開する。すなわち、

ヌ　命欲終時といふは、いのちをはらんとせんときといふ。願力摂得往生といふは、大願業力摂取して往生を得しむといへるこころなり。

ル　すでに尋常のとき信楽をえたる人といふなり、臨終のときはじめて信楽決定して摂取にあづかるものにあらず。ひごろかの心光に摂護せられまゐらせたる金剛心をえたる人なれば正定聚に住するゆゑに、臨終のときにあらず。かねて尋常のときよりつねに摂護して捨てたまはざれば、摂得往生とまうすなり。このゆゑに

摂生増上縁となづくるなり。

ヲ　またまことに尋常のときより信なからん人は、ひごろの称念の功によりて、最後臨終のときはじめて善知識のすすめにあうて信心をえんとき、願力摂して往生を得るものもあるべしとなり。臨終の来迎をまつものは、かくのごとくなるべし。

（『尊号真像銘文』浄聖全二・六二八～六二九頁、定親全三・和文篇五六頁）

の三文を挙げ、以下のように論じられる。

ヌは、「命欲終時」と「願力摂得往生」の字義が明らかにされたものであり、ルにおいて、尋常（＝平生）における摂得往生の成立が述べられている。ここでは、「願力摂取」と「得往生」とを互いに切り離し得ない一つのこととして考えられている。そして、ルにおいて「臨終のときにあらず」と臨終の立場が否定され、平生の立場（親鸞の立場）と臨終の立場とが対立せしめられているので、「願力摂取」＝尋常、「得往生」＝臨終という伝統的解釈は成立しない。

そして、滅度・涅槃・無為・一如等と示されるものは、無時間あるいは超時間とも表現されるべきものである。生死は過去世・現在世・未来世の三世という時間に属しているが、涅槃界は三世を超えているので、涅槃を証するのを未来世のことであるとはいえない。滅度・涅槃・無為・一如等といわれる法性法身は無時間あるいは超時間の存在であり、時間の生死の中に「かたち」をあらわしたものが方便法身である。そして、方便法身の誓願を信楽することが法性法身に目覚めることである。

金剛堅固の信心の　　さだまるときをまちえてぞ
弥陀の心光摂護して　　ながく生死をへだてける

（『高僧和讃』浄聖全二・四四三頁、定親全二・和讃篇一一五頁）

において、「ながく生死をへだててしまった」というのは、常住の国に入ったことの意味になるとして、以下のように述べる。

彼が煩悩にみちた身体をもっているということは、彼が因位に居ることをあらわしている。彼は無上覚に達していない。しかし同時に彼は因果の差別なきものに達しているので、この点で、無上覚（如来）に等しい。そこで等正覚と呼ばれ、弥勒に同じと云われる。（『親鸞の思想構造』一三九頁）

以上のような上田氏の論について、以下の疑問点がある。

まず、『尊号真像銘文』の「命欲終時願力摂得往生」の釈についてであるが、この文は尋常に信楽をえた人の命欲終時の得生が説かれているのであり、上田氏は明らかに誤読している。

第一に、「願力摂取」と「得往生」とが切り離し得ないからといって、何故同時ということができるのであろうか。たとい時間的前後があっても、両者が必然的な関係にあるならば、切り離し得ないということができる。

次に、上田氏が依拠しているのは略本であるが、広本では、ヲの「臨終の来迎をまつものは」以下は、「臨終の来迎をまつものは、いまだ信心をえぬものなれば、臨終をこころにかけてなげくなり」とあり、対立せしめられているのは、あくまでも「（すでに）信楽をえたる人（他力の念仏者）」と「信心なからん人＝いまだ信心をえぬもの（＝自力の行者）」とである。上田氏の所論のようであれば、「尋常のとき信楽をえたる」と「最後臨終のときはじめて善知識のすすめにあうて信心をえん」とが対立せしめられていることになり、またそれぞれの信にともなう「願力摂得往生」とが対立せしめられていることになる。すなわち、平生にえる信心と、臨終にえる信心とが区別され、それぞれの信心にともなう「願力摂取」が異なるということになる。親鸞は、「信文類」において、「凡案大信海者、（中略）非尋常非臨終、（おほよそ大信海を案ずれば、尋常にあらず臨終にあらず、）」（浄聖全二・九一頁、定親全一・一三三頁）と述べているが、これは尋常（＝平生）とか臨終とかに限定されないことを意味している。自力の行者は臨終に至るまで往生不定であるが、他力の念仏者は他力信心が決定した時点で往生が決定する。そして、その他力信心の決定は尋常（＝平生）とか臨終とかに限定されない。親鸞はあくまでも自力と他力とを対比しているのであり、自力往生は尋常（＝平生）に決定することはありえず、臨終を待つ必要があるのに対し、他力往生は尋常（＝平生）にも決定しうるということを明らかにしているのである。[14] ルにおいて「臨終のときにあらず」といわれているのは、「すでに尋常のとき信楽をえたる人」であるからである。上田氏の解釈は無理な解釈というべきである。

また、上田氏は、『高僧和讃』について、

信心のさだまるときを待ってながく生死をへだててしまうといっても、やはり肉体があり生きている限り生死の中に居ることは否定せられぬ。（『親鸞の思想構造』一三七頁）

といって、『歎異抄』第十五条に基づき、

まだ身体があり今生に生きている限りはさとり（証＝無上覚）に入ったとは云われない。（『親鸞の思想構造』一三八頁）

浄土の住人でないことは明らかである。（『親鸞の思想構造』一三八頁）

といいつつ、

六道に輪廻しないということは「生死を離れた」と同義である。（『親鸞の思想構造』一三八頁）

といい、

生死海に居ながら生死海を出ている。（『親鸞の思想構造』一三八頁）

として、因位と果位との無差別性をいう。しかし、『歎異抄』の「六道に輪廻すべからず」とは、もはや六道に輪廻しない、すなわち次生は六道の生ではないという意味として理解すれば、すでに生死海を出ているとはいえないのではないか。

最後に、上田氏は、

因果の差別なきものに達しているので、この点では、無上覚（如来）に等しい。そこで等正覚と呼ばれ、弥勒に同じと云われる。（『親鸞の思想構造』一三九頁）

と論じるが、親鸞は、「等正覚」、「弥勒に同じ」と示す箇所では、必ず弥勒の未成仏すなわち因位を強調しているので、これをもって因果の差別なきものに達していることの証とすることはできないということを指摘しておきたい。(15)

第五節　二種法身の関係

「六『かたち』あるものから『かたち』なきものへ」において上田氏は、

「かたち」あるもの＝方便法身＝弥陀仏
「かたち」なきもの＝法性法身＝無上仏

として、弥陀の願海に入るのは平生における信心決定の時であり、それは「かたちなき無上仏」への入り口と論じる。色や形の世界に生きている凡夫が、弥陀の願海に入ることは、かたちあるものからかたちなきものへの一段階として、最後のかたちの超克がなされるところが臨終とする。そして、「方便法身と『一味』になることはやがて

法性法身と『一味』になることである」（『親鸞の思想構造』一四七頁）と述べ、

方便法身（本願海）から法性法身（涅槃）への移りゆきは自然におこなわれ、それは凡夫のはからいにあらず、仏智の不思議である。かたちのない無上仏に、かたちのある本願海からどのようにして、また何時、移ってゆくか、それはわれわれには知り得ないことである。明らかにわれわれに知られる臨終が、法性法身へ移る境目などということはありえない。かたちのないものには、それの境目もつけることはできない。しかしわれわれが知り得なくても、親鸞がくり返しこのことを述べているということは、それが何らかの仕方で親鸞にわかっていたことを意味すると私は思う。願海に真実に、そして深く入った親鸞には、方便法身と「一」にして「不可分」な法性法身の世界を言葉で語ることができなくても、その身で生きていたのであろう。

（『親鸞の思想構造』一五〇頁）

と論じられる。

この所論についての疑問点であるが、まず、「やがて」[16]という言葉で表現されているように、「方便法身と一味になること」と「法性法身と一味になること」とが別のこととされているが、それでは二種法身が分裂してしまうことになるのではないだろうか。二種法身は不可分[17]である。法性法身と一味になっていないならば、方便法身とも一味になっていないということになろう。次に、かたちのないものには、それの境目をつけることはできないだろうが、かたちのある方便法身の世界（方便法身の誓願を信楽する、……必ずしも方便法身と一味になることを意味しているのではない）から見れば、境目があるといって差し支えないのではないだろうか。そして、これでは、結局、「臨終一念之夕、超証大般涅槃（臨終一念の夕、大般涅槃を超証す）」（「信文類」浄聖全二・一〇三頁、定親全一・一五一頁）の意義が不明になりはしないかということである。

最後に、上田氏は、

心に感じ思うような方便法身のかたちの世界に入ることによって、そこにみちみちているかたちのない法性法身に入ることができるということを、われわれは親鸞の言葉から信じることができる。

（『親鸞の思想構造』一四七頁　傍点筆者）

と述べ、

われわれが知り得なくても、（中略）それが何らかの仕方で親鸞にわかっていたことを意味すると私は思う。願海に真実に、そして深く入った親鸞には、方便法身と「一」にして「不可分」な法性法身の世界を言葉で語ることができなくても、その身で生きていたのであろう。

（『親鸞の思想構造』一五〇頁　傍点筆者）

と述べているが、親鸞のような宗教的天才にして初めて知られる願海の世界という口吻を感じるのは筆者のみであろうか。もしそうであるならば、本願の救済は一部の宗教的天才にのみ開かれていて、必ずしも万人に開かれているのではないということになりはしないかという疑問を提示して、検討を終えたい。

小結

本章においては上田義文氏の現生往生説を検討したのであるが、まず第一節においては、上田氏の著書・論文を紹介した後にその関係を述べ、上田氏逝去（一九九三年四月）直後に出版された『親鸞の思想構造』中の「往生の思想」に依拠し、必要に応じて他の論文を参照するという方法で、上田氏の所論の検討を行うとの基本方針を示した。

第二節においては、まず『一念多念文意』及び『唯信鈔文意』における「即得往生」の釈は、臨終時に往生を示す親鸞の通常の釈とは異なり、信一念即時に往生を得るとの意を示すものであり、正定聚をそのまま往生とする現生の往生こそが親鸞の強調したいことであったという上田氏の所論を紹介した。次に、親鸞が正定聚＝往生とする現生往生を強調したかったという上田氏の所論に対して、以下の疑問を提示した。

（1）『末灯鈔』第一三通において、わざわざ正定聚を往生以前と限定したのはなぜか。

（2）『一念多念文意』の「即得往生」の釈の中、正定聚に往生決定という異例の左訓を付したのはなぜか。

（3）同じく、『一念多念文意』の「即得往生」の釈の中、第十一願成就文についての異例の釈や『往生論註』の訓みかえによって往生以前の正定聚を示したのはなぜか。

なお、これらの疑問点は、すでに第二部第三章第二節において詳しく論じた。

第三節においては、まず、上田氏の所論を以下のように紹介した。

i　親鸞は信においても証においても真如を語っているが、真如という見地からすると一切が無差別なのであるから、親鸞は因（信）と果（証）との無差別を示しているとみることができる。

ii　伝統的解釈は、因位（信心）の真如は信心または名号に内在している徳であり、信心に内在している徳が往生と同時に顕現して証となるとして、因位の真如と果位の真如とを差別するが、差別のみを見て無差別を見ないことは、真如という概念を正しく理解したことにならないし、親鸞は真如についてこのような区別をしていないと批判する。

また、真如は法性法身であり、名号は方便法身に属するので、「かたち」のない法性法身が、「かたち」をもった方便法身の名号やそれを体とする信心に内在せしめられることは不可能であり、無限者は自己を限定することによって初めて有限者と一つになることができるのであり、有限者の中に無限者がそのままで入ることは不可能であると伝統的解釈を批判する。

親鸞は、「証文類」の最初に、「必至滅度即是常楽。……（かならず滅度に至るはすなはちこれ常楽なり。……）」と転釈するが、「必至滅度（かならず滅度に至るは）」は因であり、「常楽」は果であるから、ここでも因（必至滅度＝正定聚）と果（常楽以下の転釈）とを同じと示している。

続いて、上田氏の所論に対して以下のように批判を加えた。

i　真如という見地からの一切が無差別であるという論理と因（正定聚）と果（成仏）とが無差別であるという論理とは別の論理である。真如という見地からの一切が無差別であるという論理ならば、因と果とのみが無差別なのではなく、自力と他力とも無差別であるが、親鸞は自力と他力とは明確に区別している。

ii　伝統的解釈においても、

染浄迷悟の差別ありと雖も其体一如なり。（中略）今弥陀の浄土、その相に就くときは穢土に対して建立し給ふ処なれば染法あることなし。浄穢差別分界なくんばあるべからず。而してその体に就いてこれを云ふときは、一の水に分界なきが如く、真如の理体豈に浄穢の別あらんや。（浄満院円月）

と真如に無差別を見ている。また「真仏土文類」の真仏土結釈において、親鸞は真如と同義の仏性について「不見」と「顕」とを区別している。

法性法身と方便法身とは水と波とに喩えることができ、またこの二身は「異而不可分」であるので、法性法身が方便法身に内在することは当然可能であり、法性法身が方便法身の中にそのまま入るのは不可能であるとの論は、親鸞が「こころもおよばれず」と示した法性法身について、我々の思慮において限定を加えるものであり、これは誤っている。

最後に「至」に付してある「ルハ」の送り仮名のみに基づく論の妥当性には疑問があることを指摘した。

第四節においては、まず、上田氏の所論を以下のように紹介した。

i　大乗仏教においては因分と果分とは無二とされ、親鸞が正定聚（因）を往生（果）としたのは、この論理である。

ii　『尊号真像銘文』における善導の『観念法門』の「命欲終時願力摂得往生」についての親鸞の釈について、「命欲終時」と「尋常」とが対比されているとして、ここでは尋常（現生）の往生が説示されているとする。

iii　『高僧和讃』の「金剛堅固の信心の　さだまるときをまちえてぞ　弥陀の心光摂護して　ながく生死をへだてける」について、『歎異抄』の「信心の定まるときに、ひとたび摂取して捨てたまはざれば、六道に輪廻すべからず」との解釈を示して、「ながく生死をへだててしまった」というのは、常住の国に入ったことの意味になるとし、六道に輪廻しないということは「生死を離れた」と同義であり、生死海に居ながら生死海を出ているのであるから、ここに因位と果位との無差別性が見られる。「無上覚」には達していないが、因果の差別のないものに達していて、この点では無上覚（如来）に等しいので等正覚と呼ばれ、弥勒に同じと云われる。

続いて、上田氏の所論について、以下のように批判を加え、また疑問を示した。

i　因分と果分とが無二であるならば、邪定聚＝第十九願の行者（因分）と成仏（果分）とが無二ということになるが、親鸞においては邪定聚と正定聚とは明確に区別され、雑行の行者と成仏とが無二であると語られることは決してない。

ii　『尊号真像銘文』の釈は尋常獲信の行者と臨終獲信の行者とを対比したものではなく、自力往生の行者と他力往生の行者とを対比したものであり、上田氏は明らかに誤読している。

iii 「六道に輪廻すべからず」とは、もはや六道に輪廻しない、すなわち次生は六道の生ではないという意味であり、「生死をへだてる」とは、もはや迷いの生を受けない身となっているとの意味と理解することができ、『高僧和讃』をもって因果無差別を示す証とはできない。また、親鸞は、等正覚、弥勒に同じの意義を示すにあたって、明確に未成仏を強調しているので、等正覚・便同弥勒をもって因果無差別を意味するものと見ることはできない。

第五節においては、上田氏の所論を以下のように紹介した。

i 「かたち」あるもの＝方便法身＝弥陀仏、「かたち」なきもの＝法性法身＝無上仏として、弥陀の願海に入る平生における信心決定のときが「かたちなき無上仏」への入り口、すなわち色や形の世界に生きている凡夫の弥陀の願海への帰入が、かたちあるものからかたちなきものへの一段階であり、最後のかたちの超克がなされるところが臨終である。方便法身と「一味」になることは、やがて法性法身と「一味」になることである。

ii 方便法身（本願海）から法性法身（涅槃）への移りゆきは、凡夫のはからいではなく、仏智の不思議である。かたちのない無上仏に、かたちのある本願海からどのようにして、また何時、移ってゆくかは、我々には知り得ず、明らかにわれわれに知られる臨終が、法性法身へ移る境目ということはありえない。かたちのないものには、それの境目をつけることはできない。

iii かたちのある本願海からかたちのない無上仏への移行は、われわれには知り得なくても、何らかの仕方で親鸞にわかっていたことを意味する。願海に真実に、そして深く入った親鸞には、方便法身と「一」にして「不可分」な法性法身の世界を言葉で語ることができなくても、その身で生きていたのであろう。

続いて、上田氏の所論について以下のように批判を行った。

i　「やがて」という言葉で表現されているように、「方便法身と一味になること」と「法性法身と一味になること」とが別のこととされているが、それでは二種法身が分裂してしまう。二種法身は不可分であり、法性法身と一味になっていないならば、方便法身とも一味になっていない。

ii　かたちのないものには、それの境目をつけることはできないが、かたちのある方便法身の世界から見れば、境目があるといって差し支えない。これでは、結局、「臨終一念之夕、超証大般涅槃。（臨終一念の夕、大般涅槃を超証す。）」（「信文類」浄聖全二・一〇三頁、定親全一、一五一頁）の意義が不明になる。

iii　われわれが知り得なくても、それが何らかの仕方で親鸞にわかっていた。願海に真実に、そして深く入った親鸞には、方便法身と「一」にして「不可分」な法性法身の世界を言葉で語ることができなくても、その身で生きていたとの記述は、親鸞のような宗教的天才にして初めて知られる願海の世界ということになり、本願の救済は一部の宗教的天才にのみ開かれていて、万人に開かれているのではないということになる。

最後に、上田氏の所論全体に通じるものとして、以下の三点を指摘しておく。

i　親鸞の言葉の解釈が妥当性を欠く。たとえば、『一念多念文意』に関して、「即得往生」という言葉の直接の解釈のみを問題にしているが、以下「即得往生」の解釈が継続しているという視点が欠落している。また、上田氏の所論によって親鸞の全ての言葉が解釈できるとは思えないし、『尊号真像銘文』の言葉については、明らかに誤った解釈がなされている。

ii　上田氏の伝統的な解釈についての理解は部分的かつ皮相的なものに過ぎず、その理解に基づく伝統的な解釈に対する批判は誤った批判といわざるをえない。

iii　迷悟染浄生仏不二而二に関して、親鸞の教相は明確に二なる面に傾いたものであるにもかかわらず、上田氏は不二なる面に偏った視点[18]で解釈している。

註

（1）その他、浄土真宗本願寺派伝道院布教実習の場で講義されたものの要旨が、「仏教とは何か」と題されて、『中外日報』誌上に、一九六九年六月から十月まで十五回にわたって掲載されている。

（2）上田氏の所論を批判した論文としては、たとえば、以下のようなものがある。
福原亮厳氏「上田氏の往生義は成立するか」
『中外日報』一九九九七号〜一九九九九号・二〇〇〇五号・二〇〇〇七号・二〇〇〇八号（一九六九年）
宮地廓慧氏「上田義文氏の親鸞の往生の思想批判」
『中外日報』二〇〇七五号〜二〇〇八三号・二〇〇八六号〜二〇〇九〇号（一九七〇年）
普賢大圓氏『最近の往生思想をめぐりて』永田文昌堂（一九七二年）

（3）『親鸞教学』所載の論文及び『同朋学報』所載の論文、共に同様の構成となっている。

（4）なお、上田氏の論文・著書等には、聖教名や『浄土真宗聖典全書』・『真宗聖教全書』の巻数・頁数が示されていなくても、必要に応じて筆者が付した。

（5）『唯信鈔文意』には高田派専修寺に真蹟本二本（康元二年正月十一日本・同二十七日本）が蔵されているが、上田氏が依用しているのは、群馬県妙安寺蔵本等の流布本に基づく『真宗法要』所収本（正嘉元年本）である。なお、『真宗法要』所収本では、「これを即得往生といふなり」の前に「成等正覚ともいへり」（真宗法要二一・三九丁右）とある。

（6）上田氏は、親鸞以前の善導・法然にも、往生すれば直ちに成仏する思想が見られるとしている。善導・法然のどのような文に基づいてこのようにいわれるのか、大変興味深いのであるが、一連の論において根拠は示されていない。

（7）前掲「親鸞の往生の思想について」（四二頁）において、上田氏は、『大経』で臨終の往生とされた即得往生を現生としたのであるから、『大経』そのものとは違う親鸞独特の用語法であって、ハ・ニにおける「即得往生」は、もはや経典の言葉ではなく、親鸞自身の言葉と解するべきであると述べている。しかし、親鸞が、即得往生＝現生という理解を大経そのものと相違すると意識していたとは考えられない。『大経』を真実教と位置づけ、「行文類」正信偈に「応信如来如実言」と勧める親鸞が、意識して「即得往生」を『大経』そのものと相違する意味で用いるはずがない。あくまでも親鸞は『大経』そのものの真意を明らかにしたのみと考えるべきであろう。

また、『愚禿鈔』についていうならば、同書には親鸞の真蹟は存在せず、現存の写本の奥書からいえば晩年のものともされるが、内容からいえば法然門下の修学時代における覚え書きに類する性格のものであるとの説もあり、単に本願成就文と『往生礼讃偈』との対応を心覚えに記したのみと考えることもできよう。

（8）親鸞において、浄土における正定聚が語られる場合があるが、すでに第二部第一章第二節で論じたように、これは果後の広門示現相（すでに仏果を開いているにもかかわらず菩薩相を現じること）であって、現生の利益としての正定聚とは明確に区別されなければならない。

（9）本書第二部第三章第二節参照。

（10）高田派専修寺蔵真蹟本には「法身は」となっているが、内容からするとこの法身は法性法身を意味する。

（11）親鸞自筆の『教行信証』に若干の過誤があるからといって、親鸞を低く評価したことにはならない。この点に関していえば、三願転入を親鸞の体験の事実と見るか否かという点に関して議論が参考になるであろう。

村上速水氏は、三願転入を親鸞の体験の事実ではないとの論は還相の人たる宗祖が「次第に三願を経過せられなければならぬはずがない」という信仰に由来しているのではないかとし、三願転入を親鸞の体験の事実と見ている人々が必ずしも親鸞を漸機と見なしているのではないことを指摘した後に、

そして私は、むしろ三願転入を親鸞の体験の事実とし、親鸞を漸入の機として解釈する方が、かえって凡夫道を開顕されるための還相の聖者であったと理解するのに便であるとすら思う。彼をその機相の上から漸機と解

釈することは、何ら還相の聖者としての親鸞観を遮するものではない。（『親鸞教義の研究』一〇頁）と述べている。同様に、親鸞の訓点に過誤があることが還相の聖者としての親鸞観を遮するものではなく、かえって、完璧ならざる凡夫の相をとることによって、そのような凡夫こそ救済の正機たることがより明確になるところに、還相の聖者としての意義を見ることができよう。

（12）「至」に付されている「ルハ」については、親鸞が訓点を付するに際して「必」を読み飛ばし、「滅度に至るはすなわち是れ常楽なり」と訓ませるべく付したと考えることもできる。

また、たとえば、『末灯鈔』第二一通には、

安楽浄土に入りはつれば、すなはち大涅槃をさとるとも、また無上覚をさとるとも、滅度にいたるともまうすは、御名こそかはりたるやうなれども、これみな法身とまうす仏のさとりをひらくべき正因に、弥陀仏の御ちかひを、法蔵菩薩われらに廻向したまへるを、往相の廻向とまうすなり。

（浄聖全二・八一四頁、定親全三・書簡篇一一〇頁）

との文がある。この文を、

安楽浄土に入りはつれば、すなはち大涅槃をさとるとも、また無上覚をさとるとも、滅度にいたるともまうす。

大涅槃をさとるとも、また無上覚をさとるとも、滅度にいたるともまうすは、御名こそかはりたるやうなれども、これみな法身とまうす仏のさとりをひらく。

法身とまうす仏のさとりをひらくべき正因に、弥陀仏の御ちかひを、法蔵菩薩われらに廻向したまへるを、往相の廻向とまうすなり。

の三文に分け、それぞれを独立した文とすれば、現代の我々の目から見て素直な分かりやすい文章である。しかし、全体として見れば、主述の連続するような複雑な文型となり、必ずしも文章全体の主述が整理されているものではない。親鸞の文型には、述語が直前の句のみを主部として承けるものがあるとすれば、「即是常楽」との述部は「至滅度」を主部として承けると見ることもできよう。

（13）第二部第二章第二節においてすでに論じたところである。

(14)　その意味では、ロの文も同じ趣旨である。
(15)　註(13)と同じ。
(16)　「やがて」は現在の用法では「まもなく、そのうちに」の意味で用いられるが、蓮如において、「真実信心の行者は、一念発起するところにて、やがて摂取不捨の光益にあづかるときは」(『御文章』一帖目第四通)と用いられているように、中世では「ただちに、すぐさま」の意味で用いられている。上田氏が「やがて」を蓮如の用法で用いたとは考えにくいので、以下のように理解した。
(17)　すでに、第一部第三章の註(3)(8)において述べたように、親鸞は、『一念多念文意』や『唯信鈔文意』において阿弥陀仏を二種法身で釈するが、「真仏土文類」において『往生論註』の二種法身を引用せず、性功徳釈を引用する。性起が法性法身に、修起が方便法身にあたり、性起のままが修起し、修起しているままが性起であると考えられる。拙論「『真仏土文類』における『論註』性功徳釈の引意」(『真宗学』第一二三・一二四合併号)参照。また、『往生論註』の二種法身は「証文類」還相廻向釈に引用されるが、その所顕は内に大涅槃を証している(略＝法性法身)ままが外に大菩薩の相を現じている(広＝方便法身)と理解することができ、法性法身と方便法身とを別なものと見ることはできない。拙論「『教行信証』『証文類』引用文の所顕—願文と成就文—」(『真宗学』第一二七号六頁以下)参照。
(18)　本来、迷悟染浄生仏の不二なる面と二なる面とに高低や浅深はないが、上田氏の所論には、不二なる面を深・高とし、二なる面を浅・低とする姿勢が垣間見られる。

第三章　松野純孝氏の説とその検討

第一節　往生成仏の分類と命終時及び臨終時の往生

第一章で述べたように、『岩波仏教辞典』の第二刷（一九九一年七月十五日）においては、「教行信証」の項の最後に、親鸞の往生・成仏思想については、「親鸞」の項を参照するべく指示があり、「親鸞」の項の最後に、「なお、親鸞の往生・成仏思想について、浄土真宗本願寺派や高田派の教義では、（中略）さらに、親鸞の難思議往生＝成仏には①死と同時に成仏、②臨終一念の夕に成仏、③この世で心が成仏、④この世での成仏の四つの時期が見られるとした上で、④を重視する近年の学説がある」（『岩波仏教辞典』四七四頁）との記述が付加されたが、この学説とは、松野純孝氏の「親鸞聖人における往生と成仏」（『浄土教の研究―石田充之博士古稀記念論文集―』所収）に示される学説であろう。当該論文について、中村元氏は、「親鸞の著作文献の検討は精細を極めている」（『東方』第六号、二〇一頁）と論評している。しかしながら、松野氏の立論は、中村氏のいうがごとく、親鸞の著作文献についての精細な検討を経ているであろうか。疑問を感じるので、以下、検討を加えてみたい。

松野氏は、当該論文において、

聖人の難思議往生＝成仏の時期には、大別して次の四つが見出されるからである。

1　死と同時に成仏する。

2　臨終一念の夕に成仏する。
3　この世で心が成仏する。
4　この世で成仏する。

（『浄土教の研究―石田充之博士古稀記念論文集―』七一二頁）

と述べ[1]、以下それぞれの典拠を挙げている。まず、

「1、死と同時に成仏する」について、この典拠とされているのは、

i　『教行信証』「化身土文類」の三経隠顕の文

凡就一代教、於此界中入聖得果名聖道門、云難行道。就此門中、有大小、漸頓、一乗二乗三乗、権実、顕密、竪出竪超。則是自力、利他教化地、方便権門之道路也。於安養浄刹入聖証果名浄土門、云易行道。就此門中、有横出横超、仮真、漸頓、助正雑行、雑修専修也。……横超者、憶念本願離自力之心、是名横超他力也。斯即専中之専、頓中之頓、真中之真、乗中之一乗。斯乃真宗也。

（浄聖全二・一九六～一九七頁、定親全一・二八九頁）

おほよそ一代の教について、この界のうちにして入聖得果するを聖道門と名づく、難行道といへり。この門のなかについて、大・小、漸・頓、一乗・二乗・三乗、権・実、顕・密、竪出・竪超あり。すなはちこれ自力、利他教化地、方便権門の道路なり。安養浄刹にして入聖証果するを浄土門と名づく、易行道といへり。この門のなかについて、横出・横超、仮・真、漸・頓、助正・雑行、雑修・専修あるなり。……横超とは、本願を憶念して自力の心を離る、これを横超他力と名づくるなり。これすなはち専のなかの専、頓のなかの頓、真のなかの真、乗のなかの一乗なり。これすなはち真宗なり。

ii　『教行信証』「信文類」の横超釈の文

大願清浄報土不云品位階次、一念須臾頃、速疾超証無上正真道、故曰横超也。

（浄聖全二・九六～九七頁、定親全一・一四一頁）

大願清浄の報土には品位階次をいはず、一念須臾のあひだに、すみやかに疾く無上正真道を超証す、ゆゑに横超といふなり。

iii　『一念多念文意』の「即得往生」を釈する文

即得往生といふは、「即」はすなはちといふ、ときをへず、日をもへだてぬなり。また「即」はつくといふ、その位に定まりつくといふことばなり。「得」はうべきことをえたりといふ。真実信心をうれば、すなはち無礙光仏の御こころのうちに摂取して捨てたまはざるなり。摂はをさめたまふ、取はむかへとるとまうすなり。をさめとりたまふとき、すなはち、とき・日をもへだてず、正定聚の位につき定まるを往生を得とはのたまへるなり。（中略）

正定聚の位に定まるを不退転に住すとはのたまへるなり。この位に定まりぬれば、かならず無上大涅槃にいたるべき身となるがゆゑに、等正覚を成るとも説き、阿毘跋致にいたるとも、阿惟越致にいたるとも説きたまふ。即時入必定ともまうすなり。この真実信楽は他力横超の金剛心なり。しかれば、念仏のひとをば大経には次如弥勒と説きたまへり。……次如弥勒とまうすは、次はちかしといふ、つぎにといふ。ちかしといふは、弥勒は大涅槃にいたりたまふべきひとなり。このゆゑに弥勒のごとしとのたまへり。念仏信心の人も大涅槃にちかづくとなり。……他力信楽のひとは、この世のうちにて不退の位にのぼりて、かならず大般涅槃のさとりをひらかんこと、弥勒のごとしとなり。

（浄聖全二・六六二～六六五頁、定親全三・和文篇一二七～一二九頁）

iv　『末灯鈔』第七通の文

まことの信心の人をば、諸仏とひとしと申すなり。また補処の弥勒とおなじとも申すなり。

（浄聖全二・七八八頁、定親全三・書簡篇二五頁）

v　『末灯鈔』第一五通の文

まことの信心をえたる人は、すでに仏に成らせたまふべき御身となりておはしますゆゑに、如来とひとしき人と経に説かれ候ふなり。

（浄聖全二・八〇〇頁、定親全三・書簡篇九八頁）

vi　『一念多念文意』の「念仏衆生便同弥勒」を釈する文

念仏の人は無上涅槃にいたること、弥勒におなじきひとと申すなり。

（浄聖全二・六六五頁、定親全三・和文篇一三二頁）

vii　『末灯鈔』第一三通の文

浄土へ往生するまでは、不退の位にておはしまし候へば、正定聚の位となづけておはしますことにて候ふなり。

（浄聖全二・七九五～七九六頁、定親全三・書簡篇九〇頁）

viii　『末灯鈔』第二通の文

真実の信心をえたる人は……無明煩悩を具して安養浄土に往生すれば、かならずすなはち無上仏果にいたると、釈迦如来説きたまへり。……真実信心をえたるゆゑに、かならず真実の報土に往生するなりとしるべし。

（浄聖全二・七八一頁、定親全三・書簡篇五一頁）

である。これらの文については、従来も指摘されているところであり、疑問は感じられない。また、iiiについて、即得往生＝入正定聚・住不退転・成等正覚、等々と示され、左訓等より未来成仏の典拠としている。松野氏の所論は、難思議往生＝成仏としているので、難思議往生と即得往生とを区別しているのは明らかであり、この点にも特に疑問は感じられない。

次に、「2、臨終一念の夕に成仏する」について、この典拠とされているのは、『教行信証』「信文類」の便同弥勒釈である。この中、

臨終一念之夕、超証大般涅槃。

臨終一念の夕べ、大般涅槃を超証す。

（浄聖全二・一〇三頁、定親全一・一五一頁）

の文について、

臨終一念の夕とは、一般に命の終るその瞬間と解されているが、厳密には曽我量深氏は、臨終とはまだ生きており、死んでから仏になるのではない、といわれているように、臨終一念の夕に成仏することと、1の死と同時に成仏することとは区別せねばならぬ。

（『浄土教の研究―石田充之博士古稀記念論文集―』七一六頁）

と、「命の終るその瞬間」と「臨終一念の夕」とを区別している。確かに臨終とは、臨終来迎・臨終正念・臨終行儀等と熟される場合には、まだ命終わっていない状態を意味していると考えられる。しかしながら、「臨終一念の夕」という語について、まだ命終わっていない（まだ生きている）状態として解釈するべきであろうか。「夕」は、その直前に弥勒菩薩の成仏について「龍華三会の暁、当に無上覚位を極むべし」とある「暁」の対句として用いられた言葉であるから、しばらく措くとしても、「臨終」がまだ命終わっていない状態を意味しているから、「臨終一念」もまだ命終わっていない状態を意味すると考えるべきであろうか。松野氏は、「命の終るその瞬間」と「臨終一念」とを区別しているが、果たして区別するべきものであろうか。もし区別されるのならば、臨終一念を命の終る瞬間の直前と解釈されるのであろうか。

ここで、考慮するべきは、親鸞に、「命の終るその瞬間」と「臨終一念」とを区別する意図があったであろうか

ということであろう。もし、区別する意図があったとすると、親鸞は、それによって何を示そうとしたのであろうか。命の終わる瞬間の直前に成仏するという事態が、何の意味を持つのであろうか。

親鸞は、「信文類」信一念釈に、

夫按真実信楽、信楽有一念。一念者、斯顕信楽開発時剋之極促、彰広大難思慶心。
（浄聖全二・九三頁、定親全一・一三六頁）

それ真実の信楽を按ずるに、信楽に一念あり。一念とは、これ信楽開発の時剋の極促を顕し、広大難思の慶心を彰すなり。

と示しているが、この「信楽開発の時剋の極促」とは「信楽が開けおこる瞬間」を意味すると考えられ、従来「受法の初際」の語で説明されている。この「促」については、奢促対の促か、延促対の促か、という議論もあるが、『一念多念文意』に「一念といふは、信心をうるときのきはまりをあらはすことばなり」（浄聖全二・六六二頁、定親全三・和文篇一二七頁）とあり、「信心が開けおこるまさにその時」との解釈が妥当であろう。(2) すでに親鸞に、一念を「ときのきはまり」とする解釈例がある以上、「臨終一念」を「臨終の時の極まり」と解釈するのに、何の不都合もない。そして、信一念が受法の初際であるとすれば、臨終の一念は臨終の最後であり、それは命の終わるその瞬間と同義である。同じく『一念多念文意』の、

「凡夫」といふは、無明煩悩われらが身にみちみちて、欲もおほく、いかり、はらだち、そねみ、ねたむこころおほくひまなくして、臨終の一念にいたるまでとどまらず、きえず、たえず……
（浄聖全二・六七六頁、定親全三・和文篇一四九頁）

の文における「臨終の一念」を「命の終るその瞬間」と解釈すれば、この文は、命終わるその瞬間まで煩悩具足の

凡夫であり続けることを示していると理解することができよう。

では、ここで親鸞が、臨終一念の語を用いたのには、どのような意味があるのであろうか。言うまでもなく、彼土正定聚に対して往生即成仏を示されるのが第一義であろう。松野氏が「1、死と同時に成仏する」と位置づけ、典拠とされている「信文類」の横超釈の文の、

大願清浄報土不云品位階次、一念須臾頃、速疾超証無上正真道。故曰横超也。

（浄聖全二・九六～九七頁、定親全一・一四一頁）

大願清浄の報土には品位階次を云はず、一念須臾の頃に、速やかに疾く無上正真道を超証す。故に横超と曰ふなり。

と同義である。言うまでもなく、この世の命終わるまさにその時と、浄土の命始まるまさにその時とは、別の時ではない。しかし、ここで特に「臨終一念」と「この世の命終わるまさにその時」で示されたのには、意味があると考えられる。

先に松野氏は、死と同時に成仏するの典拠として、ⅰ～ⅷの文を挙げていると述べた。しかし、ひるがえって考えてみると、これらの文は、死と同時の成仏を述べている文であろうか。まず、ⅰについて、松野氏は、彼の世で入聖証果する浄土門の中、横超他力＝難思議往生は頓中の頓であるから、死と同時の往生成仏であると断定しているが、『愚禿鈔』に頓漸二教を示す中、聖道の漸教について、「歴劫修行」（浄聖全二・二八四頁、定親全二・漢文篇五六頁）と示されている。歴劫の漸に対して頓というのであれば、たとい人寿百歳であっても、頓といいうるのであり、必ずしも同時を意味するとはいえない。また、ⅱについて、大願清浄の報土には品位階次がなく、一念須臾の頃に無上正真道を超証するのであるから、往生即成仏の典拠ということはできるが、厳密にいえば、命終即往生を

意味する言葉は無い。iiiからviiiに至る文は、この世での成仏を認めない文か、彼の土での成仏を示す文であって、必ずしも命終即往生を示していると断定できない。「行文類」には、

初果聖者、尚睡眠懶堕、不至二十九有。

初果の聖者、尚睡眠し懶堕なれども、二十九有に至らず。（浄聖全二・四八頁、定親全一・六八頁）

とあるが、この二十九有とは、人間界の七有（生有）、天上界の七有（生有）、またそれぞれの生の終わりから次の生を得るまでの中有の十四有、合わせて二十八有を経た次の二十九番目の生有という意味であり、初果の聖者は、最大二十八の迷いの有を経ることがあっても、決して二十九番目の迷いの有は受けない、というのが、この文の意味である。いうまでもなく、この文における親鸞の意図は、他力信心をえたものが、二十八の迷いの有を経た後に往生するというところにあるのではない。しかし、この文は、一つの生の終わりから次の生を得るまでの中有の存在を認めた上での表現であり、親鸞が中有の存在を否定していないことは確かである。とすれば、往生即成仏を示す文が、そのまま命終即成仏を意味しているとは断定できないことになる(3)。文章の意味の厳密な検討からすれば、そういうことになるであろう。ここにおいて、先の「信文類」便同弥勒釈の文が重要な意味を持つことが明らかになる。先に述べたように、「臨終一念」を「命の終るその瞬間」と理解すれば、この文は、明らかに命終即成仏を示している。親鸞の文の上では、現生の利益（諸仏護念・入正定聚）が往生後の利益ではないことを示す文(4)、成仏は往生の上の利益であることを示す文(5)、往生即成仏を示す文(6)はあるが、これらは、必ずしも命終即往生を示す文とはいえない。「信文類」便同弥勒釈の文と対照することによって、親鸞の教義が、命終即往生即成仏であることが明確になるのである。

第二節　この世における心の成仏

次に、「3、この世で心が成仏する」について、松野氏は、『末灯鈔』第三通の、

浄土の真実信心の人は、この身こそあさましき不浄造悪の身なれども、心はすでに如来とひとしければ、如来とひとしとまうすこともあるべしとしらせたまへ。……光明寺の和尚の『般舟讃』には、「信心のひとは、その心すでにつねに浄土に居す」と釈したまへり。「居す」といふは、浄土に、信心のひとのこころつねにゐたり、といふこころなり。これは弥勒とおなじといふことをまうすなり。

（浄聖全二・七八三～七八四頁、定親全三・書簡篇六九～七〇頁）

を典拠として、以下のように述べている。

ここでは如来等同、便同弥勒、等正覚ということは、浄土に信心のひとのこゝろが「つねにゐたり」とあるから、身は不浄造悪ではあるが、心は成仏しているというのであろう。身はともかく、心の成仏を言われているものと思う。曽我量深氏は、「往生は心にあり、成仏は身にある」とされる。それは、往生はこの煩悩具足の身をもって達するのであり、成仏はこの煩悩具足の身が終わって新たに金剛不壊の身、いわゆる金剛那羅延身を得て成仏するのである故に、成仏は未来である、とされるからである。また、無生の生のさとりは信心であり、心のさとりである。無上涅槃は身心一如のさとりである。だからさとりといっても単なる心のさとりと、身心一如のさとりとは区別する必要があると。ここでは、身の不浄造悪、煩悩具足の故に、心の成仏は言われても、身もひっくるめての成仏までは言い切れなかったに違いない。

（『浄土教の研究—石田充之氏古稀記念論文集—』七一六頁）

この松野氏の見解について、検討してみよう。

まず、松野氏が省略した部分も含め、この消息の全文を挙げてみる。

信心をえたるひとは、かならず正定聚の位に住するがゆゑに等正覚の位とまうすなり。『大無量寿経』には、摂取不捨の利益に定まるものを正定聚となづけ、『無量寿如来会』には等正覚と説きたまへり。その名こそかはりたれども、正定聚・等正覚はひとつこころ、ひとつ位なり。等正覚とまうす位は、補処の弥勒とおなじ位なり。弥勒とおなじく、このたび無上覚にいたるべきゆゑに、弥勒とおなじと説きたまへり。

さて、『大経』には「次如弥勒」とはまうすなり。弥勒はすでに仏にちかくましませば、弥勒仏と諸宗のならひはまうすなり。しかれば弥勒におなじ位なれば、正定聚の人は如来とひとしともまうすなり。浄土の真実信心の人は、この身こそあさましき不浄造悪の身なれども、心はすでに如来とひとしければ、如来とひとしとまうすこともあるべしとしらせたまへ。弥勒はすでに無上覚にその心さだまりてあるべきにならせたまふによりて、三会のあかつきとまうすなり。浄土真実のひともこのこころをこころうべきなり。

光明寺の和尚の『般舟讃』には、「信心のひとは、その心すでにつねに浄土に居す」と釈したまへり。「居す」といふは、浄土に、信心のひとのこころつねにゐたり、といふこころなり。これは弥勒とおなじといふことをまうすなり。これは等正覚を弥勒とおなじとまふすによりて、信心のひとは如来とひとしとまうすこころなり。（傍線部は、松野氏の省略した部分）（浄聖全二・七八三～七八四頁、定親全三・書簡篇六九～七〇頁）

さて、松野氏が省略した部分においては、この世での成仏は説かれていない。正定聚＝等正覚＝弥勒におなじ＝如来とひとし、と示され、「弥勒とおなじく、このたび無上覚にいたるべき」や「弥勒はすでに仏にちかくましませば」からすると、正定聚＝等正覚＝弥勒におなじ＝如来とひとしとは、逆に未だ成仏していないことが示されているると見ざるをえない。しかも、未だ成仏していないことを示す「如来とひとし」とは、心についていわれるのであり、身は「あさましき不浄造悪の身」と言われている。

ところで、松野氏は、「ここでは身の不浄造悪、煩悩具足の故に、心の成仏は言われても、身もひっくるめての成仏までは言い切れなかったに違いない」（『浄土教の研究—石田充之氏古稀記念論文集—』七一七頁）と述べ、心の成仏（心のさとり）と身もひっくるめての成仏（身心一如のさとり＝金剛那羅延身を得た成仏）とを分けている。しかし、前掲『一念多念文意』の文では、まず、「凡夫といふは、無明煩悩われらが身にみちみちて」と身において無明煩悩が語られ、次いで「欲もおほく、いかり、はらだち、そねみ、ねたむこころおほくひまなくして」と心において貪欲・瞋恚等の煩悩が語られ、その煩悩は、「臨終の一念にいたるまでとどまらず、きえず、たえず」と、命終わるまで決して絶えることなく続くと述べられているのであり、親鸞は身と心とを区別していない。では、『末灯鈔』第三通の「浄土の真実信心の人は、この身こそあさましき不浄造悪の身なれども、心はすでに如来とひとしければ」の文における身と心は、どのように解釈するべきであろうか。先にも述べたように、この消息においては、正定聚＝等正覚＝弥勒におなじ＝如来とひとし、と述べられている。しかも、親鸞において正定聚・等正覚の意義とは、「カナラズホトケニナルベキミトナレルナリ」（「正定の聚」の左訓、『一念多念文意』浄聖全二・六六三頁、定親全三・和文篇一二九頁）、「マコトノホトケニナルベキミトナレルナリ」（「等正覚」の左訓、『一念多念文意』浄聖全二・六六三頁、定親全三・和文篇一二九頁）とあるように、成仏決定（言い換えれば未だ成仏していない）という一点に集約される。とすると、「この身こそあさましき不浄造悪の身なれども、心はすでに如来とひとしければ」とは、この身（決して心と区別した肉体のみを言うのではない）こそ不浄造悪の身であるが、成仏決定という信心の意義からいえば、すでに如来とひとしいので、という意味に解釈するのが妥当であろう。

松野氏が心の成仏の典拠とされる中心は、「浄土に、信心のひとのこころつねにゐたり」の文である。先にも述べたように、この消息全体の構造は、正定聚＝等正覚＝弥勒におなじ＝如来とひとし、であり、その文脈の中に、心＝如来とひとし、と出てくる。この「如来とひとし」は、未だ成仏していないことを示しているので、消息全体としては、心の成仏を否定していることになる。松野氏が典拠としている「浄土に、信心のひとのこころつねにゐたり」の文も、消息全体の文脈の中で理解するべきではなかろうか。この文は、善導の『般舟讃』の「厭則娑婆永隔、欣則浄土常居（厭へばすなはち娑婆永く隔たり、欣へばすなはち浄土つねに居す。）」（浄聖全一・一〇〇七頁、真聖全一・七二六頁）を解釈する文である。親鸞は、『般舟讃』の文意を「信心のひとは、その心すでにつねに浄土に居す」と示され、「居すといふは、浄土に、信心のひとのこころつねにゐたり」とその意味を釈される。そして、最後に「これは弥勒とおなじといふことをまうすなり」と結ばれる。すなわち親鸞は、『般舟讃』の文を、「弥勒とおなじ」を示された文と見ているのである。そして、先にも述べたように、この消息には、「弥勒とおなじく、このたび無上覚にいたるべきゆゑに、弥勒とおなじと説きたまへり」、「弥勒はすでに仏にちかくましませば」とあり、また『末灯鈔』第一五通には、

弥勒はいまだ仏に成りたまはねども、このたびかならずかならず仏に成りたまふべきによりて、弥勒をばすでに弥勒仏と申し候ふなり。（浄聖全二・八〇〇頁、定親全三・書簡篇三〇頁）

とあるように、「弥勒とおなじ」とは、必ず成仏する（逆に言えば、未だ成仏していない）ことを意味しているのは明らかである。

ちなみに、一般的な表現にも、たとえば、「心逐南雲逝　形随北雁来　故郷籬下菊　今日幾花開（心は南雲を逐

って逝き、形は北雁に随って来たる。故郷籬下の菊　今日幾ぞ花開くや[8]」のような修辞法もあり、「浄土に、信心のひとのこころつねにゐたり」の文を、信楽に本来具せられてある義を別開した欲生の釈に出る「作得生想」（浄聖全二・八九頁、定親全一・一三〇頁）の意と理解することもできよう。

第三節　この世での成仏―国宝本和讃及び獲三忍と証法性常楽―

最後に、「4、この世で成仏する」について、松野氏は、その典拠として、

ⅰ　『正像末和讃』夢告讃

弥陀の本願信ずべし　　本願信ずるひとはみな
　摂取不捨の利益にて　　無上覚をばさとるなり
（浄聖全二・四六八頁、定親全二・和讃篇一五二頁）

ⅱ　「正信念仏偈」の文

「与韋提等獲三忍　即証法性之常楽」
　「念仏正信偈」の文
（浄聖全二・六三頁、定親全一・九〇頁）

「必獲於信喜悟忍　得難思議往生人　即証法性之常楽」
（浄聖全二・二七〇頁、定親全二・漢文篇一四四頁）

ⅲ　国宝本『正像末和讃』の夢告讃の後の二首

罪業もとより所有なし　　妄想顚倒よりおこる
　心性みなもときよければ　　衆生すなはち仏なり

（浄聖全二・五二四頁、定親全二・和讃篇一五三頁）

無明法性ことなれど　　心はすなはちひとつなり

この心すなはち涅槃なり　　この心すなはち如来なり　（浄聖全二・五二六頁、定親全二・和讃篇一五三頁）

iv 『唯信鈔文意』の文

仏性すなはち如来なり。この如来、微塵世界にみちみちたまへり、すなはち一切群生海の心なり。この心に誓願を信楽するがゆゑに、この信心すなはち仏性なり、仏性すなはち法性なり、法性すなはち法身なり。

（浄聖全二・七〇一～七〇二頁、定親全三・和文篇二〇二頁）

等を挙げている。

まず、夢告讃について松野氏は、夢告讃と、夢告讃の前にある、

真実信心うるゆゑに　　すなはち定聚にいりぬれば

補処の弥勒におなじくて　　無上覚を証すべし　（浄聖全二・四八二頁、定親全二・和讃篇一八四頁）

との和讃とを対比して、以下のように述べる。

「無上覚を証すべし」と「無上覚をさとるなり」では意味がちがう。前者は無上覚を証することができるであろう。必ず無上覚を証することができる、という程の意で、無上覚の証得＝成仏は、未だ実現していない、未来に属することといわねばならぬ。それに対して後者は、無上覚を現にさとるのである、とはっきりした「なり」という断定の形になっている。「べし」から「なり」に改められている。「べし」を突き破って、「なり」と飛躍している。この世での成仏が言われていると見ねばならない。

さきに掲げた夢告讃は、摂取不捨の利益によって、「無上覚をばさとるなり」と、顕智本・文明本と同じく、無上覚の証得が「べし」でなく、「なり」となっている。聖人は信心者の成仏を言われる場合、きまってといっていい程、「べし」とか「いたる」とか、「必ず」などという言葉を使われている。未来成仏を言われている

わけである。そういう聖人の慎重な用語例からみると、「べし」と「なり」とは区別せねばならない。

（『浄土教の研究―石田充之博士古稀記念論文集―』七一八頁）

「無上覚をばさとるなり」の「なり」に着目し、「さとるべし」と「さとるなり」の表現の相違から、前者は未来成仏、後者は現在成仏を意味していると論じている。さて、「べし」は、①是認する意を表す。②確信をもってある事態の存在または実現を推量し、また予定する。③可能であるとの判断を示す。の意味を持つ助動詞（小学館『日本国語大辞典』九、六二八頁）である。これに対して、「なり」は、動詞・助動詞の終止形に付けば伝聞・推定の助動詞、連体形や名詞・副詞に付けば断定の助動詞（小学館『日本国語大辞典』八、三五一頁）である。松野氏が指摘されているように、「べし」は、確信をもってある事態の実現を予定する意と取れば、確かに未来を意味すると考えられる。しかし、「なり」が現在（未来でもなく、過去でもない）を意味すると限定はできない。未来無上覚をさとることについて、現在それが確定していることを強調するために、断定の「なり」を用いたとの解釈も当然可能である。松野氏自身が、註において、

旧来の浄土教が正定聚を命終後の彼の土の当益としたのを、聖人は現世での現益とされたことは聖人の独創であることは言うまでもない。したがって、現生での不退、正定聚、如来等同の己証が証判された夢告とも考えられぬこともないが、それなら「無上覚を証すべし」の方が適切である。私は上述の理由や後述の現世での成仏思想が他にも散見されることから、このように解釈したい。

（『浄土教の研究―石田充之博士古稀記念論文集―』七二六頁）

と述べている。本文の断定的な表現に比べて、「このように解釈したい」と結ばれることからして、断定を留保した表現になっている。すなわち、この「なり」と「べし」の用法のみをもって、夢告讃を「この世での成仏」の典

拠とすることはできない。

また、松野氏は夢告讃の後の、

この和讃を、ゆめにおほせをかぶりて、うれしさにかきつけまゐらせたるなり。

（浄聖全二・四六八頁、定親全二・和讃篇一五二頁）

の文に示される親鸞の感激と関連して、

金子大栄氏は、『教行証』「行巻」に、「惑染の凡夫、信心発すれば、生死即ち涅槃なりと証知せしむ」とある「生死即涅槃」について、これは彼の世での当益ではなく、この世での現益であるとされる。それは、あの世へ生れれば生死即涅槃とは言えまい。何故なら、あの世は純一無雑の涅槃の境地であるから生死のない所であるはずである。そこでどうあってもこの生死即涅槃は、惑染の凡夫が信心を発した時に、この世でも、何かそういうことが悟られるということでなければならぬ。動乱の人生にも彼岸の涅槃が仄かに感ぜられるからである。こう言っておられる。

（『浄土教の研究―石田充之博士古稀記念論文集―』七一九頁）

と金子氏の所論を紹介して自説を補強するものとしているが、迷悟染浄生仏の差別相を見ない無分別智所照の境地こそが生死即涅槃であって、『往生論註』に、

如凡夫所謂実衆生、如凡夫所見実生死、此所見事、畢竟無所有、如亀毛、如虚空。

（浄聖全一・四五四頁、真聖全一・二八三頁）

凡夫の謂ふところのごとき実の衆生、凡夫の見るところのごとき実の生死は、この所見の事、畢竟じて所有なきこと、亀毛のごとく、虚空のごとし。

天親菩薩所願生者、是因縁義。因縁義故仮名生。非如凡夫、謂有実衆生、実生死也。

天親菩薩の願ずるところの生は、これ因縁の義なり。因縁の義のゆゑに仮に生と名づく。凡夫の、実の衆生、実の生死ありと謂ふがごときにはあらず。

（浄聖全一・四五四頁、真聖全一・二八三頁）

と示されるように、本来生死という実体はなく、凡夫が生死を実体視しているのみである。すなわち、生死を実体視し、涅槃を実体視して、生死と涅槃とを別体と見て、生死には涅槃無く、涅槃には生死無しとする見解こそ、凡夫の妄見といえよう。また、

仏所得法名為阿耨多羅三藐三菩提。（中略）経言、十方無碍人一道出生死。一道者一無碍道也。無碍者、謂知生死即是涅槃。如是等入不二法門無碍相也。

（浄聖全一・五二七頁、真聖全一・三四六頁）

仏の所得の法を名づけて阿耨多羅三藐三菩提となす。（中略）経にのたまはく、十方の無碍人、一道より生死を出づと。一道とは一無碍道なり。無碍とは、いはく、生死すなはちこれ涅槃と知るなり。かくのごとき等の入不二の法門は、無碍の相なり。

と示されるように、生死を出たところで「生死即涅槃」と知ることができるのである。

なお、「証知生死即涅槃」について、先哲の上に現益と見る説もあるが、これは、無生法たる名号を信知することをいうのであって、金子氏のいうように「涅槃が仄かに感ぜられる」という説と同じではない。

次に、『教行信証』「行文類」の「正信念仏偈」と『浄土文類聚鈔』の「念仏正信偈」の文についてであるが、先の便同弥勒釈に続く、

加之、獲金剛心者、則与韋提等、即可獲得喜・悟・信之忍。是則往相廻向之真心徹到故、籍不可思議之本誓故也。

（浄聖全二・一〇三頁、定親全一・一五一頁）

しかのみならず、金剛心を獲る者は、則ち韋提と等しく、すなわち喜・悟・信の忍を獲得すべし。是れ則ち往相廻向の真心徹到するが故に、不可思議の本誓に籍るが故なり。

の文について松野氏は、

ここに「加之」とあるから、「加之」以下の内容は、この前に記されている臨終一念の夕に大般涅槃を超証するという内容以上のものであるはずである。すなわち、喜悟信の三忍の獲得ということが、ここでは「すべし」と未来形になっているけれども、それは臨終一念の夕まで待たずに、それこそこの世での獲得を意味していると思われる。それは、『教行証』にこの文章が記されている個所の前に、善導大師の『観経疏』の序分義の文が引かれているからである。すなわち善導大師はここで韋提の喜悟信の三忍獲得を此の世でのこととされている（前掲『教行証』信巻）。したがって聖人のここでの「喜悟信之三忍を獲得すべし」も、善導大師の右の文の後に書かれているので、現世での三忍獲得とみてよいであろう。桐渓順忍氏も喜悟信の三忍獲得をこの世でのこととされている。ところでその喜悟信の三忍獲得は、聖人では「法性の常楽を証す」（成仏）こととされている。

（『浄土教の研究―石田充之博士古稀記念論文集―』七一九頁）

と述べ、その証として、

開入本願大智海、行者正受金剛心、慶喜一念相応後、与韋提等獲三忍、即証法性之常楽。

（浄聖全二・六三頁、定親全一・九〇頁）

本願の大智海に開入すれば、行者まさしく金剛心を受けしめ、慶喜の一念相応して後、韋提と等しく三忍を獲、すなはち法性の常楽を証せしむといへり。

入涅槃門、値真心、必獲於信喜悟忍。得難思議往生人、即証法性之常楽。

涅槃の門に入りて、真心に値へば、かならず信・喜・悟の忍を獲。[10]難思議往生を得る人、すなはち法性の常楽を証すと。（浄聖全二・二七〇頁、定親全二・漢文篇一四四頁）

の二文、すなわち「正信念仏偈」と「念仏正信偈」と引用する。

さて、ここでの松野氏の「この世での成仏」の論証法は、

イ　喜悟信の三忍獲得はこの世のことである。

ロ　喜悟信の三忍獲得とは成仏を意味する。

ハ　よって成仏はこの世のことである。

というものである。そして、松野氏はイを論証することに力を注ぎ、桐渓順忍氏の見解をもって挙証の一つとしている。おそらく松野氏には、喜悟信の三忍獲得がこの世のことであるという見解は、自分一人のものではなく、本願寺派の教学者として名高い桐渓順忍氏の見解もそうであると示す意図があったのであろう。しかし、獲三忍がこの世のことであるというのは、管見の限りではあるが、桐渓順忍氏のみならず、本願寺派のほぼ全ての教学者が同じ見解であると思われる。すなわち、獲三忍が現益すなわちこの世での利益であることは従来の通説であり、異論を紹介し、それに対する反論を述べる場合を除いて、格別の論証は必要としない。松野氏の所論は、

成仏をどこまでも彼土として、いわゆる二益法門の建前をとってきた従来の見方が十分でないことを知りえたようにおもう。（『浄土教の研究―石田充之氏古稀記念論文集―』七二五頁）

であり、従来の入正定聚は現益、往生即成仏は当益という通説に異論を提出するものであるゆえ、獲三忍が現益であるという従来の通説の論証に力を注ぐよりも、ロの論証に力を注ぐべきではなかったであろうか。[11]松野氏の論証

において は、口を論証するために、「正信念仏偈」と「念仏正信偈」の二文が示されているのみである。しかし、この二文が「獲三忍＝証法性之常楽」を示しているというのは、論証の必要がないほど自明の理であろうか。「正信念仏偈」においては、「獲三忍」と「証法性之常楽」は即で結ばれるが、この「即（すなはち）」が時間的同時を意味しているとは断定できない。「即（すなはち）」は、時間的な意味に用いれば、「ただちに。すぐさま。時をうつさず」の意味であるが、「即是（すなはちこれ）」と熟されるように、「とりもなおさず。外でもない」という意味[12]がある。これは時間的な意味ではないが、時間的関係から見れば、必ずしも同時を意味するとはいえない。また、たとい時間的な隔たりがあっても、必然的な因果関係がある場合には、「即（すなはち）」で結ぶことができる。『大智度論』（巻三十四）に、

即時有二種。一者同時。二者雖久更無異法。（大正蔵二五、三一三頁下）

とある中、「雖久更無異法」はその意味である。「行文類」引用文中の、

雪山有草、名為忍辱。牛若食者、即得醍醐。（浄聖全二・四八頁、定親全一・六六頁）

雪山に草有り、名づけて忍辱とす。牛若し食すれば、すなわち醍醐を得。

の文は、牛が忍辱を食するということと、醍醐を得ることとが、必然的な因果関係にあることを示しているものであり、いうまでもなく、「忍辱を食する」と「醍醐を得る」とは同時ではない。

親鸞は、『一念多念文意』や『唯信鈔文意』において、「即」について「つく」の訓と「すなはち」の訓を示され、「すなはち」の訓について、時を隔てない同時の意であると示されている。しかし、親鸞の「すなはち」が常に同時を意味するとすれば、『高僧和讃』善導讃の、

煩悩具足と信知して　本願力に乗ずれば

すなはち穢身すてはてて　法性常楽証せしむ
（浄聖全二・四四一頁、定親全二・和讃篇一一三頁）

は、煩悩具足と信知して本願力に乗ずると同時に、穢身をすてるという意味となるが、穢身をすてるとは身命終であり、信一念同時に身命終という不可解な内容となる。(13)

また、「正信念仏偈」と「念仏正信偈」とにおいて、「三忍」・「信喜悟忍」をうるのは「獲」、「証法性之常楽」の「難思議往生」をうる人のうるは「得」の字が用いられているが、先に「べし」と「なり」の相違にこだわった松野氏が、ここでの「獲」と「得」との相違には注意を払っていない。親鸞の利益についての「獲」と「得」の用語例においては、若干の例外はあるものの、

必獲入大会衆数　得至蓮華蔵世界
（「正信念仏偈」浄聖全二・六三頁、定親全一・八八頁）
（「念仏正信偈」浄聖全二・二六九頁、定親全二・漢文篇一四二頁）

得阿耨多羅三藐三菩提……得究竟法身
（「行文類」浄聖全二・五四頁、定親全一・七六頁）

必獲現生十種益
（「信文類」浄聖全二・九五頁、定親全一・一三八頁）

亦獲現生無量徳
（「念仏正信偈」浄聖全二・二六八頁、定親全二・漢文篇一四一頁）

即獲入大会衆数……得入蓮華蔵世界……得到彼所則受用種種法味楽
（『入出二門偈頌』浄聖全二・三一七頁、定親全二・漢文篇一一六〜一一七頁）

必得往生安楽国
（『入出二門偈頌』浄聖全二・三二〇頁、定親全二・漢文篇一二三頁）

等のように、入正定聚（獲入大会衆数・獲現生十種益・獲現生無量徳）の現益は「獲」、往生即成仏（得至蓮華蔵世界・得入蓮華蔵世界・得到彼所・得往生安楽国・得阿耨多羅三藐三菩提・得究竟法身）の当益は「得」という使い分けが見られる。(14)とすれば、「獲於信・喜・悟忍」は現益であり、「得難思議往生人」は当益であると見なければ

ならず、それに続く「即証法性之常楽」も当然、当益であることになる。

次に、松野氏は、国宝本和讃の、

罪業もとより所有なし　　妄想顛倒よりおこる
　心性みなもときよければ　　衆生すなはち仏なり
無明法性ことなれど　　心はすなはちひとつなり
　この心すなはち涅槃なり　　この心すなはち如来なり

（浄聖全二・五二四頁、定親全二・和讃篇一五三頁）

（浄聖全二・五二六頁、定親全二・和讃篇一五三頁）

について、

衆生即仏、この心即涅槃・如来といった思想は、この世での成仏を認めるものである。このような二首が聖人の自作か否かはともかく、この世での成仏をいった夢告讃の後の所に付加されたことは、いかにもふさわしいというべきでなかろうか。この二首は顕智上人書写『浄土和讃』巻尾別和讃にも収められている。本和讃は聖人が建長七年四月二十六日（聖人八十三歳）に再治されたものである。

（『浄土教の研究―石田充之博士古稀記念論文集―』七二一頁）

と述べる。この国宝本和讃二首についていえば、これは理と事との混同であろう。これらの和讃は罪業に固定的な体が無いことを意味するものである。すなわち、理・事に分ければ、理の所談であり、あるいは、迷悟・染浄・生仏の差別相を見ない無分別智の所照であるともいえる。これは、すでに「正信偈」の「証知生死即涅槃」のところで論じたところである。『高僧和讃』曇鸞讃の、

罪障功徳の体となる　　こほりとみづのごとくにて
　こほりおほきにみづおほし　　さはりおほきに徳おほし

（浄聖全二・四二四頁、定親全二・和讃篇九六頁）

において、罪障と功徳の同質性を氷と水に喩えてあるが、あたかも氷も水も H_2O という意味で同質であるように、罪障と功徳が同質であることを示しているのであり、その直前の和讃で、

無碍光の利益より　威徳広大の信をえて
かならず煩悩のこほりとけ　すなはち菩提のみづとなる　（浄聖全二・四二三頁、定親全二・和讃篇九五頁）

と、煩悩を氷、菩提を水と喩えながら、氷が溶けて水となると讃詠されている場面とは区別するべきである。氷と水が共に H_2O であるという同質性を取り上げる場面と、氷という固体が溶けて水という液体となるという氷と水との相違性を取り上げる場面とは、区別しなくてはならない。松野氏が典拠とされる和讃では、「衆生すなはち仏なり」の論拠が、「心性みなもときよければ」である。心性が悉くもともと清いという本来的に衆生即仏（衆生と仏との理としての同質性）であるという場面においては、自力・他力や獲信の有無は関係がなくなってしまう。先の譬喩を適用すれば、氷と水とが共に H_2O であるという本来的な同質性を問題にしているのであり、氷という固体が溶けて水という液体となるという事態に喩えることのできる成仏（仏でないものが仏に成る）を問題にする場面（ここでは、自力・他力や獲信の有無が大きな意味を持つ）との混同は許されない。

続いて、同じく国宝本和讃の、

歓喜信心無疑者をば　与諸如来等ととく
大信心は仏性なり　仏性すなはち如来なり
（浄聖全二・三八五頁、定親全二・和讃篇五七頁）

を取り上げ、

この和讃は文明本では、「信心よろこぶそのひとを　如来とひとしとときたまふ　大信心は仏性なり　仏性すなはち如来なり」となっている。ここでは如来等同の位に達した大信心の人は、この世で如来であるとまでい

われている。

（『浄土教の研究―石田充之博士古稀記念論文集―』七二一頁）

と述べる。まず、「歓喜信心無疑者をば……」との国宝本和讃について検討するならば、前二句は獲信の行者を「与如来等」と示すものであり、松野氏が「如来等同の位に達した」と言い換えているが、これには特に問題は感じられない。(15) 問題は、「大信心の人は、この世で如来であるとまでいわれている」との解釈である。まず、厳密にいえば、この和讃において親鸞は、「大信心の人が如来である」といっているのではない。「大信心が仏性であり、仏性が如来である」といっているのである。この大信心＝仏性＝如来（＝の等号を用いたが、＝の前後を入れ換えても成立するわけではない）という構造は、「信文類」引用の『涅槃経』に示される。すなわち、以下の文である。(16)

仏性者名大信心。何以故。以信心故以菩薩摩訶薩則能具足檀波羅蜜乃至般若波羅蜜。一切衆生、畢竟定当得大信心故。是故説言一切衆生悉有仏性。大信心者即是仏性、仏性者即是如来。

（浄聖全二・八四頁、定親全一・一二二頁）

仏性とは大信心と名づく。なにをもつてのゆゑに、信心をもつてのゆゑに、菩薩摩訶薩はすなはちよく檀波羅蜜、乃至、般若波羅蜜を具足す。一切衆生、畢竟じてまさに大信心を得べきがゆゑに、このゆゑに説きて一切衆生悉く仏性有りといふなり。大信心とはすなはちこれ仏性なり、仏性とはすなはちこれ如来なり。

（『国訳一切経・涅槃部二』五七五頁）(17)

松野氏がいうように、大信心＝仏性＝如来をもって現世での成仏を証するとするならば、親鸞を待たずして、すでに『涅槃経』に現世成仏が説かれているといわなければならない。武邑尚邦氏によれば、仏性とは、「仏になるべき可能性」を意味し、また経典に「自性清浄」ともいわれるものであり、一切の衆生に普遍的なものである（『仏教思想辞典』四三一～四三三頁）とされる。武邑氏はまた、仏性についての諸説をみれば、仏性とはいっさいの成仏道の因も果も、すべて仏性の働きとして考えられているのであるから、成仏の一切の条件についていわれているというべきであろう。（『仏教思想辞典』四三五頁）

といわれる。『涅槃経』においては、信心→具足檀波羅蜜乃至般若波羅蜜との構造が示され、大信心＝仏性＝如来といわれているのであるから、大信心は成仏の条件の一つであり、そこに仏性が語られていると見るのが妥当であろう。なお、武邑氏は、

そのような意味で、浄土真宗では信心仏性をとく。すなわち、阿弥陀仏によって衆生のいっさいの成仏の条件を満足して成就された六字の名号をいただいたところに名づけられる信心こそ成仏の条件を満足せしめるものであるからである。（『仏教思想辞典』四三五頁）

と続けられる。親鸞においては、大信心は成仏の条件の一つではなく、成仏に必要な条件をすべて満たしているものであるということができる。

なお、仏性＝如来は、次に検討する『唯信鈔文意』の文においても見られるが、仏性に至る転釈の中に法身と法性とがあり、「証文類」に滅度が常楽・畢竟寂滅・無上涅槃・無為法身・実相・法性・真如・一如と転釈されるが、滅度から無上涅槃までは能証の智を、無為法身は能証所証不二・理智不二を、実相から一如までは所証の理を示すと見ることができる。仏性が如来とされるその如来は法性法身と考えられ、法性法身は法・報・応の三身中の法身、『涅槃経』に「法身常住、無有変易」（大正蔵一二・四〇六頁中）と説かれる仏身であり、迷と悟、染と浄、衆生と仏との区別が泯亡した場面の所談である。仏になる、ならないという、迷と悟、染と浄、衆生と仏とを区別した場面での所談ではない。あるいは、仏性＝如来は、

弥勒はいまだ仏に成りたまはねども、このたびかならずかならず仏に成りたまふべきによりて、弥勒をばすで

に弥勒仏と申し候ふなり。
弥勒はすでに仏にちかくましませば、弥勒仏と諸宗のならひは申すなり。
（「真筆消息」浄聖全二・七六〇頁、定親全三・書簡篇三〇頁）[18]

と同趣旨であるとも考えられる。すなわち、「弥勒はいまだ仏に成りたまはねども」、「弥勒はすでに仏にちかくましませば」と、因（菩薩）果（仏）の区別を明確にしながら、弥勒（因）において仏（果）が語られている。先哲は、これを因中説果[19]の語で示しているが、仏性＝如来は因中説果であるとも考えられる。

続いて、松野氏は、

また聖人真筆本『唯信鈔文意』（康元二年正月二十七日作、聖人八十五歳）には、「涅槃」を滅度、無為、安楽、常楽、実相、法身、法性、真如、一如、仏性というとし、その仏性について、

仏性すなはち如来なり。この如来、微塵世界にみちみちたまへり、すなはち一切群生海の心なり。この心に誓願を信楽するがゆゑに、この信心すなはち仏性なり、仏性すなはち法性なり、法性すなはち法身なり。
（浄聖全二・七〇五頁、定親全三・和文篇一七一頁）

とある。如来が微塵世界にみちみちているというのであるから、一切群生海の心即涅槃・如来であり、衆生即仏といえるのである。また国宝本の三十五首中第十九首に、

度衆生心といふことは　弥陀智願の廻向なり
廻向の信楽うるひとは　大般涅槃をさとるなり
（浄聖全二・四七九頁、定親全二・和讃篇一四七頁）

とある。廻向の信楽＝真実信心獲得は大般涅槃をさとる＝成仏といわれている。これと同様なことが上記『唯信鈔文意』にも、真実信心が願作仏心・度衆生心・大慈大悲心であり、この信心は即仏性、即如来といわれて

いる。そこで夢告讃感得以前に、すでに現世での成仏思想があったといわねばならぬ。

（『浄土教の研究―石田充之博士古稀記念論文集―』七二一～七二二頁）

と論じている。まず、『唯信鈔文意』の文についていえば、仏性＝如来であり、その如来が微塵世界にみちみちているというのは、武邑氏のいう「（仏性が）一切の衆生に普遍的なものである」ということを意味するのであろう。『観経疏』「玄義分」には、

竊以、真如広大五乗不測其辺。法性深高十聖莫窮其際。真如之体量、量性、不出蠢蠢之心。法性無辺。辺体則元来不動。無塵法界凡聖斉円、両垢如如則普該於含識、恒沙功徳寂用湛然。但以垢障覆深、浄体無由顕照。

（浄聖全一・六五六頁、真聖全一・四四二頁）

ひそかにおもんみれば、真如広大にして五乗もその辺を測らず。法性深高にして十聖もその際を窮むることなし。真如の体量、量性、蠢々の心を出でず。法性無辺なり。辺体すなはちもとよりこのかた動ぜず。無塵の法界は凡聖斉しく円かに、両垢の如々すなはちあまねく含識を該ね、恒沙の功徳寂用湛然なり。ただ垢障覆ふこと深きをもつて、浄体顕照するに由なし。

といわれている。ここには、『唯信鈔文意』における涅槃の転釈中の真如と法性のみが出されているのであるが、たとえば『観経疏』「玄義分」の「真如之体量、量性、不出蠢蠢之心（真如の体量、量性、蠢々の心を出でず）」と『唯信鈔文意』の「この如来、微塵世界にみちみちたまへり、すなはち一切群生海の心なり」とが同じ趣旨であるように、『観経疏』「玄義分」と『唯信鈔文意』とでは、内容が一致している。そして、『観経疏』「玄義分」では、最後に「但以垢障覆深、浄体無由顕照（ただ垢障覆ふこと深きをもつて、浄体顕照するに由なし）」と結ばれているのであるから、ここで成仏が語られているのではないことは明らかである。

次に、『唯信鈔文意』の「この心に誓願を信楽するがゆゑに」以下は、「信文類」信楽釈引用の『涅槃経』と同趣旨である。すなわち、武邑氏のいう「そのような意味で、浄土真宗では信心仏性をとく。……」の意味である。付言すれば、「行文類」において「真如一実功徳宝海」（浄聖全二・一五頁、定親全一・一七頁）と示される大行（＝名号）を領受したところに成立する大信の徳が「真如一実之信海」と示されるように、真如そのものを本質とする信心であるから、成仏の因になるのである。親鸞が「信文類」において、「涅槃真因唯以信心（涅槃の真因はただ信心をもつてす）」（浄聖全二・七九頁、定親全一・一一五頁）と断ずるところである。[20]

小結

本章においては、『岩波仏教辞典』第二版において、「近年の学説」と示され、中村元氏によって「親鸞の著作文献の検討は精細を極めている」と評価されている松野純孝氏の論文を取り上げ、検討を加えた。

松野氏の主張は親鸞の難思議往生＝成仏の時期には、大別して、「1、死と同時に成仏する」「2、臨終一念の夕に成仏する」「3、この世で心が成仏する」「4、この世で成仏する」との四つが見出されるとするものであり、以下、それぞれの根拠となる文を挙げる。

まず、「1、死と同時に成仏する」に関しては、従来の通説であり、根拠とするべき文についても特に疑問は感じられない。

「2、臨終一念の夕に成仏する」について、松野氏はその根拠として「信文類」便同弥勒釈の文を挙げる。そして、臨終とはまだ生きている状態を意味するとの曽我量深氏の言葉を引き、「1、死と同時に成仏する」とは区別しなければならないと主張する。松野氏は命終わるその瞬間と臨終の一念とを区別しているが、その場合、臨終の一念は命終わるその瞬間の直前と理解できる。しかし、親鸞に、命終わるその瞬間と命終わるその瞬間の直前とを区別する意図があったとは考えられない。一瞬後に命終わるその時に成仏するということには意味が認められない。親鸞において、一念は時間的極限を意味する語として用いられ、信一念は獲信の時の極まりすなわち獲信の最初であり、それは獲信の瞬間を意味している。とすると、臨終の一念は臨終の時の極まりすなわち臨終の最後であり、それは命終わるその瞬間を意味している。そのように解釈してこそ、『一念多念文意』の「凡夫といふは、（中略）いかり、はらだち、そねみ、ねたむこころおほくひまなくして、臨終の一念にいたるまでとどまらず、きえず、たえず」（浄聖全二・六七六頁、定親全三・和文篇一四九頁）の文は、凡夫は命終わるその瞬間まで煩悩具足の存在であり続ける、との意味で理解できるのである。この世の命が終わるその瞬間は、そのまま浄土の命が始まるその瞬間であり、便同弥勒釈は、まさしく命終即往生即成仏を示す釈と意義づけることができるのである。

「3、この世で心が成仏する」根拠として、松野氏は『末灯鈔』第三通の「浄土に、信心のひとのこころつねにゐたり」（浄聖全二・七八四頁、定親全三・書簡篇七〇頁）を挙げる。しかし、この消息全体の趣旨は、正定聚＝等正覚＝弥勒におなじ＝如来とひとしを示すところにあり、「弥勒とおなじく、このたび無上覚にいたるべき」や「弥勒はすでに仏にちかくましませば」からすると、正定聚＝等正覚＝弥勒におなじ＝如来とひとしとは、逆に、未だ成仏していないことが示されていると見ざるをえない。また『末灯鈔』第一五通には、

弥勒はいまだ仏に成りたまはねども、このたびかならずかならず仏に成りたまふべきによりて、弥勒をばすでに弥勒仏と申し候ふなり。（浄聖全二・八〇〇頁、定親全三・書簡篇九八頁）

とあり、「弥勒とおなじ」とは、必ず成仏する（逆に言えば、未だ成仏していない）ことを意味しているのは明ら

かである。

「4、この世で成仏する」について、松野氏はその根拠として以下ｉ～ⅳの文を挙げる

ｉ　『正像末和讃』夢告讃の文

弥陀の本願信ずべし　本願信ずるひとはみな

摂取不捨の利益にて　無上覚をばさとるなり

（浄聖全二・四六八頁、定親全二・和讃篇一六四頁）

ⅱ　「正信念仏偈」の文

「与韋提等獲三忍　即証法性之常楽」

「念仏正信偈」の文

（浄聖全二・六三頁、定親全一・九〇頁）

「必獲於信喜悟忍　得難思議往生人　即証法性之常楽」

（浄聖全二・二七〇頁、定親全二・漢文篇一四四頁）

ⅲ　国宝本『正像末和讃』の夢告讃の後の二首の文

罪業もとより所有なし　妄想顚倒よりおこる

心性みなもときよければ　衆生すなはち仏なり

（浄聖全二・五二四頁、定親全二・和讃篇一五三頁）

無明法性ことなれど　心はすなはちひとつなり

この心すなはち涅槃なり　この心すなはち如来なり

（浄聖全二・五二六頁、定親全二・和讃篇一五三頁）

ⅳ　『唯信鈔文意』の文

仏性すなはち如来なり。この如来、微塵世界にみちみちたまへり、すなはち一切群生海の心なり。この心に誓願を信楽するがゆゑに、この信心すなはち仏性なり、仏性すなはち法性なり、法性すなはち法身なり。

（浄聖全二・七〇一～七〇二頁、定親全三・和文篇一七一頁）

まず、ｉについて松野氏は、この和讃と、その前にある、

真実信心うるゆゑに　すなはち定聚にいりぬれば
補処の弥勒におなじくて　無上覚を証すべし
（浄聖全二・四八二頁、定親全二・和讃篇一四三頁）

とを比較して、一方は「無上覚を証すべし」と未来のこととするのに対し、夢告讃において、「無上覚をばさとるなり」と「べし」を「なり」に改めたのは、現在、無上覚をさとるとの表現であるとする。

しかし、「なり」は断定の助動詞であり、過去・未来と別した現在という時制を示す助動詞ではなく、この世で成仏すると見なす根拠としては弱すぎることを指摘した。

次にⅱに関して、松野氏の所論は、獲三忍はこの世のことであるから、証法性常楽は当然この世のことであるというものである。松野氏は獲三忍がこの世のことであるということの論証に力を注いでいるが、獲三忍が現生此土の事態であるとするのは通説であり、この論証に力を注ぐ必要はない。論証するべきは、獲三忍と証法性常楽をつなぐ「即」が同時を意味するということであるが、松野氏はこれに関する論証を全く行っていない。また、親鸞の獲と得とについては、現生此土においては獲、来生彼土においては得という用語例が多く、これに従えば「念仏正信偈」の獲三忍は現生此土、得難思往生は来生彼土になるが、松野氏はこれについての言及もない。結局松野氏の論証は論証として不完全きわまりないことを指摘した。

松野氏は、ⅲの和讃二首を根拠にしてこの世で成仏するとの論を展開するが、この和讃二首は、迷悟染浄生仏不二而二の、理としての不二を讃詠したものであり、松野氏には、衆生が本来仏であるという理としての不二と、煩悩具足の凡夫が成仏するという事としての而二との混同が見られることを指摘した。

ⅳの『唯信鈔文意』の文は、「仏性すなはち如来なり」から「すなはち一切群生海の心なり」までの大乗仏教に

おける一切衆生悉有仏性を述べる文と、「この心に誓願を信楽するがゆゑに、この信心すなはち仏性なり」の成仏に必要な万行を円備した名号法を領受した信心こそが成仏の正因（因仏性）であることを明らかにした文とであり、この世での成仏を述べた文ではないことを明らかにした。

結局、松野氏がこの世での成仏の根拠となるとして挙げたⅰ～ⅳの文は、いずれもその根拠にはなり得ないということになる。

松野氏は、親鸞の難思議往生＝成仏の時期に、「1、死と同時の成仏」「2、臨終一念の夕の成仏」「3、この世での心の成仏」「4、この世での成仏」の四つが見出されるとし、それぞれについて検討したが、「2、（命終と区別した）臨終一念の夕の成仏」「3、この世での心の成仏」「4、この世での成仏」の三つの根拠については、それぞれの根拠とはなり得ず、松野氏の論は成立しないとの結論に達した。

註

（1）松野氏は、難思議往生＝成仏の時期を問題にしているのであり、また後に「4、この世で成仏する」を論じるにあたって、

この世での喜悟信三忍獲得が難思議往生であり、それは法性常楽を証する成仏とされる。

（『浄土教の研究―石田充之博士古稀記念論文集―』七二〇頁）

と述べているので、親鸞は現生の往生を説いているとの説であると見なすことができる。

（2）『一念多念文意』においては、本願成就文の「信心歓喜乃至一念」の「一念」の解釈であるから、「信心をうるときのきはまり」と釈されている。

（3）今世死有と来世生有との中間における中有（または中陰）については、『中陰経』『涅槃経』『大毘婆沙論』『倶舎論』等に示されるが、『大乗義章』巻八（本）において「大乗所説有無不定。上善重悪趣報速疾則無中陰。如五逆

等。余業則有。（大乗の所説は有無不定なり。上善と重悪との趣報は速疾なれば中陰なし。五逆等の如し。余業にはあり。）」（大正蔵四四・六一八頁下）と述べられるのよりすれば、罪悪深重の必然よりする地獄に生ずる場合も、また摂取不捨による住正定聚よりする浄土に生ずる場合も、中有（中陰）は無いといえる。また、『観経』下品下生の十念往生においても、「命終之時、見金蓮華猶如日輪住其人前。如一念頃即得往生極楽世界。（命終る時、金蓮華を見るに猶日輪の如くして其の人の前に住せん。一念の頃の如くにすなわち極楽世界に往生することを得。）」（浄聖全一・九七頁、真聖全一・六五頁）と示されるのよりすれば、命終即往生は特に論証の必要が無いともいえるが、親鸞自身の文のみに基づいて検討を加える時には、後に述べるように、「信文類」便同弥勒釈の「臨終一念之夕、超証大涅槃」（浄聖全二・一〇三頁、定親全一・一五一頁）の文が、命終即往生即成仏の典拠として重要な意味を持つ。

（4）　前掲ⅶ『末灯鈔』第一三通の文、ⅷ『同』第二通の文。

（5）　『末灯鈔』第二一通の「安楽浄土にいりはつれば、すなはち大涅槃をさとるとも、また無上覚をさとるとも、滅度にいたるともまうすは」（浄聖全二・八一四頁、定親全三・書簡篇一二〇頁）の文、『浄土和讃』「諸経讃」の「如来すなはち涅槃なり　涅槃を仏性となづけたり　凡地にしてはさとられず　安養にいたりて証すべし」（浄聖全二・三八五頁、定親全二、・和讃篇五七頁）の和讃等。

（6）　「必至滅度の願　難思議往生」（浄聖全二・一三三頁、定親全一・一九四頁）と標挙してある「証文類」一部の所顕が、還相の悲用を具えた無上涅槃の極果であること、「真仏土文類」に「自然虚無之身無極之体」が「難思議往生」と示している文（浄聖全二・一八〇頁、定親全一・二六五頁）。第二部第一章第一節参照。

（7）　先に論じたように往生即成仏であるから、成仏決定＝往生決定である。

（8）　江總、於長安帰還揚州九月九日行薇山亭賦韻詩（『諸橋大漢和辞典』四・九五〇頁）

すなわち、この漢詩は、作者（江總）が長安から揚州に帰る時に作詩されたものであり、心は南で発生する雲を逐い、身体は北から来た雁に随うという内容と理解できる。心も身体もともに南へ向かっているのであるが、心は身体に先だって南に逝く（帰心矢の如しの心境か）と理解でき、修辞法としては、「心すでにつねに浄土に居す」

と同様であると考えられよう。

(9) 先に見たように、助動詞「べし」にはいくつかの意味があり、未来を示すのみではない。この文はもともと漢文であるから、「べし」と訓んでいる「可」の意味によるべきであろう。すなわち、可能を意味する「べし」と理解して、「念仏の衆生は喜悟信の三忍を獲ることができる」と解釈するのが妥当であろう。

(10) この「獲」について、松野氏は『坂東本』には「ム」の送り仮名、本派本願寺蔵本と高田派専修寺蔵本には「ヱ」の振り仮名と述べているが（『浄土教の研究―石田充之博士古稀記念論文集―』七二七頁）、『親鸞聖人真跡集成』第一巻、及び『坂東本』の影印版においては確認できなかった。ちなみに、『浄土真宗聖典全書』第二巻においては、『坂東本』の「ム」の送り仮名は採用されず、「エ」の振り仮名が採用されている。

(11) 明教院僧鎔師の『正信念仏偈聞書』においては、「コレ現在往生決定ナリト。印可シテイル処ガ獲忍。コレガ即正定聚ノ位ナリ。（中略）当益ヲアゲテ。即証法性等トイフ」（真全四〇・二七二頁下）、浄信院道隠師の『正信念仏偈甄解』においては「獲忍現生益。証常楽彼土益」（真全四〇・三三九頁上）、豊水院道振師の『正信念仏偈報恩記』においては、「慶喜一念相応後　与韋提等獲三忍　即証法性之常楽」の三句について「初二現益。後一当益」（真全四〇・四七一頁下）と述べられてあり、獲三忍が現生の利益であり、即証法性之常楽が当益であるという点で、一致している。松野氏は、入正定聚が現益、往生即成仏が当益という通説の枠組みはご承知であるが、それが親鸞の文献を解釈してゆく上に、どのように適用されてゆくのかという、いわゆる文献解釈における先哲の成果を参照されているとは思えない。

(12) 『諸橋大漢和辞典』二・六三九頁。

(13) なお「正信偈」の「与韋提等獲三忍　即証法性之常楽」の二句は善導讃のものであり、その根拠は善導に求めなければならない。初句については、善導は諸師の経末得忍に対して華座得忍を明らかにし、その中、

欲使衆生於此観門一一得成、見彼妙事心歓喜故、即得無生。斯乃直是如来慈哀末代、挙勧励修、欲令積学之者無遺、聖力冥加現益故也。（『観経疏』「玄義分」浄聖全一・六七九頁、真聖全一・四六一頁）

衆生をしてこの観門において一々に成ずることを得て、かの妙事を見て心歓喜するがゆゑに、すなはち無生

を得しめんと欲す。これすなはちただこれ如来末代を慈哀して、挙勧して修することを励まし、積学のものをして遺りなく、聖力冥に加して現益あらしめんと欲するがゆゑなり。

とあるので、松野氏の論証する現益としての獲三忍は、松野氏の指摘のように、すでに善導に見られると言わねばならない。また、後句は、善導の「唯可勤心奉法畢命為期、捨此穢身即証彼法性之常楽。（ただ勤心に法を奉けて、畢命を期となして、この穢身を捨ててすなはちかの法性の常楽を証すべし。）」（浄聖全一・六五七頁、真聖全一・四四三頁）に基づくものであり、同文の「捨此穢身」や「念仏正信偈」の「得難思議往生人」が略されているとすると、「即」を同時即と理解することもできる。

(14) 利益については、「念仏正信偈」の「称名号疾得不退」（浄聖全二・二六九頁、定親全二・漢文篇一四二頁）、遇法については、「難遇今得遇、難聞已得聞」（「総序」浄聖全二・七頁、定親全一・七頁）等、例外は見られるが、一連の文章内における「獲」と「得」の使い分けは上述の通りである。

なお、親鸞における「獲」と「得」との区別については、すでに嬰木義彦氏が精細な検討を行った論文を発表している。「親鸞における『即得往生』の思想—用語の使用法からみた考察—」（『龍谷大学仏教文化研究所紀要』第十二号所収）参照。

(15) ただし、親鸞においては、弥勒に関しては同と示すが、如来・諸仏に関しては等と示し同と示すことはないので、如来等同という表現には賛成しかねる。『末灯鈔』第七通の冒頭に「諸仏等同と云事」（真宗法要三・一九丁左）とあるものもあるが、これは、真宗法要所収の『末灯鈔』のみにあり、真筆本には、この七文字を含めて本文冒頭より七十字余りが存在せず、滋賀県慈敬寺蔵康永三年乗専書写本、龍谷大学蔵室町中期書写本にもこの七字はない。なお、大谷大学蔵文安四年蓮如書写本には、「諸仏等同と云事」（三二丁右）と右傍に註記されているが、いずれにせよ、「諸仏等同」という言葉は後人の付加であり、親鸞の言葉ではない。

(16) ちなみに、国宝本和讃の前二句は、『涅槃経』の後に引用される『華厳経』の、

聞此法歓喜　信心無疑者　速成無上道　与諸如来等　（「信文類」浄聖全二・八五頁、定親全一・一二四頁）

この法を聞きて信心を歓喜して、疑なきものは、すみやかに無上道を成らん。もろもろの如来と等し。

との文に基づいている。これは、親鸞真筆消息に付されている慶信上状に、

華厳経を引きて浄土和讃にも、信心よろこぶそのひとを　如来とひとしとときたまふ　大信心は仏性なり　仏性すなはち如来なりと仰せられて候ふに、

（浄聖全二・七九七頁、定親全三・書簡篇九二頁）

とも示されている。なお、慶信上状の「華厳経を引きて浄土」は、親鸞の加筆である。

(17)『教行信証』における訓点によって訓読すると、必ずしも『涅槃経』の原意通りではなく、親鸞独自の訓読となる可能性があるので、この文に関しては『国訳一切経』の訓読を採用する。なお、漢字は適宜仮名に改めた。

(18)この消息は、『末灯鈔』（第一五通）にも収録されている。

(19)日常的な語法でも、米（因）を炊いてご飯（果）にするにもかかわらず、「ご飯を炊く」といい、水（因）を沸かして湯（果）にするにもかかわらず、「湯を沸かす」という。因中説果の一例である。

(20)なお、先哲の中、特に空華学派においては、通仏教でいう但理としての真如と区別し、弥陀修顕の真如という表現をとるが、いずれにせよ清浄・真実なる法という意味である。

第四章　寺川俊昭氏の説とその検討

第一節　方法論の問題

寺川俊昭氏は、一九九七年刊行の『印度学仏教学研究』第四十六巻第一号（通巻第九一号）所収の「親鸞と蓮如—往生理解をめぐって—」において、『三経往生文類』における難思議往生とは現生の往生を意味するとの見解を発表し、また「難思議往生を遂げんと欲う」と題された講演(1)（二〇〇〇年一月刊行『真宗研究』第四十四輯）において同様の趣旨を述べている。寺川氏は、「浄土の開示を得た生だから、往生といって何のためらいもない。ごく素朴に言えば、往生とは浄土をいただいた人生だといってもよいのでしょう」（『真宗研究』第四十四輯、二二〇頁）と、現生での往生を主張するが、注目するべきは、「親鸞聖人が語るところに虚心に耳を傾け、正確にそれを理解するという当然の姿勢を、謙虚に保持することが要請されることは、いうまでもない」（『印度学仏教学研究』第九一号、四頁）、「往生について親鸞がどういう知見をお持ちであったのか、それを正確に承知したい。これが私の一つの課題でございます」(2)（『真宗研究』第四十四輯、二〇一頁）との表明であろう。ここに表明される寺川氏の姿勢は、すでに述べた曽我量深氏の姿勢とは異なっているといえる。すなわち、親鸞の教えは必ずしも完成されたものではなく、その未完成の部分の完成は後世の我々の責任であり、現代においては、親鸞の著作についての拡大解釈もやむをえない、という曽我氏及びその後継者の姿勢と、真宗教義とは親鸞によって開顕されたものであるという立場に立ち、その構造を明らかにするためには、親鸞の著作全般の正確な検討に基づくことこそが必要であるとする筆者の姿勢とは大きく異なり、実りある対話の成立に疑問符が付される土俵の相違がある。

ところで筆者は、曽我氏の立場と異なる立場を取るからといって、曽我氏の立場を全面的に否定するものではない。宗教的真実の探求という場面で考えるならば、曽我氏の立場も当然ありうべき一つの立場であって、筆者の立場と異なっているからといって、曽我氏の立場が誤っていると主張するつもりはない。そればかりか、真摯な求道者としての曽我氏の姿勢に、一面深い敬意を覚えるものである。ただ、土俵の設定が相違するので、対話が非常に困難であると感じるということはあり、その意味で、曽我氏の後継者と見なされる人々の論述には、疑問を感じつつも、実りある対話の成立が可能であるかを考えると、その表明には躊躇せざるをえなかった。

このような状況の中で発表されたのが寺川氏の前記論文及び講演記録であり、そこに表明されている寺川氏の姿勢には、充分対話が可能であると感じさせる立場の一致が見られる。果たして、寺川氏の所論は、親鸞の語る所に虚心に耳を傾け、正確にそれを理解するという当然の姿勢を謙虚に保持したものであるか否か、本章において、その所論の検討を行いたい。

第二節　『浄土三経往生文類』における難思議往生の意義

寺川氏は『三経往生文類』において難思議往生の意義を論じる。寺川氏は、『印度学仏教学研究』第四十六巻第一号（通巻第九一号）所収の「親鸞と蓮如―往生理解をめぐって―」において、『三経往生文類』について、

親鸞は、往生の理解を三種類に整理して示し、それを「浄土三部経」の経典名に依って次のように呼ぶ。

大経往生――難思議往生
観経往生――双樹林下往生
弥陀経往生――難思往生

このうち観経往生と弥陀経往生に簡んで、親鸞は「大経往生」を彼が己証としてもった積極的往生理解とし、それを「難思議往生」とも呼ぶのである。（中略）これこそが親鸞がもった独自の往生理解であると、まずわれわれは承知すべきである。（『印度学仏教学研究』第九一号、一～二頁）

として、

如来の二種の廻向によりて、真実の信楽をうる人は、かならず正定聚の位に住するがゆゑに他力とまうすなり。（中略）これは『大無量寿経』の宗致としたまへり。これを難思議往生とまうすなり。（浄聖全二・五八四～五八五頁、定親全三・和文篇一八頁）

と、『三経往生文類』の文を引き、

「大経往生」についての論述を結ぶところに、親鸞はこうしるす。これによれば、親鸞が大経往生の特質というべきものとして二つのことを示していることは、疑問の余地はない。第一は彼がいう大経往生もしくは難思議往生とは、如来の二種の廻向によって実現する往生であるということであり、その第二は、大経往生の具体相は現生に正定聚に住することである、という点である。（『印度学仏教学研究』第九一号、二頁）

と論じるのである。

次いで寺川氏は、大経往生が如来の二種廻向によって実現する往生であるということについて、

無始流転の苦をすてて　無上涅槃を期すること

如来二種の廻向の　　恩徳まことに謝しがたし

（浄聖全二・四九三頁、定親全二・和讃篇一八二頁）

の和讃を引き、

この和讃がはっきりと示しているように、如来の二種の廻向は、すなわち往相の廻向と還相の廻向は、共に如来の恩徳である。これが二種廻向についての、親鸞の第一の了解である。第二に、この二種廻向の恩徳が実現するものは、流転する生を転じて無上涅槃の証得に自然にいたる生、すなわち現生に正定聚の位につき定まった生である。往相の廻向が実現するもの、それは単純な往生ではなくて、重ねていうが、現生に正定聚に住して大般涅槃無上の大道に立った生である。

（『印度学仏教学研究』第九一号、四頁）

と述べる。

寺川氏の所論の当否を検討する前に、まず確認しておきたいことは、氏が根拠とする『三経往生文類』の文は、広本の文であるということである。そして、『三経往生文類』について論じる場合、広本と略本との構成の相違も視野に入れて論じなければならないのは当然であるが、この点については櫻部建氏が、「祖師聖人の往生観をめぐって―寺川説の検討―」（一九九九年刊行『真宗研究』第四十三輯所収）において、すでに詳細に論じている。すなわち櫻部氏は、「真仏土文類」の真仮対弁において往生を示すために引用される『大経』『浄土論』『往生論註』の三文は、いずれも「証文類」において真実証を利他円満之妙位・無上涅槃之極果と顕した後に引用される文であり、それを難思議往生と結ばれることを指摘する。そして往生は清浄かつ寂滅平等の境涯である仏土への往生であり、寺川氏のいう「生の歩み」とは全く別であると論じている。(3)そして、『三経往生文類（略本）』を、

難思議往生とは「念仏往生の願因によりて必至滅度の願果をうる」ことである。願果をうるとは、言い換えれば「現生に正定聚のくらゐに住して、かならず真実報土にいたる」ことである。これは阿弥陀如来の往相廻向

が真因なのであるから、真実報土にいたれば則ち「無上涅槃のさとりをひらく」。これがすなわち難思議往生であって、それを難思議というのは、それが仏国土の荘厳功徳成就の不可思議に由来するからである。

（『真宗研究』第四十三輯、一五一頁）

と要約し、難思議往生の名で語られているのは、そのまま念仏往生の教えの大綱であるとする。そして、そのことは、略本を補訂してより整備された形にした広本を見るとき、いっそう明らかである。祖師聖人はそこで、いわば、二廻向四法という浄土真宗の教義体系全体を難思議往生の名で呼んで、簡明にその内容を叙述していらっしゃる。

（『真宗研究』第四十三輯、一五一頁）

と論じる。そして、『如来二種廻向文』について、

『三経往生文類』広本の難思議往生を説く部分と実質的には同じ内容（ときには語句まで一致）であるが、それを「難思議往生」としてでなく「二種廻向」として説くのであり、「往生」の語は一度もその中に現れない。

（『真宗研究』第四十三輯、一五一～一五二頁）

と指摘する。

なお、その他の論点も挙げられているが、本書では櫻部氏の所論に敬意と賛意を表するにとどめ、詳細は省略したい。(4)

第三節　「難思議往生」の概念の広狭と三経往生の説相

ところで寺川氏の所論は、前掲『三経往生文類』の文における往生の語が、往生という事態そのものを意味して

いると見なした上に成立していると考えられる。寺川氏は、従来の往生理解を「臨終ののち、もしくは命終ののちに極楽世界に転生することという、通念化した往生理解を無反省に固執」（『印度学仏教学研究』第九一号、八頁）するものと評し、親鸞の往生理解を「現生に施与される自覚道」（『印度学仏教学研究』第九一号、八頁）と規定する。すなわち寺川氏は、親鸞においては、往生という事態は現生に施与される自覚道として理解され、そのような往生理解を表現するものが前掲『三経往生文類』の文であると論じていると理解できよう。寺川氏は、第四十六回大会の記念講演においても、先の見解と同様の見解を提示しておられ、そこでは、難思議往生が、「如来の二種の廻向の厚い恩徳によって恵まれる私たちの生存」（『真宗研究』第四十四輯、一二八頁）であり、「現生に正定聚に住し、涅槃無上道に立って生きていくという意味をもった人生のあり方及び歩み」（『真宗研究』第四十四輯、一二八〜一二九頁）であると表現されている。寺川氏がこのような結論を示すに至る論理展開の中では、『教行信証』の文、和讃の文等、種々の文が提示されるが、前掲『三経往生文類』の文が、一つのキーポイントとなっていることは否めないであろう。

さて、親鸞が難思議往生の語を用いる中、「正信念仏偈」偈前の文と『三経往生文類』の文とを対比してみよう。まず、それぞれの文を示す。

「正信偈」偈前の文

凡就誓願有真実行信、亦有方便行信。其真実行願者、諸仏称名願。其真実信願者、至心信楽願。斯乃選択本願之行信也。其機者則一切善悪大小凡愚也。往生者則難思議往生也。仏土者則報仏報土也。斯乃誓願不可思議一実真如海。大無量寿経之宗致、他力真宗之正意也。（浄聖全二・五九頁、定親全一・八四頁）

おほよそ誓願について真実の行信あり、また方便の行信あり。その真実の行の願は、諸仏称名の願なり。その真実の信の願は、至心信楽の願なり。これすなはち選択本願の行信なり。その機はすなはち一切善悪大小凡愚なり。往生はすなはち難思議往生なり。仏土はすなはち報仏・報土なり。これすなはち誓願不可思議一実真如海なり。大無量寿経の宗致、他力真宗の正意なり。

『三経往生文類』（広本）の文

大経往生といふは、如来選択の本願、不可思議の願海、これを他力と申すなり。これすなはち念仏往生の願因によりて、必至滅度の願果をうるなり。現生に正定聚の位に住して、かならず真実報土にいたる。これは阿弥陀如来の往相廻向の真因なるがゆゑに、無上涅槃のさとりをひらく。これを大経の宗致とす。このゆゑに大経往生と申す、また難思議往生と申すなり。（中略）

この如来の往相廻向につきて、真実の行業あり。すなはち諸仏称名の悲願にあらはれたり。（中略）

また真実信心あり。すなはち念仏往生の悲願にあらはれたり。（中略）

また真実証果あり。すなはち必至滅度の悲願にあらはれたり。（中略）

この阿弥陀如来の往相廻向の選択本願をみたてまつるなり。これを難思議往生と申す。（中略）

二つに還相の廻向といふは、（中略）

これは大無量寿経の宗致としたまへり。これを難思議往生と申すなり。（以下略）

（浄聖全二・五七七～五八五頁、定親全三・和文篇二一～二八頁）

すなわち、「正信念仏偈」偈前の文では、行・信・機・往生・仏土が並列され、「誓願不可思議一実真如海、大無量寿経の宗致、他力真宗の正意」と結ばれるのに対し、『三経往生文類』（広本）では、まず現生正定聚→真実報土にいたる→無上涅槃のさとりをひらく、を難思議往生と結び、次に真実の行・真実の信・真実の証を示した後、再び難思議往生と結び、続いて還相の廻向を示した後、三たび難思議往生と結ぶ。そして、本書では、繰り返し難思議往生と『大無量寿経』の宗致とが重ね合わせられる。以下、図示してみよう。

「正信偈」偈前の文

- 誓願不可思議一実真如海・大無量寿経之宗致・他力真宗之正意
  - 選択本願の行信
    - 真実の行
    - 真実の信
  - 機 ― 一切善悪大小凡愚
  - 往生 ― 難思議往生
  - 仏・土 ― 報仏・報土

『三経往生文類』

- 大無量寿経の宗致・難思議往生
  - 大経の宗致・大経往生・難思議往生
    - 念仏往生の願因
      - 真実の行業
      - 真実信心
    - 真実証果 ― 必至滅度の願果
  - 還相の廻向

以上の両者には、明らかに難思議往生の扱いに差がみられる。「正信偈」偈前の文では、大無量寿経の宗致の内容として行・信等と並列されるものの一つと位置づけられる難思議往生が、『三経往生文類』では、大無量寿経の宗致＝難思議往生と示され、難思議往生という語の意味内容には、明らかに広狭の相違がある。すなわち、「正信偈」偈前の文では、難思議往生が往生という事態を意味している語として用いられているのに対し、『三経往生文類』では、大経往生＝難思議往生、観経往生＝双樹林下往生、弥陀経往生＝難思往生の語が、それぞれ他力念仏によって往生してゆく法門、自力諸行によって往生してゆく法門、自力念仏によって往生してゆく法門を意味する語として用いられていると考えられよう。このことは、櫻部建氏がすでに、

『三経往生文類』では「往生」の語が広い意味に用いられ、真宗念仏の教えを挙げて、この語によって代表させている、と言えないであろうか。（『真宗研究』第四十三輯、一五一頁）

と論じているのであり、筆者は、櫻部氏の見解に全面的に賛同するものである。以下、このような観点から、『三経往生文類』の諸文を検討してみよう。

先に述べたように、寺川氏は、『三経往生文類』の、

Ⓐ如来の二種の廻向によりて、真実の信楽をうる人は、かならず正定聚の位に住するがゆゑに他力とまうすなり。（中略）これは『大無量寿経』の宗致としたまへり。これを難思議往生とまうすなり。（浄聖全二・五八四〜五八五頁、定親全三・和文篇二八頁）

の文を根拠として、親鸞が、大経往生の特質というべきものとして、

一、大経往生もしくは難思議往生とは、如来の二種の廻向によって実現する往生である。

二、大経往生の具体相は現生に正定聚の位に住することである。

の二つのことを示していることは疑問の余地はない、と論じる。それでは、親鸞が、観経往生・弥陀経往生について述べる、

Ⓑ観経往生といふは、修諸功徳の願により、至心発願のちかひにいりて、万善諸行の自善を廻向して、浄土を欣慕せしむるなり。(5)（浄聖全二・五八五頁、定親全三・和文篇二八頁）

Ⓒ弥陀経往生といふは、植諸徳本の誓願によりて不果遂者の真門にいり、善本徳本の名号を選びて万善諸行の少善をさしおく。（浄聖全二・五九一頁、定親全三・和文篇三三頁）

の二文は、それぞれ、

一、観経往生の具体相は、第十九願の世界に入って万善諸行の自善を廻向して浄土を願わしめることである。

二、弥陀経往生の具体相は、第二十願の世界に入って善本徳本の名号を選び取って万善諸行の少善を捨てておくことである。

ということを示していることは疑問の余地はない、と論じることができるのであろうか。寺川氏は、観経往生は「万善諸行の自善を廻向して、浄土を欣慕せしむるなり」と、弥陀経往生は「不可思議の仏智を疑惑して信受せず、如来の尊号をおのれが善根として、みづから浄土に廻向して果遂のちかひをたのむ」と内容づけられると論じながら、「臨終の彼方に希望としてもたれるような往生」、「未来に期待され確信されるような往生」と位置づける。[6] Ⓐ Ⓑ Ⓒの三文は、若干文型に相違があるとはいえ、大経往生・観経往生・弥陀経往生の三経往生それぞれについて説示される同種の文である。にもかかわらず、なぜⒶの文は往生の具体相を表した文であると見なされ、Ⓑ Ⓒの文は往生の内容づけを示す文と見なされるのであろうか。筆者には、解釈に差をつけるほどの文型の相違があるとは思えない。Ⓐ Ⓑ Ⓒの三文が、いずれも往生の具体相を表す文とすれば、大経往生のみならず、観経往生・弥陀経往生も現生にその具体相を語ることができるのであり、その往生を「臨終の彼方に希望としてもたれるような往生」、「未来に期待され確信されるような往生」と見なすことはできないということになる。筆者には、寺川氏の解釈が、無理のある不自然な解釈としか思えない。先に論じたように、大経往生・観経往生・弥陀経往生の語を、それぞれ、他力念仏によって往生してゆく法門、自力諸行によって往生してゆく法門、自力念仏によって往生してゆく法門を表す語とすれば、Ⓐ Ⓑ Ⓒの三文を、いずれも無理なく自然に解釈できる。

卑近な例で考えてみよう。たとえば、研究の必要上中国に行くことになってガイドブックの説明を読むと、以下のように記されている。

中国に行くためには、まずパスポートを取得し、中国の滞在許可証を得て、飛行機の搭乗券を予約する。あとは飛行機に搭乗するだけで中国に到着する。これが中国に行くということである。

この説明を読んで、中国へ行くということの具体相は、パスポートを取得し、滞在証を得て、飛行機の搭乗券を予約して飛行機に搭乗することである、と理解するべきなのであろうか。言うまでもなく、中国に到着しなければ中国へ行ったとはいえない。最終的に中国に到着することを中国へ行くというのである。往生について親鸞は『尊号真像銘文』に「往生といふは浄土に生るといふなり」（浄聖全二・六二六頁、定親全三・和文篇九四頁）と述べる。つまり、浄土に生まれることを往生するというのであるから、「真実報土にいたる」ことが往生なのであり、正定聚に住するというのは往生の前段階であり、また往生についての必要十分条件を満たしたということであり、これをもって往生そのものということはできない。パスポートを取得し、滞在証を得て飛行機の搭乗券を予約し、飛行機に搭乗することは中国に到着する必要十分条件を満たしたということであり、中国に到着するそのこと自体ではないのである。

第四節　親鸞の著作全般における往生の説示

次に、寺川氏の論の問題点として指摘できるのは、親鸞の著作には命終において往生を語る文が数多くあるにもかかわらず、寺川氏は、それらの文に全く触れていないということである。親鸞における「往生」の概念を検討する場合、親鸞の著作全般にわたって、その説示の整合性を考慮するということは当然の作業であろう。ところが、寺川氏は、自論の展開に必要な文を提示するが、逆に自論の展開に妨げとなるおそれのある文についての見解を示していない。寺川氏のいうように、難思議往生が「現生に正定聚のくらいに住し、無上涅槃の極果への道程としての自覚道に立つという、能動的な生」（『印度学仏教学研究』第九一号、七頁）であるならば、たとえば、

この身は、いまは、としきはまりて候へば、さだめてさきだちて往生し候はんずれば、浄土にてかならずかならずまちまゐらせ候ふべし。（『末灯鈔』第一二通、浄聖全二・七九五頁、定親全三・書簡篇八八～八九頁）

との文中の往生という語は、どのように解釈するのであろうか。

また、寺川氏は、『一念多念文意』の文をもって、『大経』が「即得往生」と語る教言を、「住正定聚・必至滅度」と積極的に了解したところに親鸞の己証があり、これは通念を破るような独創的な往生理解であるとしている（『印度学仏教学研究』第九一号、八頁）。つまり、寺川氏は現生における獲信を契機とする往生を住正定聚・必至滅度であると論じていると考えられるが、もしそうであるとするならば、すでに第一章第二節に論じたように、親鸞が、『末灯鈔』第一三通に、

浄土へ往生するまでは不退の位にておはしまし候へば、正定聚の位となづけておはしますことにて候ふなり。（浄聖全二・七九五～七九六頁、定親全三・書簡篇二九頁）

と述べ、住正定聚の利益は往生まで﹅の利益であると説示するのは、どのように理解すればよいのであろうか。

そして、第二部第三章第二節第三項において指摘したように、『一念多念文意』において、なぜ第十一願成就文を、

それ衆生あつて、かの国に生れんとするものは、みなことごとく正定の聚に住す。ゆゑはいかんとなれば、かの仏国のうちにはもろもろの邪聚および不定聚はなければなりとのたまへり。

（浄聖全二・六六四頁、定親全三・和文篇一二九頁）

と釈するのであろうか。また、『浄土論』（実は『往生論註』）の「若人但聞彼国土清浄安楽剋念願生　亦得往生即入正定聚」（浄聖全一・五〇一頁、真聖全一・三二四頁）の文意を、なぜ「もしひと、ひとへにかの国の清浄安楽なるを聞きて、剋念して生れんと願ふひとと、またすでに往生を得たるひとも、すなはち正定聚に入るなり」（浄聖全二・六六五頁、定親全三・和文篇一三一頁）と釈さなければならないのであろうか。

第十一願成就文の「生彼国者」を「証文類」に引用するに際して付した訓点によれば、「かの国に生るれば」となるが、『一念多念文意』においては、「かの国に生れんとするもの」と釈されている。つまり、「証文類」引用の訓点によれば、往生＝入正定聚（換言すれば、往生以後＝住正定聚）との意であるが、『一念多念文意』の釈によれば、願生＝入正定聚（換言すれば、往生以前＝入正定聚）となる。また、『浄土論』（実は『往生論註』）の文の通常の訓読は、「もしひと、但かの国土の清浄安楽なるを聞きて、剋念して生ぜんと願ずれば、また往生を得てすなわち正定聚に入る」であるといわれているが、親鸞の「証文類」引用の訓点によれば、「もしひと、ただかの国土の清浄安楽なるを聞きて、剋念して生ぜんと願ぜんものと、また往生を得るものとはすなわち正定聚に入る」となる。つまり、通常の訓読であれば、往生＝入正定聚との意であるが、「証文類」の訓読（『一念多念文意』）では、願生・得生＝入正定聚の意となる。『一念多念文意』における第十一願成就文の釈及び『浄土論』（実は『往生論註』）の文の釈に見られる親鸞の意図は願生＝入正定聚の意を示そうとされるところにあったと考えることができよう。

ところで、親鸞以前の浄土教においては、彼土正定聚が普通であったと考えられる。そして、命終を契機とする往生においては、命終以前（現生）＝往生以前＝此土、命終以後（来生）＝往生以後＝彼土という構図が成立し、親鸞以前の浄土教においては、来生＝往生以後＝彼土において住正定聚が語られていたといえよう。ところが寺川氏の主張する親鸞の往生理解は、獲信を契機とする往生と考えられるので、獲信以前＝往生以前、獲信以後＝往生以後という構図となり、これらはいずれも現生の事態ということになろう。そうすると、住正定聚とは、獲信以後＝往生以後において語られるべき事態ということになる。もしそうであるならば、往生以後＝住正定聚との意を示す通常の訓読を捨てて、『一念多念文意』のような解釈を施さなければならなかった親鸞の意図は奈辺にあるのであろうか。従来の見解では、命終以前（現生）＝往生以前＝此土、命終以後（来生）＝往生以後＝彼土という構図において、それまで命終以後（来生）＝往生以後＝彼土において語られていた住正定聚を、命終以前（現生）＝往生以前＝此土において語ったところに親鸞の独創的な発揮があり、その独創的な発揮を示すために、得生による入正定聚に加えて願生による入正定聚の意を表すような『一念多念文意』の解釈がなされているのであると説明される。寺川氏の所論に従って「証文類」の訓点や『一念多念文意』の解釈の意義を説明する困難さに比べて、よほどすっきりした説明であると筆者には思える。

そして、命終時の往生を示したとしか解釈しえない文は存在するが、現生の往生を示したとしか解釈しえない文は存在しないということを指摘しておきたい。前節で取り上げた『三経往生文類』の文も、一歩ゆずって寺川氏の解釈が妥当であるとの可能性を認めても、そうでないという解釈の可能性も否定できない。現生の往生を否定する論者は、必ず現生往生の根拠となりうる文について検討を加えるのであるが、逆に命終時の往生を否定される寺川氏は、命終時の往生を示したとしか解釈しえない文をどのように位置づけられるのであろうか。寺川氏の所論に対する第二の疑問として提示したい。

第五節　親鸞の用語法

寺川氏は、親鸞における往生の意義を検討されるにあたって、「親鸞にしたがってその往生理解を正確に尋ね当てようとするならば、一般に共有されている往生理解を先入観としてもち、それに立ってではなく、親鸞が語るところに虚心に耳を傾け、正確にそれを理解するという当然の姿勢を謙虚に保持することが要請されることは、いうまでもない」（『印度学仏教学研究』第九一号、三〜四頁）、と述べられる。先にも述べたように、「親鸞が語るところに虚心に耳を傾け」以下の姿勢に関しては、全面的に賛同するものであるが、それ以前の主張には疑問を感じる。寺川氏は、後に、「臨終ののち、もしくは命終ののちに極楽世界に転生することという、通念化した往生理解を無反省に固執して、親鸞が「大経往生」と呼ぶ現生に施与される自覚道を解釈し分別する愚は、心して避けるべきであり」（『印度学仏教学研究』第九一号、八頁）と述べられるので、先の「一般に共有されている往生理解」とは、「臨終ののち、もしくは命終ののちに極楽世界に転生することという、通念化した往生理解」を意味していると考えられるが、親鸞によって用いられる往生の語を、このように理解することは、果たして、先入観・無反省な固執という言葉で片づけられる問題であろうか。

一般的に言葉による情報の伝達においては、伝達に用いられる言葉について情報の発信者と受領者との間に一定の共通理解がなければ不可能である。その意味でいえば、『教行信証』という書物が親鸞による情報の発信とすれば、その情報の受領者と見なされていた人々との間に言葉の共通理解がなければならなかったということができよう。寺川氏が論じるように、一般に共有されている往生理解とは全く別の概念を持った語として往生という語を使用したとして、果たして情報の伝達が可能なのであろうか。疑問無しとはしえない。ここで、親鸞の姿勢を探ってみよう。

親鸞の独創的な見解ともいいうるものに、他力廻向義があるが、梶山雄一氏は、その著『「さとり」と「廻向」』（三七頁以下、一六二頁以下）において、廻向とは業報における内容の転換と方向の転換とを意味するものであると し、その根底に空不二の思想があると述べている。また、『往生論註』において、廻向は、

廻向者、廻己功徳普施衆生、共見阿弥陀如来、生安楽国。（浄聖全一・四八一頁、真聖全一・三〇七頁）

「廻向」とは、おのが功徳を廻してあまねく衆生に施して、ともに阿弥陀如来を見たてまつり、安楽国に生ぜんとなり。

凡釈廻向名義、謂以己所集一切功徳施与一切衆生、共向仏道。（浄聖全一・五一九頁、真聖全一・三四〇頁）

おほよそ「廻向」の名義を釈せば、いはく、おのが集むるところの一切の功徳をもつて一切衆生に施与して、ともに仏道に向かふなり。

と説示される。

ところで、親鸞の他力廻向義は独創的な見解とはいえ、梶山氏の所論や『往生論註』に説示される廻向自体の概念規定の枠外に出るものではない。『往生論註』においては、願生行者が用いるべきものとして位置づけられている廻向を、阿弥陀如来の衆生救済のはたらきとして位置づけたところに、他力廻向の教・行・信・証という独創的な見解が展開されてゆくのである。

すなわち、親鸞においては、廻向という語そのものの概念規定を変えたのではなく、一般的に用いられている廻

向という語の概念規定を踏襲しつつも、行者から仏へという方向を逆転させて、仏から衆生へという方向で示され、そこに、他力廻向という親鸞の独創的な見解が表明されているということができよう。このように、親鸞は廻向という語の一般的な概念規定を踏襲しているにもかかわらず、他力廻向という独創的な見解を表明するにあたって、「信文類」の、

爾者、若行、若信、無有一事非阿弥陀如来清浄願心之所廻向成就。（浄聖全二・七九頁、定親全一・一一五頁）

しかれば、もしは行、もしは信、一事として阿弥陀如来の清浄願心の廻向成就したまふところにあらざることあることなし。

の文や、「証文類」の、

夫案真宗教行信証者、如来大悲廻向之利益。故若因若果、無有一事非阿弥陀如来清浄願心之所廻向成就。（浄聖全二・一三七頁、定親全一・二〇一頁）

それ真宗の教行信証を案ずれば、如来の大悲廻向の利益なり。ゆゑに、もしは因、もしは果、一事として阿弥陀如来の清浄願心の廻向成就したまへるところにあらざることあることなし。

の文において、如来の廻向であることを明確に示す。また、「行文類」の、

明知、是非凡聖自力之行。故名不廻向之行也。（浄聖全二・四八頁、定親全一・六七頁）

あきらかに知んぬ、これ凡聖自力の行にあらず。ゆゑに不廻向の行と名づくるなり。

の文や、「信文類」の、

誠是非大小凡聖、定散自力之廻向。故名不廻向也。（浄聖全二・八七頁、定親全一・一二七頁）

まことにこれ大小・凡聖、定散自力の廻向にあらず。ゆゑに不廻向と名づくるなり。

の文によって、衆生の廻向ではないことを示す。このような親鸞の姿勢からして、往生という語に関しても、一般的な概念規定を全く否定するような意味で用いたと考えることは困難である。もし一般的な概念規定を全く否定するような意味で往生という語を用いるならば、正しい情報を伝達するために、言い換えれば誤解を避けるために、親鸞は明確な説示をしたはずであったと論じることは、強弁であろうか。

また、現実的に、『教行信証』に用いられている全ての語に関して、一般に共有されているその語の理解に依らないという姿勢をとれば、その内容を理解することは全く不可能となる。換言すれば、親鸞自身による明確な概念規定の無い限り、それぞれの語は一般に共有されているその語の理解に従って理解してゆくことこそが正しい方法論であって、それは先入観・無反省な固執という言葉でおとしめられるような姿勢ではない。そして、往生という語について一般に共有されている理解は、「この世の命が終わって、他の世界に生まれることをいうが、浄土思想の発展によって、この穢土を離れてかの浄土に往き生まれることをいうようになった」（『岩波仏教辞典』）、「命終わって他の世界にゆき生まれること」（法藏館刊『仏教学辞典』）というものであり、法然が『往生要集大綱』に、

往生と言ふは、草庵に目を瞑ぐの間、便ちこれ蓮台に趺を結ぶの程、すなわち弥陀仏の後に従ひ、菩薩衆の中に在り、一念の頃に西方極楽世界に生ずることを得。（真聖全四・三九三頁）

と示し、親鸞が『尊号真像銘文』に「往生といふは浄土に生るといふなり」（浄聖全二・六二六頁、定親全三・和文篇九四頁）と説示されるものも、その枠外に出るものではないと考えるべきであろう。親鸞は、「化身土文類」に、

凡就一代教、於此界中入聖得果名聖道門、（中略）於安養浄刹入聖証果名浄土門、

（浄聖全二・一九六〜一九七頁、定親全一・二八九頁）

おほよそ一代の教について、この界のうちにして入聖得果するを聖道門と名づく、（中略）安養浄刹にして

入聖証果するを浄土門と名づく、と、仏教全体を聖道門と浄土門とに分け、それぞれの得果〈証果〉の場所を此界と安養浄刹と示す。此界と安養浄刹とは明確に区別されており、此界の命を受けている間は安養浄刹の命を受けることはできず、安養浄刹の命を受ける時は此界の命を捨て去った時であると理解するのが、素直な理解であるということができる。寺川氏の所論においては、難思議往生・双樹林下往生・難思往生、それぞれの事態の相違は明確であるが、なぜこの三の事態が、往生という同じ語で統べてあるのかが分明でない。親鸞が、明確な説明なしに、往生という基本用語を、一般的な概念規定を否定するような意味で用いるであろうか。寺川氏の所論に対する第三の疑問として指摘しておきたい。

第六節　寺川氏のその他の所論

以上、検討してきた寺川氏の所論は、「親鸞と蓮如―往生理解をめぐって―」〈一九九七年刊行『印度学仏教学研究』第四十六巻第一号〈通巻第九一号〉所収〉、「難思議往生を遂げんと欲う」〈二〇〇〇年一月刊行『真宗研究』第四十四輯所載〉に基づくものであるが、寺川氏はその後、『往生浄土の自覚道』と題した書物を法藏館から出版している〈二〇〇四年〉。その中、「Ⅰ　親鸞思想の中核」に「願生浄土の自覚道」と題された一章〈原題「願生浄土」〈『同朋仏教』第三八号所収、同朋大学仏教学会、二〇〇〇年〉〉と「Ⅱ　親鸞聖人の往生観」に「親鸞聖人の往生観―往生から願生へ―」と題された一章〈原題「同」〈『真宗文化』第一二号・第一三号所収、京都光華女子大学真宗文化研究所、二〇〇四年〉〉とがある。本節においては、これら二つの章に示される寺川氏の所論について検討を加えたい。

まず、「願生浄土の自覚道」において、寺川氏は次のように述べる。

住正定聚というのは、信心のはたらきによって、現生に「必ず無上涅槃にいたるべき身となる」ことだけを意味しているのではない。そのような身となるとは、同時に「必ず無上涅槃に至るべき」自覚道に立って生きるということである。「煩悩を具足しながら、無上大涅槃にいたる」涅槃無上道に立つ生の歩みが、恵まれるということである。そのことが、本願の仏道と言うに値する自覚道を、決定的に性格づけているということができる。

このような自覚道を、親鸞聖人は「難思議往生」と「呼ぶ」。重ねて言うようであるが、真実信心が実現する実存は、現生に正定聚に住し、必ず無上涅槃の証りに至る涅槃道に立って生きられる生存である。実はこれが往相廻向の恩徳によって実現する生存なのであるが、親鸞聖人はなぜにこれを難思議往生と、「往生」と呼ぶのであろうか。この独自の見解を語る『一念多念文意』に、親鸞聖人の了解を聞こう。ここで親鸞聖人は『無量寿経』の本願成就の教言を解説して、次のように言う。言うまでもなく、「願生彼国　即得往生　住不退転」の教言である。

―以下『一念多念文意』の「即得往生」の釈を引用―

真実の信心を獲れば、如来の摂取不捨の利益にあずかり、信心を獲たその時に、ただちにつまり法爾自然に、正定聚の位につき定まるのである。言葉を換えて言えば、現生に正定聚の位につき定まって、涅槃無上道に立つのである。この意味深い事実を、『無量寿経』は「得往生」と教えている。自分は真実教を『無量寿経』に聞くものであるから、『無量寿経』の教言に随順して、現生に正定聚に住し涅槃無上道に立ったという感動的事実を、「往生を得」といただき、そのように了解するものである。おそらくこれが、『一念多念文意』に述べられた親鸞聖人の意趣であるに違いない。（中略）「得往生」の自覚は、そのまま『無量寿経』の教言に随順したものであって、『無量寿経』の教言を解釈しているのではないということを、私たちは心して承知すべきである。
（『往生浄土の自覚道』四〇～四二頁）

「証巻」は五つの功徳を語る教言を引文しているのであるが、それは周知のように荘厳妙声功徳成就を語る教言、以下主功徳・眷属功徳・大義門功徳、そして清浄功徳を説く教言である。この引文の意趣を尋ねて私は、現生に正定聚に住した生とは、そこに浄土の功徳を自証している生であることを、親鸞聖人は語り告げようとしているのであると了解する。

浄土の功徳を現生において自証する、こう了解するほかはない独創的な見解が親鸞聖人にあったことを、私はしきりに思う。
（『往生浄土の自覚道』四三頁）

また、「親鸞聖人の往生観―往生から願生へ―」について、寺川氏は次のように述べる。

信心を獲れば正定聚の身となる。そして必ず滅度すなわち無上涅槃の証りに向かって生きていくという、意味深い人生が始まり、生きられていくのだけれども、それを『無量寿経』は「往生を得」と教えてくださっている、こういう解説です。
（『往生浄土の自覚道』一〇〇頁）

これらの文章を見ると、寺川氏の所論は、先に検討した「親鸞と蓮如―往生理解をめぐって―」、「難思議往生を遂げんと欲う」と大きく違うものではない。ただ、この二つの所論に見られない論点がいくつかあるので、それらを検討したい。

まず、最初に『一念多念文意』の即得往生の解釈について、「現生に正定聚の位につき定まって、涅槃無上道に立つのである。この意味深い事実を、『無量寿経』は『得往生』と教えている」と論じ、正定聚の身となり、必ず無上涅槃の証りに向かって生きてゆくという人生が始まることを「『無量寿経』は『往生を得』と教えてくださっている」という点である。この論述には、特に異論はない。なぜなら。親鸞は「得」について「うべきことをえたりといふ」と釈しているのであり、すでに第二部第三章第二節第一項に述べたように、助動詞「べき」は、経験・道理から判断して、当然そうなるだろうと確信をもって述べる時に用いる語である。また、助動詞「たり」は、動作・作用がすでに起き、現在も存続している意を表す場合と、動作・作用が完了したことを表す場合とがあるが、ここでは「即時」の意味との関係において、後者の意味ととるのが妥当であろう。つまり、「うべきことをえたり」とは、当然得るだろうことを得てしまったという意味となろう。つまり、往生決定、すなわち当然往生できるだろうこと（未来）を今得てしまった（現在）という意味になる。まさに、「正定聚の位につき定まるを往生を得とはのたまへるなり」の正定聚に「往生すべき身とさだまれるなり」と左訓されるものと符節を合わせたように一致するというべきである。「得往生」をこのように理解すれば、前記寺川氏の所論には何の異論もない。

しかし、寺川氏は、

このような自覚道（先に「必ず無上涅槃に至るべき」自覚道といわれている）を、親鸞聖人は「難思議往生」と「呼ぶ」。

と述べるので、「得往生」がそのまま難思議往生であるとの理解であり、寺川氏は現生往生説を主張していると見ることができるのであるが、前記で指摘したように、親鸞の「得往生」の「得」の解釈と「正定聚」の左訓との一致（後に再び取り上げる）からして、寺川氏の現生往生説は成立しがたいというべきである。

次に、寺川氏が、

「証巻」は五つの功徳を語る教言を引文しているのであるが、それは周知のように荘厳妙声功徳を語る教言、以下主功徳・眷属功徳・大義門功徳、そして清浄功徳を説く教言である。この引文の意趣を尋ねて私は、現生に正定聚に住した生とは、そこに浄土の功徳を自証している生であることを、親鸞聖人は語り告げようとしているのであると了解する。

浄土の功徳を現生において自証する、こう了解するほかはない独創的な見解が親鸞聖人にあったことを、私はしきりに思う。（『往生浄土の自覚道』四三頁）

と論じる点に注目したい。この文において、寺川氏は「証文類」と「信文類」とを重ねて論じている。なぜなら寺川氏は、親鸞が「証文類」の引文によって現生に正定聚に住した生について語っていると論じるからである。「信文類」の標挙が「至心信楽之願　正定聚之機」、「証文類」の標挙が「必至滅度之願　難思議往生」であり、寺川氏の理解が難思議往生とは正定聚に住することであるというものであることからして、「証文類」と「信文類」とが重ねられるのは当然であろう。しかし、このような見方が『教行信証』の正しい見方といえるであろうか、以下検討を加えたい。

親鸞は、「教文類」から始まる往相廻向釈を「証文類」において、

夫案真宗教行信証者、如来大悲廻向之利益。故若因若果、無有一事非阿弥陀如来清浄願心之所廻向成就。因浄故、果亦浄也、応知。（浄聖全二・一三七頁、定親全一・二〇一頁）

それ真宗の教行信証を案ずれば、如来の大悲廻向の利益なり。ゆゑに、もしは因、もしは果、一事として阿弥陀如来の清浄願心の廻向成就したまへるところにあらざることあることなし。因浄なるがゆゑに、果また浄なり、知るべしとなり。

と結ぶ。すなわち、親鸞は教・行・信・証を因と果として見ていることが理解できる。そして、行と信とにおいて、親鸞は因を語る。「行文類」六字釈において、

経言即得、釈云必定。即言由聞願力光闡報土真因決定時剋之極促也。(7)

（浄聖全二・三六頁、定親全一・四九頁）

『経』には「即得」といへり、釈には「必定」といへり。「即」の言は願力を聞くによりて報土の真因決定する時剋の極促を光闡するなり。

と述べ、信（聞願力）に往生の因を示す。また、両重因縁釈においては、

良知。無徳号慈父能生因闕。無光明悲母所生縁乖。能所因縁雖可和合、非信心業識無到光明土。真実信業識、斯則為内因。光明名父母、斯則為外縁。内外因縁和合得証報土真身。

（浄聖全二・四九頁、定親全一・六八頁）

まことに知んぬ、徳号の慈父ましまさずは能生の因闕けなん。光明の悲母ましまさずは所生の縁乖きなん。能所の因縁和合すべしといへども、信心の業識にあらずは光明土に到ることなし。真実信の業識、これすなはち内因とす。光明・名の父母、これすなはち外縁とす。内外の因縁和合して報土の真身を得証す。

と述べ、名号と信心とに往生（到光明土・報土）と成仏（真身）との因を示す。また、「信文類」には、

謹案往相廻向、有大信。大信心者、則是長生不死之神方（中略）証大涅槃之真因、

（浄聖全二・六七頁、定親全一・九六頁）

つつしんで往相の廻向を案ずるに、大信あり。大信心は、すなはちこれ長生不死の神方、（中略）証大涅槃の真因、

涅槃真因唯以信心。

（浄聖全二・七九頁、定親全一・一一五頁）

涅槃の真因はただ信心をもつてす。

と述べて、信心が成仏の因であることを、また、

言一念者、信心無二心故曰一念。是名一心。一心則清浄報土真因也。

因なり。（浄聖全二・九四頁、定親全一・一三八頁）

「一念」といふは、信心二心なきがゆゑに一念といふ。これを一心と名づく。一心はすなはち清浄報土の真

と述べて、信心が往生の因であることを示す。すなわち、「行文類」と「信文類」とにおいて、因が語られている。

その他、信心・念仏が因であると示す文を以下のように列挙することができる。

不思議の仏智を信ずるを　報土の因としたまへり
信心の正因うることは　かたきがなかになほかたし
（『正像末和讃』浄聖全二・四九二頁、定親全二・和讃篇一八二頁）

安養浄土の往生の正因は念仏を本とすと申す御ことなりとしるべし。正因といふは、浄土に生れて仏にかならず成るたねと申すなり。（『尊号真像銘文』浄聖全二・六四〇頁、定親全三・和文篇五九～六〇頁）

正定の業因はすなはちこれ仏名をとなふるなり。正定の因といふは、かならず無上涅槃のさとりをひらくたねと申すなり。「称名必得生依仏本願故」といふは、御名を称するはかならず安楽浄土に往生を得るなり、仏の本願によるがゆゑなりとのたまへり。（『尊号真像銘文』浄聖全二・六四一～六四二頁、定親全三・和文篇六一頁）

「是名正定之業、順彼仏願故」といふは、弘誓を信ずるを、報土の業因と定まるを、正定の業となづくといふ、仏の願にしたがふがゆゑにと申す文なり。（『一念多念文意』浄聖全二・六七一頁、定親全三・和文篇一四一頁）

前記「行文類」・「信文類」の文及びこれらの文において、親鸞は往生の因と成仏の因とを融通無碍に示し、そして、その果が「証文類」の所顕である。「証文類」標挙には「難思議往生」と示され、本文冒頭に、

謹顕真実証者、則是利他円満之妙位、無上涅槃之極果也（浄聖全二・一三三頁、定親全一・一九五頁）

つしんで真実の証を顕さば、すなはちこれ利他円満の妙位、無上涅槃の極果なり。

と、真実証とは、仏のさとりそのものであることが明らかにされる。つまり、難思議往生とは、利他円満の妙位、無上涅槃の極果、すなわち仏のさとりそのものであると、親鸞は示しているのである。『三経往生文類』に、

大経往生といふは、如来選択の本願、不可思議の願海、これを他力と申すなり。これすなはち念仏往生の願因によりて、必至滅度の願果をうるなり。現生に正定聚の位に住して、かならず真実報土にいたる。これは阿弥陀如来の往相廻向の真因なるがゆゑに、無上涅槃のさとりをひらく。

（浄聖全二・五七七頁、定親全三・和文篇二一頁）

と説かれているが、念仏往生の願とは第十八願であり、第十八願には至心信楽欲生の三心すなわち信心と乃至十念の念仏とが誓われている。つまり、念仏往生の願因とは信心と念仏とを因とするという意味であり、これが「行文類」と「信文類」との主題である。そして「現生に正定聚の位に住して」を因としての「真実報土にいたる」と「無上涅槃のさとりをひらく」とが必至滅度の願果であり、「証文類」の主題である。すなわち、「証文類」には、「必至滅度の願」との標願に「難思議往生」と細註され、本文冒頭に真実証を顕して「無上涅槃の極果」と示されている。まさしく、『教行信証』の構造と大経往生の内容とが一致している。

そして、親鸞が因と果とを明確に区別していることは、弥勒と同じといいながら、その弥勒が未成仏であることを明示していることからも明かである。そして、弥勒は成仏決定であるから、弥勒仏といわれるのと同様に、他力の念仏者も成仏決定であるから如来と等しといわれるのであるというのが親鸞の説示であり、この論理は「浄土の功徳を自証している」という寺川氏の所論とは全く異なっているというべきである。

次に正定聚の左訓について改めて検討してみる。『一念多念文意』の本願成就文の釈中、「正定聚の位につき定ま

るを往生を得とはのたまへるなり」の正定聚の左訓について、寺川氏は次のように述べる。

正定聚について、『一念多念文意』に「往生すべき身とさだまれるなり」という左訓が一例あって、これが強調的に取り上げられることが折々ある。しかしながら親鸞聖人の著作では、論述の本文において正定聚が語られるときには、すべてここに引いた文章[8]のように、「必ず無上涅槃にいたるべき身となる」という見解であって、例外はない。だからこの『一念多念文意』の唯一例外的な、しかも本文ではなく左訓の言葉をもって正定聚の基本的理解とするのは、はたして充分に適切であろうか。私はむしろ論述の本文に例外なく述べられているこの見解をもって、正定聚についての親鸞聖人の基本的見解とすべきであると考える。

（『往生浄土の自覚道』三九頁）

このような寺川氏の方法論には疑問を感じる。『一念多念文意』の正定聚の左訓、「ワウシヤウスヘキミトサタマルナリ」（浄聖全二・六六三頁、定親全三・和文篇一二八頁）・「カナラスホトケニナルヘキミトナレルナリ」（浄聖全二・六六四頁、定親全三・和文篇一二九頁）について、後者の成仏決定が正定聚の本来の意義を示した左訓であるということは当然のことである。第二部第一章第二節で示したように『大経』第十一願文や同成就文には、浄土の住人（願文）・浄土に生まれた者（成就文）が正定聚に住していると示されている。すでに浄土の住人であるものや、浄土に生まれた者について、往生決定であるということはあり得ない。親鸞の正定聚に関する説示が成仏決定であるのはけだし当然であろう。

親鸞が、正定聚を往生に関して説示するのは、『末灯鈔』第一通のみである。そこではまず、来迎と臨終とは諸行往生すなわち自力往生においていわれることであると述べられた後に、

真実信心の行人は、摂取不捨のゆゑに正定聚の位に住す。このゆゑに臨終まつことなし、来迎たのむことなし。

信心の定まるとき往生また定まるなり。来迎の儀則をまたず。

（浄聖全二・七七七頁、定親全三・書簡篇五九～六〇頁）

と説示されている。次に正念について自力の正念と他力の正念とがあることが示され、自力の行人の往生について、第十九願が引用されて、

臨終まつことと来迎往生といふことは、この定心・散心の行者のいふことなり。

（浄聖全二・七七八頁、定親全三・書簡篇六一頁）

と、臨終まつことと来迎往生とは自力の行者についていわれることであると結ばれる。

臨終来迎について、『西方指南鈔』には、次のように説かれている。

その来迎引接の願といふは、すなはちこの四十八願の中の第十九の願なり。人師これを釈するにおほくの義あり。まづ臨終正念のために来迎したまへり。おもはく病苦みをせめて、まさしく死せむとするときには、かならず境界・自体・当生の三種の愛心をおこすなり。しかるに阿弥陀如来、大光明をはなちて行者のまへに現じたまふとき、未曾有の事なるがゆへに、帰敬の心のほかに他念なくして、三種の愛心をほろぼして、さらにおこることなし。かつはまた仏、行者にちかづきたまひて、加持護念したまふがゆへなり。（中略）しかれば臨終正念なるがゆへに来迎したまうにあらず。来迎したまふがゆへに臨終正念なりといふ義あきらかなり。

（「上本」浄聖全三・八六七～八六八頁、定親全五・一一頁）

ここでは、臨終来迎によって臨終正念に住することが説かれている。すなわち、臨終正念による往生という当時の常識に基づき、第十九願による臨終来迎は第十八願の念仏行者が必然的に得る利益(9)であり、臨終来迎による臨終正念、臨終正念による往生から第十八願の念仏行者の往生が示されていると見ることができる。親鸞は、『末灯鈔』

第一通において、「正念といふは、本弘誓願の信楽定まるをいふなり」と正念を他力信心とし、正念往生すなわち他力信心による往生を示したものと考えられる。ここでの説示[10]は自力往生と他力往生の相違を論じ、自力往生は臨終正念による往生であり、臨終来迎を期待する、他力往生は他力信心を得れば摂取不捨のゆえに平生[11]に正定聚に住するので、臨終来迎を期待する必要がないと述べられている。往生がテーマであるから、この正定聚は往生決定の意で用いられていると見るべきである。

『末灯鈔』第一通に往生決定の意で正定聚が用いられているのと、『一念多念文意』で正定聚に往生決定の左訓が付されているのは、僅少の用例であるといいうる。寺川氏の論法は、僅少の用例であるから重要視する必要がないということのようであるが、逆に僅少の用例であるからこそ重要視しなければならない。本来成仏決定を意味し、親鸞も多くそのように釈している正定聚に、何故ここで親鸞は往生決定との左訓を付したのかを問題にしなければならない。『末灯鈔』第一通は往生がテーマであるから往生決定の意で正定聚が用いられ、『一念多念文意』も「即得往生」がテーマであるから正定聚に往生決定の左訓を付したと考えるのが、素直な理解であろう。すでに論じたところであるが、『一念多念文意』の本願成就文釈の中、「即得往生」の「得」について親鸞は「うべきことをえたり」と釈する。これは、当然得ることができるいうことを今得てしまったという意味であり、当然往生を得ることができるということ（往生の因が決定した）を今得てしまったということになる。すなわち、『一念多念文意』に、

「すなはち往生す」とのたまへるは、正定聚の位に定まるを「不退転に住す」とはのたまへるなり。

（浄聖全二・六六四頁、定親全三・和文篇一二九頁）

の「正定聚」に「ワウシヤウスヘキミトサタマルナリ」との左訓が付されているのであるから、

「すなはち往生す」とのたまへるは、正定聚の位に定まるを「不退転に住す」とはのたまへるなり。

という文を、

「すなはち往生す」とおっしゃるのは、往生するべき身と定まるのを「不退転に住す」とおっしゃるのである。

と理解するのが妥当な解釈というべきであろう。

また、前記、「行文類」と「信文類」とにおいて因が示される中、『教行信証』の二文、

経言即得、釈云必定。即言由聞願力光闡報土真因決定時剋之極促也。

（「行文類」浄聖全二・三六頁、定親全一・四九頁）

『経』には「即得」といへり、釈には「必定」といへり。「即」の言は願力を聞くによりて報土の真因決定する時剋の極促を光闡するなり。

言一念者、信心無二心故曰一念。是名一心。一心則清浄報土真因也。

（「信文類」浄聖全二・九四頁、定親全一・一三八頁）

「一念」といふは、信心二心なきがゆゑに一念といふ。これを一心と名づく。一心はすなはち清浄報土の真因なり。

は、どちらも本願成就文に関してである。前者は、本願成就文の「即得往生」の「即」についての説示であり、後者は本願成就文の一念を転釈した「一心」についての説示である。結局、親鸞は、本願成就文について因を説示するのに、往生の因と説示している。正定聚に「ワウシヤウスヘキミトサタマルナリ」との左訓が付されるのも、その流れであると考えることができる。

往生の問題とは直接関係はしないが、寺川氏の所論に疑問を感じた箇所があるので、ここで指摘しておく。それは以下の文についてである。

極楽浄土にいつ生まれるのか、この題を読んで、私は「これは不適切だ」と思いました。なぜならば、親鸞聖人は浄土を表すときには、『無量寿経』に基づく「安楽」もしくは「安養」という言葉を使って、『観無量寿経』に由来する「極楽」という言葉は使われないのです。（中略）親鸞聖人は、真実の浄土を安楽あるいは安養と表し、極楽というのは、化土を表す言葉として了解なさるのです。ですから「極楽浄土にいつ生まれるのか」といえば、「化土にいつ生まれるのか」ということになり、それは死んでからに決まっています。

（『往生浄土の自覚道』七九～八〇頁）

ここで寺川氏は浄土について、「真実の浄土を安楽あるいは安養と表し、極楽というのは、化土を表す言葉として了解なさるのです」と述べているが、これは、親鸞の用語例を綿密に検討した結果であろうかと疑問に思われる。安養はしばらく措き、安楽と極楽とについては、『教行信証』の引文にはどちらも頻出するものの、自釈はそれぞれ一例ずつしかない。安楽は、「正信偈」の「証歓喜地生安楽（歓喜地を証して安楽に生ぜん）」（浄聖全二・六二頁、定親全一・八八頁）であり、極楽は、「化身土文類」三経隠顕釈の、

亦正行之中専修専心・専修雑心・雑修雑心、此皆辺地・胎宮・懈慢界業因。故雖生極楽不見三宝。

（浄聖全二・一九八頁、定親全一・二九二頁）

また正行のなかの専修専心・専修雑心・雑修雑心は、これみな辺地・胎宮・懈慢界の業因なり。ゆゑに極楽に生ずといへども三宝を見たてまつらず。

である。まず、「正信偈」は龍樹章の一句であり、『楞伽経』の「歓喜地を証得して安楽国に往生せん」（大正蔵一六・五六九頁上）に基づいて安楽の語が用いられていると考えられる。「化身土文類」の文は、一見すると極楽が辺地・胎宮・懈慢界といわれる化土を意味しているようであるが、そうではない。なぜなら、化土に生ずると三宝を

見ることができないという文であれば文意が通じるが、化土に生じても三宝を見ることができないという文であれば文意が通じない。不見三宝は「化身土文類」要門釈に引用される『大経』胎化段の、

若有衆生、以疑惑心修諸功徳、願生彼国。不了仏智不思議智不可称智大乗広智無等無倫最上勝智、於此諸智疑惑不信。然猶信罪福、修習善本、願生其国。此諸衆生、生彼宮殿、寿五百歳、常不見仏、不聞経法、不見菩薩声聞聖衆。是故彼国土謂之胎生。（浄聖全二・一八五頁、定親全一・二七二頁）

もし衆生ありて、疑惑の心をもつてもろもろの功徳を修して、かの国に生ぜんと願ぜん。仏智・不思議智・不可称智・大乗広智・無等無倫最上勝智を了らずして、この諸智において疑惑して信ぜず。しかも、なほ罪福を信じて、善本を修習して、その国に生ぜんと願ぜん。このもろもろの衆生、かの宮殿に生じて、寿五百歳、つねに仏を見たてまつらず、経法を聞かず、菩薩・声聞聖衆を見ず。このゆゑにかの国土にはこれを胎生といふ。

に基づいている。つまり化土に生まれたならば不見三宝であるのは当然ということであり、この極楽を化土の意と解すると、雖の一字が不可解になる。親鸞は、報土中に真実報土と方便化土とを見ているが、この極楽の語は真実報土と方便化土とを区分しない報土と解し、せっかく報土に生まれても三宝を見ることができない、と理解するのが妥当である。

また、『浄土和讃』（讃阿弥陀仏偈讃）には、安楽の語が頻出するが、これは基づくところの『讃阿弥陀仏偈』に安楽の語が頻出するからである。注目するべきは『浄土和讃』（大経讃）の次の一首である。

安楽浄土をねがひつつ　　他力の信をえぬひとは
仏智不思議をうたがひて　　辺地懈慢にとまるなり
（浄聖全二・三七〇頁、定親全二・和讃篇四二頁）

この安楽浄土も真実報土と方便化土とを区分しない報土と解することができ、化土であると断定することはできないが、少なくとも真実報土と限定できないことは確かである。

また、『一念多念文意』に『往生礼讃偈』の「恒願一切臨終時　勝縁勝境悉現前」を釈するところに、

「一切臨終時」といふは、極楽をねがふよろづの衆生、いのちをはらんときまでといふことばなり。

（浄聖全二・六六一頁、定親全三・和文篇一二五頁）

といい、『唯信鈔文意』に「極楽無為涅槃界」を釈するところに、

「極楽」と申すはかの安楽浄土なり、よろづのたのしみつねにして、くるしみまじはらざるなり。かのくにをば安養といへり。

（浄聖全二・七〇〇〜七〇一頁、定親全三・和文篇一七〇頁）

と述べる。『唯信鈔文意』の文においては、極楽・安楽・安養を区別する意図は見られない。「消息」においては、安楽・極楽ともに用いられるが、極楽は以下のように用いられている。

いかにいはんや、往生極楽の大事をいひまどはして、常陸・下野の念仏者をまどはし、親にそらごとをいひつけたること、こころうきことなり。

（「慈信房義絶状」古写消息第三通、浄聖全二・七六六頁、定親全三・書簡篇四二頁）

弥陀の本願と申すは、名号をとなへんものをば極楽へ迎へんと誓はせたまひたるを、ふかく信じてとなふるがめでたきことにて候ふなり。

（『末灯鈔』第一二通、浄聖全二・七九四頁、定親全三・書簡篇八八頁）

もとぬすみごころあらん人も、極楽をねがひ、念仏を申すほどのことになりなば、もとひがうたるこころをもおもひなほしてこそあるべきに

（『末灯鈔』第一六通、浄聖全二・八〇二頁、定親全三・書簡篇一〇〇頁）

これらの極楽の語は、いずれも、化土を意味している語と見なすことはできない。特に『末灯鈔』第一二通にお

いては、本願の誓意について極楽の語が用いられ、この極楽を化土と解することはできず、真実報土の意で解するべきであろう。結局、親鸞において安楽を真実報土を表現する語とし、極楽を方便化土を表現する語とする使い分けは見られないということができる。

親鸞が、安楽を真実報土の意で用い、極楽を方便化土の意で用いるとの論は、時に目にし、また耳にすることもあるが、前記用例の検討結果からすると俗説に過ぎないというべきであろう。

「一事が万事」という言葉があるが、寺川氏の所論には、全般的に親鸞の著作全体を綿密に検討するという姿勢が見られないと感じる。寺川氏は、命終による往生について、「一般に共有されている往生理解を先入観」とし、「通念化した往生理解を無反省に固執」すると批判する。しかし、安楽と極楽とについての寺川氏の所論は、俗説を先入観とし、俗説を無反省に固執しているものであり、親鸞が語るところに虚心に耳を傾け、正確にそれを理解するという当然の姿勢を謙虚に保持しているとはとても思えない。

ところで、寺川氏は、二〇〇〇年一月刊行『真宗研究』第四十四輯に掲載されている「難思議往生を遂げんと欲う」において、

往生を単純に死後に追いやる、そういう痩せた往生理解に立ち止まるということは、聖人の教えをいただく者としていかがであろうかと、反省することでございます。

（『真宗研究』第四十四輯、二二〇頁）

と述べているが、二〇〇四年刊行の『往生浄土の自覚道』においては、

親鸞聖人が「大経往生」という名で呼ばれる独特の往生理解が、命終わって後に浄土に生まれていく往生、それもまた大切な往生理解ですけれども、それに止まらないで、往生は信心の獲得によって現生に無碍の一道に立った、その無碍の一道を大切に生きていく歩みを、往生する人生といただくのだ。こういうかたちで、独創

的な往生理解が確立してきたことです。（『往生浄土の自覚道』一〇一頁）

と述べる。「痩せた往生理解」が「大切な往生理解」と変化しているが、命終わって後に浄土に生まれてゆくという往生理解が、どのような意味で大切なのかが、全く説明されていない。法然が『選択集』に中国浄土教に三流があると論じ、その中道綽・善導流によると自らの拠りどころを明示しているが、道綽・善導・法然は明確に命終を契機とする往生を説いている。法然の主著である『選択集』を「希有最勝之華文、無上甚深之宝典」（浄聖全一・二五五頁、定親全一・三八二頁）と讃仰する親鸞が、法然の往生理解を「痩せた往生理解」と見なすはずはない。

小結

本章においては、寺川俊昭氏の往生論の検討を行った。寺川氏は曽我量深氏の流れを汲む教学者と位置づけることができるが、寺川氏は、「親鸞が語るところに虚心に耳を傾け、正確にそれを理解するという当然の姿勢を、謙虚に保持することが要請されることは、いうまでもない」（『印度学仏教学研究』第九一号、四頁）、「往生について親鸞がどういう知見をお持ちであったのか、それを正確に承知したい。これが私の一つの課題でございます」（『真宗研究』第四十四輯、二〇一頁）と述べる。このように、自らの方法論を表明した寺川氏の往生論が、果たしてどのようなものなのか、「親鸞が語るところに虚心に耳を傾け、正確にそれを理解する」ということは、「親鸞が語るところ」すなわち親鸞の著作に基づく理解ということであり、そうであるならば、その理解が妥当なものであるのか、寺川氏が論拠とする親鸞の著作自体の検討を行うことが必要である。

寺川氏の現生往生論の根拠は、『三経往生文類』の次の文である。

如来の二種の廻向によりて、真実の信楽をうる人は、かならず正定聚の位に住するがゆゑに他力とまうすなり。（中略）これは『大無量寿経』の宗致としたまへり。これを難思議往生とまうすなり。

（浄聖全二・五八四～五八五頁、定親全三・和文篇二八頁）

寺川氏は、この文に基づき、親鸞においては、真実の信楽をえて正定聚の位に住することが難思議往生であると論じる。しかし、『三経往生文類』における「難思議往生」の語を往生という事態そのものを意味するとは解釈しがたいことを指摘した。すなわち、「正信偈」偈前の文において、「往生は難思議往生なり」と明示されるが、ここでは行・信・往生・機が列挙され、それら全体が「大無量寿経の宗致」と結ばれている。ところが、『三経往生文類』においては、行・信・証の全体が「大無量寿経の宗致」とまとめられ、それを「難思議往生」と言い換えている。つまり、『三経往生文類』においては、難思議往生という語が行・信・証という第十八願の法義全体を意味しているのであり、往生という事態そのものを意味しているのではないと指摘した。

続いて、寺川氏は親鸞の著作全体における往生の用例について検討を行っていないことを指摘した。すなわち、親鸞における往生が現生往生であると主張するならば、親鸞の著作中、明確に命終を契機とする往生が説示されている文をどのように理解するべきなのかを論じる必要がある。しかしながら寺川氏の論には、命終を契機とする往生が説示されている文についての言及は全く見られない。結局、自らの立論に都合の良い文のみを取り上げ、都合の悪い文は無視していることになり、このような姿勢が、「親鸞が語るところに虚心に耳を傾け、正確にそれを理解するという当然の姿勢を、謙虚に保持する」であるとはいえないであろう。自らの思いに合致する親鸞の言葉のみに耳を傾け、自らの思いに合致しない親鸞の言葉には耳を傾けないのでは謙虚な姿勢とはいえず、自らの思いを親鸞の言葉よりも重んじる傲慢な姿勢との批判を甘受せざるをえないのではないかと思われる。

次に、親鸞が使用する仏教用語は、原則として三経・七祖の伝統の中で使用されてきた意味として理解するべきであると論じた。親鸞の独創的な見解としての他力廻向義も、廻向という語そのものを、一般に共有されているものとは異なった意味で用いたのではなく、廻向の主体を行者ではなく阿弥陀仏として示したところに独創性を見ることができ、しかも、親鸞はそれを明示していることを指摘した。

また、寺川氏が「信文類」の内容と「証文類」の内容とを重ねて論じていることを批判し、親鸞においては、因（「信文類」の内容）と果（「証文類」の内容）との区別が明確であることを指摘した。また、因について、親鸞は行信を往生の因と示し、また成仏の因と示すが、本願成就文について因を示す場合は往生の因と示していることも指摘した。

続いて『一念多念文意』における本願成就文の釈中、正定聚の左訓についての寺川氏の姿勢について批判した。すなわち、正定聚の通常の意味である「成仏決定」を意味する左訓であれば、特に問題視する必要はないが、寺川氏が僅少なものであり重要視する必要が無いと位置づけた「往生決定」を意味する左訓は、通常の意味ではなく僅少であるからこそ、問題にする必要があることを指摘した。

その他、直接往生とは関係はないが、親鸞における安楽の語と極楽の語との用法についての寺川氏の見解に対し、親鸞の用法を綿密に検討した結果とは思えないことを指摘して、寺川氏の方法論そのものに対して疑義を提出した。

註

（1）講演記録を検討の対象とすることの可否には異論もあろうが、既発表論文との関係や、講演者自身の校正を経た後の活字化が普通であるという現況に鑑み、講演記録も検討の対象とする。

（2）本書、第三部第一章参照。

（3）『真宗研究』第四十三輯、一四八～一四九頁。

（4）櫻部氏は、親鸞の独自の領解として、廻向に関することと、正定聚不退転に関することとの二点を挙げるが、このことに註を付して、

もし往生即成仏と聖人がお考えであったとすれば、それを第三点として挙げるべきであろうが、聖人の領解がそうであったかどうか、必ずしも明確でない。「すでに往生をえたるひとも」正定聚に入る（『一念多念文意』）と云われているなどのこともあるからである。

（『真宗研究』第四十三輯、一五六頁）

と述べている。しかし、櫻部氏自身が指摘しているように、「真仏土文類」の真仮対弁において往生を示すために引用される『大経』『浄土論』『往生論註』の三文は、いずれも「証文類」において真実証を利他円満之妙位・無上涅槃之極果と顕した後に引用される文であり、それを難思議往生と結ばれていることからすれば、往生即成仏義を親鸞教義の特徴の一つと見ることができる（第二部第一章第一節参照）。なお、浄土における正定聚は、すでに論じたように広門示現相と理解することができる（第二部第一章第二節参照）。

（5）親鸞は、第十九願・第二十願の自力往生も、根底には他力があることを、「かさまの念仏者のうたがひとはれたる事」と題された真筆消息に、

仏恩のふかきことは、懈慢辺地に往生し、疑城胎宮に往生するだにも、弥陀の御ちかひのなかに、第十九・第二十の願の御あはれみにてこそ、不可思議のたのしみにあふことにて候へ。

（浄聖全二・七四五～七四六頁、定親全三・書簡篇七頁）

と述べている。

また、第十九願の法門は、聖道門と行を同じくするので、聖道門の行者を浄土門に誘引するための法門とも考えられ、その意味から「浄土を欣慕せしむる」といわれるのであろう。

（6）なお、自力往生においては、往生の可否は臨終に決定するものであり、その意味で第十九願・第二十願の欲生を先哲は「不定希求」（臨終まで往生の可否が不明であるので、ひたすら往生を希い求める心）と表現する。すなわち、第十九願・第二十願の行者においては、未来の往生に対する確信は存在しない。

（7）「正信偈」の「観見諸仏浄土因　国土人天之善悪」（浄聖全二・六〇頁、定親全一・八五頁）の二句があるが、『選択集』本願章には人天の悪の選捨、人天の善の選取、国土の醜の選捨、国土の好の選取が示された後に、往生の因として諸行の選捨、念仏の選取が説かれるので、「正信偈」の「浄土因」は浄土往生の因の意であると考えられ、この「報土真因」も浄土往生の因と理解するのが妥当である。

（8）『一念多念文意』の、

「すなはち往生す」とのたまへるは、正定聚の位に定まるを「不退転に住す」とはのたまへるなり。この位に定まりぬれば、かならず無上大涅槃にいたるべき身となるがゆゑに、「等正覚を成る」とも説き、「阿毘跋致にいたる」とも、「阿惟越致にいたる」とも説きたまふ。「即時入必定」とも申すなり。

（浄聖全二・六六四頁、定親全三・和文篇一二九頁）

の文章の意。

（9）法然は第十九願を第十八願の念仏行者の得る利益が誓われた願と見る。

石田充之氏は、法然の第十九願観について、『三部経大意』等の文を引用した後、

いずれにしてもこのような理解が第十九願を第十八願の念仏者の臨終来迎他力摂取を誓う願とみるものなることは容易に理解し得る。それは念仏者の平生光号摂取の延長としての臨終顕現の来迎摂取を誓うのが第十九願であるとみるのである。

（『日本浄土教の研究』一一五頁）

と論じている。

（10）厳密にいえば、『末灯鈔』第一通前半の説示である。後半部には、聖道の有念・無念、浄土の有念・無念、浄土宗の真仮等が説かれる。

（11）親鸞は尋常の語を用いるが、後に覚如等が用いる平生と同じ意味である。

結　章　第三部の結び

第三部においては、親鸞の往生は現生往生であると主張する三氏、上田義文氏、松野純孝氏、寺川俊昭氏の所論を取り上げ、検討を加えた。上田氏と松野氏の主張は、親鸞の往生観には命終を契機とする往生と現生の往生とがあるというものであり、寺川氏の主張は、親鸞における往生は現生往生であるというものである。

まず、上田氏の所論は、大乗仏教における無差別性を根底としているということができる。因と果との無差別性、真如の無差別性とがそれである。往生決定（因）がそのまま往生（果）であるという論理、あるいは大行が真如一実功徳宝海といわれ、大信について真如一実之信海と嘆ぜられ、真実証を顕す中、滅度の転釈に真如が示されるので、大行・大信（因）と証（果）とに通じて無差別なる真如で説示される等、命終を契機とする往生と正定聚（往生決定）とが、共に往生であるとの論理が展開される。そして、親鸞教義がその無差別の論理に基づいていることを親鸞の著作における種々の文を提示して証とするのである。

しかし、大乗仏教における無差別性、真如の無差別性というのは、単に因と果との無差別のみをいうのではなく、一切の無差別をいうのである。迷悟・染浄・生仏の不二を語るのが大乗仏教であるといえよう。しかし、大乗仏教は迷悟・染浄・生仏の不二のみを語るのではない。迷悟・染浄・生仏は不二而二であり、二而不二である。不二のみでも而二のみでも成仏道は存在しない。不二（本質としての同一性）でなければ迷から悟へ、染から浄へ、衆生から仏への転換は不可能であり、而二（現象としての相異性）でなければ迷から悟へ、染から浄へ、衆生から仏への転換そのものが成立しない。親鸞においては、衆生と仏との相反性が強調され、成仏道においても真実と方便とは峻別される。一切が無差別であるならば、正定聚・邪定聚・不定聚の区別も泯亡するが、親鸞教義において、正定聚・邪定聚・不定聚が区別されない場面はない。

なお、上田氏は、親鸞教義がその無差別の論理に基づいていることの証として種々の文を提示するが、それらの文には逆に無差別を否定する文の付随が見られるものや、上田氏の誤読と思われるものがあり、上田氏の論理展開は成立しがたいというべきであろう。

松野氏は、親鸞の著作における種々の文を挙げて、臨終における成仏、この世での心の成仏、現生における成仏、それぞれの根拠となるものであると論じる。しかし、それぞれの文の解釈は正しいとは思えない。あるいは命終の瞬間と臨終の一念との無意味な区別を行い、あるいは全体の文脈を無視して断章取義し、あるいは論の展開に必要な論証を欠落させ、あるいは理としての迷悟・染浄・生仏不二の説示をもって成仏の証とするなど、その論証は不完全なものであり、親鸞における現生往生が論証されたと評価することはできない。

寺川氏の主張は、親鸞のいう難思議往生は住正定聚のことであるというものである。その根拠とされるものは『三経往生文類』の説示であるが、『三経往生文類』における難思議往生の語は、往生の事態そのものを意味する語ではなく、第十八願の他力念仏往生という法義を意味する語であると考えられる。寺川氏の主張は、親鸞における往生とは他力信心を獲て現生に正定聚に住するという事態のことであるというものであり、命終を契機とする往生を否定するものである。にもかかわらず、寺川氏は親鸞が命終を契機とする往生を説示したことの意味を明らかにしようとはしない。また、因と果との区別を無視することや、『一念多念文意』の本願成就文釈を解釈するにあたって部分的な検討にとどまる等、寺川氏には、親鸞の著作全体を俯瞰する視点が欠落しているということができる。それは、親鸞における極楽の語と安楽の語との用法に関して、親鸞の著作全体における用法を綿密に検討することなく断定的に語られる姿勢にも表れている。

前記三氏の所論を検討した結果、結局、万人が首肯することのできる現生往生の論証がなされることはなく、逆に、親鸞の言葉についての誤解・誤認としかいうことのできない誤った論証も多々見られるということが明らかになったのである。

結論

本書は、序論で述べたように、親鸞の往生思想に対する従来の解釈、娑婆世界（此）を捨てて、極楽浄土（彼）に往き、蓮華中に化生するという浄土教の基本的な構造に基づき、命終を契機とする往生浄土を常識とするものに改めて検討を加えることを目的とした。すなわち、信一念における往生、換言すれば身体の命終を契機とせず、自力心の命終を契機とする往生が、一部の研究者に主張される現況に鑑み、命終を契機とする他方世界としての浄土への往生が単純に受容されがたい現代において、従来の伝統的な往生観をどのように位置づけるべきかが問題になる。信一念における往生は、必然的に現生往生となる。現生往生の主張は、まとめれば、

A、科学的実証主義と矛盾しない往生観

B、現在において、すべての問題を解決し終わらなければ満足しないという姿勢

の二点を問題意識の根底に持つと思われるので、単に宗教的真実と科学的真実との立場の相違を強調する守勢の姿勢ではなく、現代という時代において、他方世界としての浄土や命終を契機とする往生を説示することの積極的な意義、換言すれば、他方世界としての浄土や命終を契機とする往生が受容されにくい現代という時代においても、なおそれを説示しなくてはならないのか、という点を最終的な問題点とする。

具体的な考察は、以下の通りである。まず、第一部においては、往生思想の基本的性格の検討から始め、浄土三部経また親鸞に至る浄土教の流れの中から特に曇鸞・道綽・善導の三師を取り上げ、親鸞に至る浄土教の伝統において往生思想がいかに説示され、いかに受容されてきたかを考察した。第二部においては、そのような浄土教の往

生思想を、親鸞がいかに受容し、その深意を開顕してきたかを考察した。第三部においては、信一念における往生を主張する学説をいくつか取り上げ、その内容を検討し、親鸞が信一念時の往生を説示しているとの学説が成立しうるか否かを考察した。以上の考察を通じて、信一念における往生を主張する学説が、浄土教の往生思想の変質なのか、あるいは浄土教の往生思想の発展した形態として、現代社会に受容されるべき新しき浄土教なのか、という問題に対する一応の結論を導き出した。以上が、本書における考察である。

なお、方法論としては、親鸞の思想の考察は、『教行信証』等に論理化・体系化・言説化されたものに基づいた。筆者において浄土真宗とは、(一)阿弥陀仏の救済の構造であり、(二)親鸞によって論理化・体系化されたものであり、(三)私の仏道である。筆者にとっては、この三者が食い違うことなくぴったりと重なることこそが理想であり、また(二)親鸞によって論理化・体系化されたものとは、『教行信証』等に言説化されたもの、すなわち聖教を意味する。よって本書の基本姿勢は、何よりも聖教に基づいて、親鸞によって論理化・体系化された教義構造を明らかにするというものであり、阿弥陀仏の救済構造を明らかにするためには聖教を逸脱するも必要であるとの見解はとらず、また筆者自身の内面では最も重要な問題と位置づけているが、私の仏道という側面は、本書における考察の前面には出さないこととした。

第一部においては、往生思想の基本的性格の検討から始め、浄土三部経及び親鸞に至る浄土教の流れの中から特に曇鸞・道綽・善導の三師を取り上げ、親鸞に至る浄土教の伝統において往生思想がいかに説示され、いかに受容されてきたかを考察したが、まず、往生思想の基本的性格とは無仏の世における凡夫の成仏道であるとの結論を得た。続いて、浄土三部経の検討によって、そこには、娑婆世界と極楽世界とは相互に他界であり、また娑婆世界からも極楽世界からも他界とされる、その他無量の世界が存在しているという宇宙観が示されていること、この娑婆世界の他界たる極楽世界への往生が命終を契機としてなされることが明確になった。
また、安楽世界、極楽世界とは衆生の世俗的な欲望を充足する世界と説かれつつ、同時に仏道に入らしめるはたらきを持つ世界として説かれていることが明らかになった。中でも、『大経』の異訳『荘厳経』の文、

彼仏如来、来無所来、去無所去、無生無滅非過・現・未来、但以酬願度生現在西方。

（浄聖全一・三六〇頁、真聖全一・二一七頁）

彼の仏如来は、来るに来る所無く、去るに去る所無く、無生無滅にして過・現・未来に非ず、但願に酬い生を度するを以て現に西方に在す。

は、本来的には時間・空間を超えた存在（来無所来、去無所去、無生無滅非過・現・未来）が、衆生救済のために（但以酬願度生）、時間的・空間的な存在となっている（現在西方）という点は、往生思想を考察するにあたって等閑に付してはならない問題であると思われる。世俗の欲望から逃れられない凡夫のための成仏道であること、非時間的・非空間的な真如・一如が、衆生救済のために時間的・空間的な存在となっているのが、阿弥陀仏であり、またその浄土である、ということに留意しなければならない。

曇鸞の往生思想で注目するべきは、まず広略相入、二種法身である。国土荘厳・仏荘厳・菩薩荘厳（広）が真実智慧無為法身（略）におさまり、真実智慧無為法身（略）が三種荘厳（広）に展開するという構造は、国土・仏・聖衆が悟りそのものにおさまり、悟りそのものの展開が国土・仏・聖衆であるということであり、それは衆生がさとりそのものの展開である浄土に往生し、さとりそのものと一体になるということを意味している。

曇鸞はそのような浄土への往生を無生の生と示すが、無生の生を知らない下品生のものも実体的な生にとらわれたままで往生が可能であると説き、「我従無始循三界　為虚妄輪所廻転　一念一時所造業　足繋六道滞三塗」（『讃

阿弥陀仏偈』浄聖全一・五四八頁、真聖全一・三六五頁）のような凡夫である自らの往生を意義づけるのである。往生の時期については、『往生論註』上巻八番問答において、『観経』下々品の十念を無後心に依止すると説かれるので、命終の往生であることは明らかである。

道綽は浄土教に対する批判に答えているが、心外に法無しとの立場から、他方浄土への往生が批判されることに対して、「若摂縁従本、即是心外無法。若分二諦明義、浄土無妨是心外法也」（『安楽集』浄聖全一・五九三頁、真聖全一・三九四頁）と答えて、浄土が心外の法であることの妥当性を主張する。また、大乗は無相であって彼と此とを区別しない。それなのに、この世界（此）から浄土（彼）への往生を願うのは誤っているとの批判に対して、「一切諸仏説法要具二縁。一依法性実理、二須順其二諦。彼計大乗無念但依法性、然謗無縁求。即是不順二諦。如此見者、堕滅空所収」（浄聖全一・五九〇〜五九一頁、真聖全一・三九二頁）と反論する。すなわち、迷悟・染浄・生仏は不二而二であるにもかかわらず、不二のみに偏って而二を謗るのは滅空という誤った考えに陥っているのであると論じる。続いて、『無上依経』を引用して、有見（而二への偏り）が須弥山ほど大きくても仏はそれをおそれない、なぜなら、而二と見るということは、迷いというあり方の存在が仏道を歩み（因）、悟りへ到達する（果）という因果を否定しないからである。一方、空見（不二への偏り）が芥子粒ほど小さくても仏はそれを許さない、なぜなら、不二と見るということは、そもそも迷いから悟りへの動きに意義を見いだすことができないからであることを明らかにする。道綽は、諸法の一切が無自性空であるから平等であり、因縁生有であるから差別しているという、平等不二・差別而二の両面を共に見るのが、大乗仏教の見方であるとする。そして、因縁生有の面からいえば、浄土は心外の法といってよく、またこの娑婆世界と異なる極楽浄土へ願生することに何の問題も無いと指摘するのである。

注目するべきは、因縁生有に対するとらわれはいくら大きくても許容され、無自性空に対するとらわれはほんの少しでも許容されないと説かれる『無上依経』が引用されることである。往生思想は凡夫の成仏道であり、迷悟・染浄・生仏不二は凡夫にとっては観念的な戯論と言わざるをえず、これを主とすることは、親鸞教義における、罪悪深重の凡夫が真実清浄なる仏の世界を目指すということのリアリティーが希薄になるおそれが大きいといわなくてはならない。浄土を心外の法と位置づけることは正しく親鸞に継承され、親鸞は、「信文類」の別序には「然末代道俗、近世宗師、沈自性唯心貶浄土真証。迷定散自心昏金剛真信」（浄聖全二・六五頁、定親全一・九五頁）と述べ、唯心の浄土、己心の弥陀を高しとし、他界としての浄土への願生を貶める自力聖道門からの論難に対して強く反論する。自力聖道門と他力浄土門とには法門の違いがあり、自力聖道門の論理を安易に真宗教義の解釈に持ち込むべきではないというべきである。

善導の説示において重要なのは指方立相である。指方立相ということは、浄土をこの娑婆世界とは別なる世界と位置づけることである。善導は、指方立相の意義を「如来懸知末代罪濁凡夫、立相住心尚不能得。何況離相而求事者、如似無術通人居空立舎也」（『観経疏』「定善義」浄聖全一・七四五頁、真聖全一・五一九頁）と述べる。無仏の世における凡夫の成仏道であることをふまえたのが指方立相であるといいうる。

善導は『往生礼讃偈』に、「已成窮理聖　真有遍空威　在西時現小　但是暫随機」（浄聖全一・九四〇頁、真聖全一・六七〇頁）と述べるが、指方立相は暫用還廃の権仮方便ではないかとの疑問について、先行研究として、先哲の中から甘露院慧海師・得法院寛寧師・労謙院善譲師・浄満院円月師・願海院義山師・専精院鮮妙師の六師の見解を瞥見し、先哲の説は、あるいは法性方便、あるいは実相為物、あるいは十劫久遠の関係を援用する等、それぞれ論理展開に小異はあるが、指方立相とは暫用還廃の権仮方便ではないという点では一致している。共通している論

理構造は、

i　凡夫には、無方・無辺・無相の浄土を願生することはできず、仏は有方・有辺・有相の浄土を建立・弁立して、凡夫の願生に応じる。

ii　仏の有方・有辺・有相の浄土の建立・弁立は、権智・大悲に基づいているのであり、その権智・大悲は、実智・大智と相即不二である。

iii　方即無方無方即方・辺即無辺無辺即辺・相即無相無相即相であって、無方無辺無相が真実、有方有辺有相が方便ということではない。

というものであり、先の道綽の指摘と通じるものであるといえよう。

以上、第一部の考察において、浄土教とはどのような性格の仏教であるのかが明らかになった。すなわち、大乗仏教の基本原理をふまえつつ、凡夫が受容可能な教相を展開してきたのが浄土教であるといえよう。浄土教は不二融即や無生の生を教学の根底には持っているが、凡夫に対してそれを正しく領解するよう要請する教えではなく、衆生と仏、娑婆と浄土とが対立的に説かれた教説を受容し、衆生と相反的な存在である仏による救済、娑婆と相反的な存在である浄土への往生を願生してゆくことこそを要請する教えであるということができるのである。

第二部においては、そのような浄土教の往生思想を、親鸞がいかに受容し、その深意を開顕してきたかを考察した。まず、親鸞教義の独自性といいうる現生正定聚義と往生即成仏義とを検討し、両義ともに親鸞の著作に示されていることを確認し、独自性ではあるものの浄土教の伝統から逸脱するものではなく、逆に親鸞が自らへの相承と位置づける浄土三部経や七祖の著作にその根拠を見いだしうることを明らかにした。浄土教の基本的性格の踏襲という点からいえば、親鸞は凡夫を極限まで徹底化し、自身を自らの力では成仏道を一歩も歩むことのできない存在であると位置づける。それゆえ、自らの出離解脱には完全な救済力を持つ仏の存在が要請される。すなわち、衆生と仏とは全面的に対立する存在として位置づけられ、大乗仏教の常識である身土不二からして浄土も、娑婆とは全面的に対立する世界として位置づけられる。すなわち、衆生は穢悪汚染・虚仮諂偽の存在であるのに対し、仏は清浄・真実なる存在であり、同様に浄土も清浄真実の世界である。また、通常、初地と正定聚とは必ずしも同一の境地ではなく、等正覚はまた異なった境地であるが、親鸞はそれらを同等に位置づける。初地・正定聚・等正覚を、それぞれの境地の相違を超えて、成仏決定という一点に集約して同じ位置と見なしているのである。そして、親鸞は、「摂取不捨のゆゑに正定聚の位に住す」（『末灯鈔』第一通、浄聖全二・七七七頁、定親全三・書簡篇五九頁）と住正定聚の根拠を述べる。成仏決定という高い境地に至ったから正定聚に住するようになったのではなく、依然として底下の凡夫のままで阿弥陀仏の心光に摂め取られ決して捨てられない身になったから、正定聚に住する身となったのである。また等正覚と位置づけられる理由を弥勒と同じとするが、いうまでもなく元品の無明のみを残す弥勒と煩悩具足の凡夫とでは、その境地には懸隔の差が存在する。しかし、現在の生における境地の懸隔の差に目をつぶり、次生には必ず成仏するという一点にしぼれば、弥勒と他力念仏の行者とは全く同等と言わざるをえない。

そして、親鸞は、本願成就文の「即得往生」の即を同時即と説示し、また『華厳経』の「与諸如来等」（大正蔵九・七八七頁上）によって他力念仏の行者を「如来とひとし」と讃嘆するが、「即得往生」の解釈においては未往生を意味する左訓を付した正定聚の意であると釈し、「如来とひとし」との讃嘆においては、未成仏の弥勒と同じであるとの意であると明示する。特に『一念多念文意』『唯信鈔文意』における「即得往生」の釈を子細に検討すると、親鸞が信心獲得の時点での往生、つまり現生往生を説いたと見なすことはできず、逆に信心獲得の時点では未往生を示していると解する方が妥当性を持つと結論づけた。その他、消息等には臨終時の往生の説示や往生以前の住正定聚の説示も多々みられ、親鸞には現生往生の意はないとみるのが妥当であるとの結論をえた。

第二部の最後には、浄穢不二の絶対界としての浄土と穢土と対立する相対界としての浄土とについて検討し、先哲の所論を参考にして、親鸞に至る浄土教の流れおよび親鸞自身において相対界としての浄土こそを正義とすることを指摘した。そして、親鸞のよろこびは、未来の往生を見据えてのよろこびではなく、現在の住正定聚、また遇法のよろこびであることを指摘し、命終後の往生を受容することは現在の軽視につながるとの誤解に答えた。

第三部においては、信一念における往生を主張する学説をいくつか取り上げ、その内容を検討し、親鸞が信一念時の往生を説示しているとの学説が成立しえないとの結論に達した。親鸞の著作全体を見わたした視点の欠如、また文の誤った解釈等もあるが、迷悟染浄生仏不二而二の而二を主とし表とするのが浄土教であり、親鸞教義もその枠外にはないという点の軽視が、現生往生説の根底にあるということができる。

結局、信一念における往生を主張する学説は、迷悟染浄生仏不二を中心に置く聖道仏教に対し、而二を中心に置く浄土教の浄土教たる所以を否定するものであり、その意味では往生思想の変質ということができる。しかし、それは浄土教の往生思想の発展した形態として、現代社会に受容されるべき新しき浄土教になるという可能性を秘めていないとはいい切れない。しかし、本書のテーマ「親鸞の往生思想」の検討という意味からすれば、現生往生は、決して親鸞の往生思想ではないという結論をえたのであり、今後、現生往生義が新しい浄土教として発展するか否かという問題は、もはや本書のテーマの範囲からはずれてしまっている。

序論において指摘した「科学的実証主義と矛盾しない往生観」及び「現在において、すべての問題を解決し終わらなければ満足しないという姿勢」との問題点について一言すれば、まず、科学的実証主義とは、諸法差別の面にのみ関与するものであり、諸法無差別の面に関与することはできない。往生浄土という教説は迷悟染浄生仏而二を主とし表にする教説であるとはいえ、理としては迷悟染浄生仏不二を根底としている。不二而二の而二すなわち差別を表とする法門であって、決して但二の法門ではない。しかも、不二而二という宗教的真実を但二の世界に生きる迷界の衆生に領解せしめる妙法こそが、往生浄土の法門であるということができよう。科学的実証主義と仏教の立場の相違を具体的に明示するというのが、第一の問題点に対する応答の一つと考えられる。

次に、第二の問題点については、未来の往生を説く教説が、現在を充実させるという点によって応答できるであろう。未来の往生を説く教説ではあるが、親鸞においては、未来必ず往生せしめる本願力に今現に出遇っているのであり、今現に包まれているのである。親鸞はそのことを大きなよろこびをもって受けとめている。この今現にという視点を欠落させて未来往生の教説に対すると、現在は空虚であると受け取らざるをえない。心すべきである。

これをもって本書の結びとしたい。

初出一覧

本書は、平成九年（一九九七年）一月に昇階した学階司教の請求論文を大幅に加筆修正したものである。司教請求論文は未公表であるが、それ以前に発表した論文に基づいた箇所があり、司教請求論文の一部を加筆修正し論文として発表したものが何点かある。本書の一部には、その公表論文を加筆修正したものを含んでいる。以下、司教請求論文に基づいた箇所及び発表論文に基づいた箇所を示す。なお、何も示されていない章・節は新たに加筆した部分（若干部分を司教請求論文に基づいたものも含む）である。

序　論

「司教請求論文」

第一部　親鸞の往生思想形成の背景

第一章　往生思想の基本的性格―往生思想の源流に関する諸説を手がかりとして―

「司教請求論文」

第二章　浄土三部経における往生思想

「浄土三部経における往生思想」（『真宗学』第一〇九・一一〇合併号、平成十六年三月）

第三章　曇鸞の往生思想

「曇鸞の往生思想―『往生論註』を中心として―」（論註研究会編『曇鸞の世界』、平成八年一月）

第四章　道綽の往生思想

「『安楽集』における道綽禅師の浄土観」（『桐溪順忍和上追悼論文集』、昭和六十一年十二月）

第五章　善導の往生思想

「善導の往生思想」（『龍谷大学論集』第四六七号、平成十八年三月）

第二部　親鸞の往生思想

第一章　即得往生と与諸如来等

「宗祖教義における往生と成仏―『岩波仏教辞典』の記述を縁として―」（『中央仏教学院紀要』第七号、平成二年十二月）

「宗祖の往生観」（『真宗研究』第三八輯、平成六年一月）

第三章　親鸞の和語聖教における本願成就文釈―特に「即得往生」の解釈について―

「親鸞の和語聖教に於ける本願成就文釈―特に『即得往生』の解釈について―」（『真宗学』第九七・九八合併号、平成十年三月）

第四章　親鸞教義における往生の意義

第一節　絶対界としての浄土と相対界としての浄土

「浄土の意義」（『今、浄土を考える』第三章、平成二十二年五月）

第二節　親鸞のよろこび

「宗祖教義における往生と成仏―『岩波仏教辞典』の記述を縁として―」（『中央仏教学院紀要』第七号、

平成二年十二月）

第三部　親鸞の往生思想についての諸説とその検討―特に現生往生説について―

第二章　上田義文氏の説とその検討

「現世往生説の検討―上田義文博士の『親鸞の往生思想』について―」（『真宗学』第一一五号、平成十八年三月）

第三章　松野純孝氏の説とその検討

「親鸞聖人における往生と成仏―松野純孝博士の『親鸞聖人における往生と成仏』に就いての疑問―」（中西智海先生還暦記念論文集『親鸞の仏教』、平成六年十二月）

第四章　寺川俊昭氏の説とその検討

「親鸞聖人における往生」（『真宗研究』第四十五輯、平成十三年一月）

参考文献一覧

〈辞書・字典の部〉

武邑尚邦『仏教思想辞典』教育新潮社、一九八二年
中村元他編『岩波仏教辞典』岩波書店、一九八九年
日本大辞典刊行会編『日本国語大辞典〔縮刷版〕』（第一版・第一刷）小学館、一九八〇年
多屋頼俊他編『仏教学辞典』（第一版・第十七刷）法藏館、一九九一年
諸橋轍次『大漢和辞典』（第一版・第六刷）大修館書店、一九八〇年

〈著述の部〉

随慧『観経玄義分鑽仰記』『真宗全書』第十三巻所収
深励『註論講苑』『新編真宗大系』第六巻所収
深励『一念多念証文記』『真宗全書』第四十二巻所収
大原性實『真宗異義異安心の研究』永田文昌堂、一九五六年
普賢大円『真宗教学の発達』永田文昌堂、一九六三年
木村泰賢『大乗仏教思想論』大法輪閣、一九六七年
村上速水『親鸞教義の研究』永田文昌堂、一九六八年

曽我量深『往生と成佛』真宗大谷派岡崎教務所、一九六八年（再版、法藏館、一九八四年）
藤田宏達『原始浄土思想の研究』岩波書店、一九七〇年
普賢大円『最近の往生思想をめぐりて』永田文昌堂、一九七二年
石田充之『日本浄土教の研究』百華苑、一九七二年
灘本愛慈『愚禿鈔要義』永田文昌堂、一九七二年
恵谷隆戒先生古稀記念会編『浄土教の思想と文化―恵谷先生古稀記念―』仏教大学、一九七二年
矢吹慶輝『阿弥陀仏の研究』臨川書店、一九八一年
『親鸞大系（思想篇）』第十巻、法藏館、一九八九年
曽我量深『歎異抄講座』弥生書房、一九八九年
村上速水『続親鸞教義の研究』永田文昌堂、一九八九年
大田利生『無量寿経の研究―思想とその展開―』永田文昌堂、一九九〇年
上田義文『親鸞の思想構造』春秋社、一九九三年
梶山雄一『「さとり」と「廻向」―大乗仏教の成立―』人文書院、一九九七年
寺川俊昭『往生浄土の自覚道』法藏館、二〇〇四年

〈論考の部〉

舟橋一哉「原始仏教における出家道と在家道―往生思想の起源に関して―」（『印度学仏教学研究』第三巻第一号、一九五四年）

武邑尚邦「往生思想の系譜」（『真宗研究』第四輯、一九五九年）
上田義文「親鸞の『往生』の思想（1）」（『親鸞教学』第一三号、一九六八年）
上田義文「親鸞の『往生』の思想」（『同朋学報』第一八・一九合併号、一九六八年）
上田義文「親鸞の『往生』の思想（2）」（『親鸞教学』第一四号、一九六九年）
上田義文「仏教とは何か」（『中外日報』一九六九年六〜十月）
福原亮厳「上田氏の往生義は成立するか」（『中外日報』一九九九七〜一九九九九号・二〇〇〇五号・二〇〇〇七号・二〇〇〇八号、一九六九年）
宮地廓慧「上田義文氏の親鸞の往生の思想批判」（『中外日報』二〇〇七五〜二〇〇八三号・二〇〇八六〜二〇〇九〇号、一九七〇年）
上田義文「親鸞の往生の思想について」（『浄土教の思想と文化—恵谷先生古稀記念—』所収、一九七二年）
村上速水「親鸞のよろこび—現生正定聚の理解について—」（『龍谷大学論集』第四百・四百一合併号、一九七三年。『続親鸞教義の研究』所収）
嬰木義彦「親鸞における『即得往生』の思想—用語の使用法からみた考察—」（『仏教文化研究所紀要』第十二号、一九七三年）
松野純孝「親鸞聖人における往生と成仏」（永田文昌堂『浄土教の研究—石田充之博士古稀記念論文集—』、一九八二年）
中村元「極楽浄土にいつ生れるのか?—『岩波仏教辞典』に対する西本願寺派からの訂正申し入れをめぐっての論争—」（『東方』第六号、一九九〇年）

久保田篤・斎藤文俊「古典語主要助動詞辞典」(『別冊国文学』第三八号、一九九〇年)
寺川俊昭「親鸞と蓮如―往生理解をめぐって―」(『印度学仏教学研究』第四十六巻第一号、一九九七年)
櫻部建「祖師聖人の往生観をめぐって―寺川説の検討―」(『真宗研究』第四十三輯、一九九九年)
寺川俊昭「願生浄土」(『同朋仏教』第三八号、二〇〇〇年)
寺川俊昭「難思議往生を遂げんと欲う」(『真宗研究』第四十四輯、二〇〇〇年)
寺川俊昭「親鸞聖人の往生観―往生から願生へ―」(『真宗文化』第一二号・第一三号、二〇〇四年)

あとがき

筆者が親鸞の往生思想の検討に関わるようになったきっかけは、平成元年（一九八九年）十二月に岩波書店から発行された『岩波仏教辞典』の「親鸞」の項における「他力信心による現世での往生を説き、」（『岩波仏教辞典』四七四頁）の記述と、「教行信証」の項における「この世での往生成仏を説いた」（『岩波仏教辞典』一七三頁）の記述とについて、本願寺派当局から相談を受けたことに端を発する。その結果、本願寺派から岩波書店への申し入れの原案を作成することになり、その後、本願寺派の機関誌である『宗報』に、親鸞の往生思想についての連載を依頼された。執筆の過程において改めて親鸞の往生思想について検討する機会を持ったということになる。そもそも本願寺派の教学において、われわれは命終わって阿弥陀仏の浄土に生まれ、ただちに仏のさとりを開くというのは常識であり、今の命を受けている間の往生を語るという考え方があることを知ってはいたが、色々なあじわい方があるものだと思う程度でそれほど気にしてはいなかった。ところが、『岩波仏教辞典』では、そのような味わいが親鸞その人の思想であり、そのような理解こそが正しいかのごとく記述されていたのであり、非常な違和感を持った。常識的な考え方については、わざわざその根拠を詳細に検討しない。しかし、違った考え方が提示され、かつこれこそが正しいと主張されると、改めて常識的な考え方の根拠を詳細に検討する必要が生まれてくる。

さて、本願寺派の往生理解は、江戸期より始まる親鸞教義研鑽の成果を基本としている。

本願寺派において親鸞教義が、組織的に教育・研究されるのは、江戸期に入り、学寮（後に学林と改称）の設置にはじまる。初期においては浄土三部経をはじめとするインド・中国・日本における親鸞以前の浄土教関係の文献、親鸞の著作、親鸞以降の覚如・存覚・蓮如の著作等について、まず、その文献を読解するのに必要な予備知識、たとえばその文献の基本的な性格や全体の構成について論じ、その後、一文一文、また一語一句を逐語的に解釈することによって、その内容を明確にするという方法がとられる。その後漸次教学上の個別の問題（論題という）をテーマとした研究・教育が盛んになる。

文献の研究にせよ、個別テーマの研究にせよ、江戸期の教学においては、親鸞以前の文献の解釈に関して、親鸞が自身の著作のどの部分に、どのような訓点を付して引用しているかを重要視するとともに、親鸞・覚如・蓮如の著作に基づいて考察された浄土真宗の教義との整合性がはかられる。

このような方法論がとられた結果、親鸞以前の文献そのものの内容を明らかにするというよりも、浄土真宗の教義が釈尊以降いかに展開してきたのか、親鸞に至っていかに全体があらわにされ体系化されたのか、親鸞以降いかに継承されてきたのかを明確にしようとする営みとなった。このような営みは、前代の思想に基づく新たな思想の展開、またインド・中国・日本という文化の相違する地域への伝播による思想の変容を考慮しないという点では、近代の思想史的研究とは異なり、また親鸞・覚如・蓮如等の教学を同一視することや、親鸞以前の文献を親鸞の視点に基づいて解釈するという点では、書誌学をもふまえた近代の文献学とも異なっている。また、梵本や親鸞真跡の写真版・コロタイプ等が容易に参照できる現代から見れば、江戸期の教学に限界があるのは当然である。

このような傾向は、明治期に西洋的文献学的方法や思想史的方法が紹介され、教学研究に導入されるまで続き、その意味で明治初期までの教学を江戸期の教学とすることができよう。ただし、江戸末期から明治にかけて、西方浄土と地動説との関係が論じられること等、現代における科学と宗教との関係を問題にする視点の萌芽をみることもできる。

江戸期の教学の特徴は以上のようなものであり、時代の変化や異なる文化への伝播にともなう思想の展開を無視したものであるということもできるが、逆に時代や文化の相違にかかわらず存在するものとしての宗教的真実に視点を定めた教学であると考えれば、現代においても、その意味を失っていないと考えられる。

江戸期の教学の展開を概観すれば、当初教学に関する権限が一人に集中する能化制度がとられたが、能化を中心とする学林派と在野の学者との間に三大法論（承応の鬩牆、明和の法論、三業惑乱）といわれる論争が起こった。第一第二の法論（承応の鬩牆、明和の法論）においては、学林派の教学の正当性が認められるのであるが、第三の法論（三業惑乱）においては、学林派の教学が非とされる結果となった。この結果、教学の権限が一人に集中することの危険性を反省して、いわば集団指導体制をとることによって多くの学派が成立し、教学の多様化に展開してゆく。この点、江戸期の大谷派において教学の権限が一人の講師に集中したあり方とは好対称を示している。

本願寺派においては、それぞれの学派の提示する教学は多様であり、あるいは真宗教義がいかに一般仏教の常識を踏まえているかを明らかにしようとすることに意を注ぐ学派や、あるいは真宗教義の独自性の強調に意を注ぐ学派が成立して、その基本姿勢の相違によって、念仏の位置づけや本具仏性の存在有無等に関して学派間に大きな見解の相違が生まれてくる。時に学派間に論争がおこると、論争を通じて、各学派の教学は精緻をきわめてゆく。江戸時代の教学の方法論としていわれているものに、「文によって義を立て、義によって文をさばく」というものがある。基本的には親鸞の著作の全体的な解釈に基いて、一応真宗教義を確定し（文によって義を立て）、その一応確定された真宗教義に基づいて、親鸞の著作を含む浄土真宗の文献を解釈する（義によって文をさばく）ということである。この場合、一応確定された真宗教義に基づいて解釈不能な文が存在するならば、その真宗教義に部分的な修正が必要となる。このような形で教学が構築されてゆくが、学派間の論争においては、文々句々の解釈の妥当性、教学と文々句々の整合性が問われるという試練にさらされることによって、精緻な教学が構築されてゆくのである。現代においては学派はほぼ消滅し、学派の系統を受け継ぐ教育機関においても、その学派の教学が墨守されることはなく、江戸の教学は、より自由な形で現代に継承されている。

ただし、現代においては、真宗教義とは、親鸞の宗教体験を仏教また浄土教の論理によって組織化・体系化されたものと位置づけられている。親鸞の宗教体験とは阿弥陀仏による一方的な救済の受容と考えられるので、真宗教義とはまた親鸞によって開顕された阿弥陀仏の救済構造と言い換えることもできる。よって、真宗教義の解明において、覚如・蓮如を親鸞と同等に位置づけるのではなく、まず一義的には親鸞の著作に基づくことを原則とする。一方、親鸞が七高僧と位置づけた人々の著作の中でも、道綽の『安楽集』や源信の『往生要集』は、必ずしも称名念仏一行による往生が説かれている書物ということはできない。しかしながら親鸞は称名念仏以外の行による往生が説かれている箇所に眼を向けることはなく、阿弥陀仏の一方的な救済を示すと見なしうる箇所を重視して、道綽や源信、またその著作を讃嘆するのである。このような親鸞の姿勢に学ぶならば、覚如や蓮如の親鸞と相違すると思われる箇所のみを注視するのではなく、親鸞の説示に基づいて一方的な阿弥陀仏の救済を仰ぐという宗教世界が説示されている箇所を注視して、覚如・蓮如の教説を讃嘆する姿勢も正当性を持ちうるのではないだろうか。

時に、仏教の基本は一元論であって、救済者たる阿弥陀仏と被救済者たる衆生とを対立的・二元論的にとらえるのは誤りであり、親鸞に見られる二元論的な表現は親鸞の宗教感情の表明に過ぎず、親鸞思想の本質は一元論に基づいていると主張し、覚如・蓮如、また江戸期の宗学者たちに対して親鸞思想を誤って二元論的に理解しているとの批判がなされる。すなわち、同種の二元論的表現に対して、一方では宗教感情の表明に過ぎないとし、他方では二元論的な誤った理解としている。このようなダブルスタンダードは文献解釈にあたっての誠実な態度とはいえず、筆者としては首肯しかねるといわざるをえない。

さて、精緻な江戸期の宗学を継承し発展してきた本願寺派教学は親鸞教義の解明にあたって、まず親鸞の著作の綿密な検討を最も重視する。そのような立場に立つ筆者の目からして、現生往生の立論は精緻とはほど遠いものであるとの感を禁じえない。真宗学は専門外であるのでやむをえないとはいえ、本願寺派の教学批判に際してその背景また根底にある江戸期の宗学者の論を一切顧慮せず極端にいえば的はずれの批判を行うことや、親鸞の著作の誤読としかいいようのない解釈等、その例は枚挙に遑がない。本文中、何度も論じたが、曽我量深氏の論のように親鸞の説示から逸脱する立論、言い換えれば親鸞の往生思想の解明ではなく、親鸞の説示に触発された曽我氏の往生思想の表明とでもいいうるものであれば、親鸞の著作に対する綿密な検討を必要としないのは当然である。スタートは親鸞の説示であったにせよ、その後は親鸞の説示にとらわれることなく曽我氏の自由な思考の飛翔による独自の理解が曽我氏の現生往生理解であるということができるであろう。本文で引用したように、曽我氏は、

お聖教に対して言うならば、私の言葉などは多少お聖教のお言葉を拡大して解釈しておるものと言わなければならぬと思うのでありますけれども、しかしながら、如来の思召し、また親鸞聖人の本当の思召しと、こういうものを案ずるときになれば、今の時代には、やはり拡大して解釈するということは、これはやむをえないことではなかろうかと、こう私は思う。「お前の言うことはお聖教と違う」と、―それはあるいは違うのであろうと思いますけれども、（以下略）

（『歎異抄講座』一八六頁）

往生、成仏という点にも多少未完成の所がありはしないかと思います。それなら蓮如さまは完成されなかったのであろうか。どうもそれもはっきり完成をなされたというわけにもいかぬであろう。そうすると、親鸞聖人のみ法というものは、今日我々が完成しなければならぬと思う。これは我々の責任であるといっても差支えな

（『往生と成仏』二一六頁）

と親鸞の説示に対する曽我氏自身の姿勢を述べている。このような曽我氏の言明が清々しいほど明瞭であるのに対し、曽我氏の教学の流れをくむと見られる人たちの姿勢は曽我氏ほど明確ではない。実際の立論は、正確に理解するためには必須の綿密な考察が欠け、結局曽我氏と同様、親鸞の言葉に触発された自身の往生理解を述べているにすぎないと見なすことができるにもかかわらず、「親鸞が語るところに虚心に耳を傾け、正確にそれを理解するという当然の姿勢を、謙虚に保持することが要請されることは、いうまでもない」と述べるがごとき姿勢である。親鸞の往生についての表現は、なお中世的な往生理解の残滓をとどめ、近代的な往生理解とはいえず、現代人には理解し難い面を持っているので、聖教の文々句々にとらわれることなく、親鸞の往生思想を現代的視点から再解釈した、というような姿勢を明確にしているならば、必ずしも親鸞の往生思想そのものを問題にしているのではないと見なすことができるので、筆者もそれほど問題にはしない。しかし、親鸞を宗祖と位置づける真宗教団に属するものとしては、このような姿勢をとることがはなはだ困難であるということもまた理解できる。

なお、筆者の姿勢について一言すると、親鸞を宗祖と位置づける真宗教団に属するものとしては、親鸞の往生思想そのものを正確に明らかにすることこそが重要であり、そのためには文々句々の解釈を緻密に正確に行わなければならないというものである。その結果明らかになった親鸞の往生思想について、現代人としてどのような意義を見いだすかは、その後の問題である。筆者の見解は本書の中で若干述べたが、親鸞の往生思想にいかなる現代的意義があるのかという問題はそもそも成仏を目指す仏教自体にいかなる現代的意義があるのかという問題でもある。なぜなら、成仏を目指すことに大きな意義を見いだしうるならば、罪悪深重、煩悩具足の凡夫が他力の信心を因として往生成仏の果をうるという親鸞の往生思想にも大きな意義を認めることができるのであり、また信心獲得のその瞬間である信一念に往生成仏決定の正定聚に住するということの重みも明らかになるということができるからである。本書においては、無仏の世における凡夫の成仏道という点において往生思想の意義を論じたのであるが、成仏の意義は論じていない。仏教徒にとって成仏を目指すというのは自明の理であり、改めて論じる必要はないということもできる。しかし、宗教の世俗化に拍車がかけられている現在、身命を賭してでも成仏を求める仏教者が寥々たるものであることは勿論、仏教に真面目な関心を持つこと自体が、必ずしも一般的ではないと思われる。そのような現実を前にしたとき、念仏者たるもの、現代人に受けいれられるように成仏の意義を論じないといけないのではないだろうか。本書の論点を超えることではあるが、筆者の思いの一端を述べておく。

さて、武邑尚邦氏は仏教とは成仏道であると語っていた。すなわち、今現在われわれは迷いというあり方にあり、目指すべきあり方はさとりの仏であって、迷いからさとりへの道を教えるのが仏教であるということである。われわれが迷いの存在であるゆえんは、我々の知見が虚妄分別であるというところにある。虚妄分別とは、まさしく間違ったものの見方ということであり、われわれは正しいものの見方ができないということを意味している。そして、親鸞は「信文類」に、

一切の群生海、無始よりこのかた乃至今日今時に至るまで、穢悪汚染にして清浄の心なし、虚仮諂偽にして真実の心なし。

と述べる。これは、われわれには真実が存在しないということであり、すなわち、われわれは何が真実であり何が真実でないかを判定する物差しを持っていないということを意味する。一方真宗学徒としての筆者の立場は、親鸞の言葉は真実であるとの前提から出発する。親鸞は『高僧和讃』に、「大心海より化してこそ　善導和尚とおはしけれ」、「智慧光のちからより　本師源空あらはれて」と善導・法然を讃詠するが、大心海も智慧光も『浄土和讃』

の冒頭に阿弥陀仏の徳号として示されている。すなわち、善導・法然を阿弥陀仏の化身と位置づけているのである。そのような親鸞の姿勢に倣うならば、われわれが親鸞を阿弥陀仏の化身と位置づけることは可能である。先哲は親鸞を「能摂の願王、所摂の凡機とあらわれて」という。すなわち救う側の阿弥陀仏が救われる側の凡夫と顕れたものと位置づけている。親鸞の徹底した罪悪感は、罪悪深重、煩悩具足と自らを表現し、心は蛇やさそりのようであるともいう。それは、このような存在が阿弥陀仏の本願によって救われることを身をもって示しているということである。本文中に『教行信証』における誤記をいくつか指摘したが、一点の過誤もない完璧な書物を執筆するような人間が救われるのではなく、誰しもがついしてしまうようなケアレスミスを行うような人間が救われるのであるということを示しているということもできる。親鸞は、時に宗教的天才と位置づけられることもあるが、そのような位置づけは、ややもすると宗教的天才にとってしか理解できない阿弥陀仏の本願という陥穽に陥るおそれがあるのではないだろうか。いうまでもなく、蜎飛蠕動の類までもを救済の対象とする阿弥陀仏の本願は一部の宗教的天才にのみ理解できるものではないはずである。

ところで、虚妄なる存在であるわれわれが、真実の言葉である親鸞の著作を正しく理解できるのかという問題がある。もちろん阿弥陀仏の化身である親鸞は、虚妄なる存在であるわれわれに本願の真の意義を理解させることができるように著作を執筆しているはずである。だからといってわれわれの自由な解釈、言い換えると自分勝手な解釈を許すものではないはずである。親鸞の著作を正しく読解しさえすれば親鸞の真意はおのずから明らかになるのであるが、誤りの多いわれわれの理解が正しいかどうかの疑念をなお払拭することができない。筆者の立論が綿密を旨としているのは、この疑念の存在による。筆者の立論では説明できないような親鸞の言葉はないのか。親鸞の言葉の解釈は当時の日本語の語意や文法をふまえて妥当であるのか。親鸞の言葉が真実であるとの前提に立っていなくても、親鸞思想そのものを解明するという立場に立つ論者の賛同をえられるような立論になっているのか。このような疑念を常に検証しつつ立論を進めていった結果が本書であるということができる。

それでもなお、誤り多い人間という前提をふまえるならば、完璧な立論はありえない。筆者には、本書立論の過程にはほとんど過誤がないと胸を張っていうことができるような自信は全くない。本書には、筆者の気がつかなかった過誤がいくつかあるであろう。ただ、できればその過誤が筆者の立論の根幹部分にかかわって、立論全体が崩壊するものではないことを念じるのみである。

このように自らの理解に対する疑念を常に持ち続けている筆者にとって、一部論者の自信に満ちた立論は理解できない。立論の過程を検証してみると、その検討は綿密とはほど遠いものであり、自身の言葉に酔っているだけではないだろうかと思えるほどのものであったり、親鸞の著作の検討から出発せず、自身の思いから出発しての立論であるにもかかわらず、自身の立論に反する他者の立論を自信を持って断定的に否定する姿勢は筆者にとっては不可解としかいいようのないものである。自身の立論に反する他者の立論に対しては、まずその他者の立論がどのような論拠に基づいているのかを確認し、それが立論の論拠として妥当であるか否かの検討を経て、妥当でないとの結論をうることによってその立論を批判することができるのではないであろうか。論拠の検討も行わず、結論のみを否定するのでは、それに反論しても単なる水掛け論に終わり、建設的な論争にはならない。

先哲の論争を見ると、相互に立論の過程の矛盾点を指摘し、また論拠が妥当であるかの疑問を表明するなど、論争を経ることによってそれぞれの立論がより精緻になっていっている。時に自らの立論に反する聖教の文の存在を指摘されることによって、立論の部分的な変更がなされる場合もある。本文中で問題にした現生往生説の論者と現生往生を否定する命終時往生説の論者との間で建設的な論争が行われることを期待して、現生往生説に対して種々の批判論文を発表したが、残念ながら何らかの反論が発表されるという反響は全く無かった。ただし、上田義文氏の現生往生説については、筆者の批判論文の発表が上田氏の逝去後であり、上田氏本人からの反論は不可能である。しかし、上田説の信奉者は多い。もし上田説に賛同し信奉しているのであれば、その立場から筆者の批判論文に反論することは可能なはずであり、その他の現生往生説に関しても同様である。論者本人が種々の状況によって反論が困難であるにしても、信奉者あるいは賛同者が論者本人に代わって反論することは可能なはずである。また、本書第二部においては、親鸞の往生思想はあくまでも命終時の往生であり、現生の往生とする理解は成り立ちにくいと論じた。現生往生の論者は当然反論するべき立場であると思われる。立論、反論、反論に対する反論……という過程を経て、両者の立論がより妥当なものになってゆくことを期待して〝あとがき〟を閉じたい。

なお、本書の校正に関して、全体の統轄をお願いした井上見淳氏、実際の校正作業に携わってくださった諸氏、特に負担をおかけした東光直也氏をはじめ、釈氏真澄氏、伊藤雅玄氏、西村慶哉氏、藤雄正受氏に、この場をかりて一言謝意を表したい。

洛西寓居にて　内藤知康

内藤知康（ないとう　ともやす）

1945年、大阪府に生まれる。龍谷大学大学院文学研究科修了、宗学院卒業。

現在、龍谷大学名誉教授、本願寺派勧学寮員、福井県覺成寺住職（福井教区若狭組）。文学博士。

主な著書に、『正信偈』『歎異抄』（聖典読解シリーズ）、『増補版　やわらかな眼』、『親鸞聖人のことば』（共著）、『御文章を聞く』、『安心論題を学ぶ』、『顕浄土真実行文類講読』ほか、論文多数。

親鸞の往生思想

二〇一八年九月二〇日　初版第一刷発行
二〇二〇年五月一五日　初版第二刷発行

著　者　内藤知康
発行者　西村明高
発行所　株式会社　法藏館
京都市下京区正面通烏丸東入
郵便番号　六〇〇―八一五三
電話　〇七五―三四三―〇〇三〇（編集）
〇七五―三四三―五六五六（営業）

装幀者　山崎　登
印刷・製本　中村印刷株式会社

ISBN 978-4-8318-8764-1 C3015